高职高专"十三五"规划教材

汽车专业

# 汽车保险与理赔

(第二版)

主　编　宋丽敏　方　波
副主编　王青云　杨建军　刘　岩
　　　　郭雯雯　冯　震　金翠辰

南京大学出版社

## 内容简介

本书以学习课题的形式为载体,共分为四个课题。课题一:投保方案的设计。课题二:汽车保险承保。课题三:汽车保险理赔。课题四:汽车保险欺诈风险控制。内容对从汽车风险的控制与管理到我国现行的主要汽车保险种类、汽车保险原则、汽车保险条款进行了详述;对汽车承保和理赔等从流程、内容要求、工作技巧以及实务上进行了阐述与分析,并有针对性地选择典型案例进行分析,以培养读者综合运用专业知识解决实际问题的能力。另外本书专门开辟了一个课题进行保险欺诈的控制与防范,以应对花样繁多的骗赔、骗保案件。本书在编撰过程中根据汽车专业教育教学改革的要求,注重加强对学生职业能力的培养,坚持以就业为导向,培养学生的职业技能和就业能力,力图做到知识够用、实务可行、案例充分。

## 图书在版编目(CIP)数据

汽车保险与理赔 / 宋丽敏,方波主编. — 2版. — 南京:南京大学出版社,2017.8 (2019.1重印)
高职高专"十三五"规划教材.汽车专业
ISBN 978-7-305-19031-5

Ⅰ.①汽… Ⅱ.①宋… ②方… Ⅲ.①汽车保险—理赔—中国—高等职业教育—教材 Ⅳ.①F842.63

中国版本图书馆 CIP 数据核字(2017)第 179275 号

出版发行 南京大学出版社
社　　址 南京市汉口路 22 号　　邮　编 210093
出 版 人 金鑫荣

丛 书 名 高职高专"十三五"规划教材·汽车专业
书　　名 汽车保险与理赔(第二版)
主　　编 宋丽敏　方　波
责任编辑 刘　洋　吴　汀　　编辑热线 025-83592146
照　　排 南京南琳图文制作有限公司
印　　刷 南京新洲印刷有限公司
开　　本 787×1092 1/16　印张 16.5　字数 399千
版　　次 2017年8月第2版　2019年1月第2次印刷
ISBN 978-7-305-19031-5
定　　价 49.80元

网址:http://www.njupco.com
官方微博:http://weibo.com/njupco
微信服务号:njuyuexue
销售咨询热线:(025) 83594756

* 版权所有,侵权必究
* 凡购买南大版图书,如有印装质量问题,请与所购图书销售部门联系调换

# 前　言

本书为大连职业技术学院质量提升工程教学改革项目"教学基本资源建设"项目《汽车保险与理赔》教学基本资源建设研究成果之一。

近年来我国汽车产业的快速发展直接带动了车险业的蓬勃兴起,迅猛膨胀的汽车消费者群体同时也构成了车险消费者的庞大队伍,成为日渐壮大的车险业务主要消费对象,推动了我国车险市场的快速成长,承保车辆数量激增。我国将进入汽车拥有率迅速上升时期,到2016年底,汽车保有量达到2.9亿辆,年平均增长2 208万辆。承保车险涵盖国内外各大汽车制造商的所有车型。我国绝大部分汽车保险还在遵循以过失责任为基础的汽车保险制度,在以后的改革中,推行加大以无过失责任为基础的汽车保险比例的制度势在必行。总之,我国汽车保险与汽车王国美国相比,还存在一些不足的地方,有待于进一步完善。

本书由大连职业技术学院宋丽敏、重庆能源职业学院方波担任主编,黄石职业技术学院王青云、武汉商学院杨建军、大连职业技术学院刘岩、郭雯雯、金翠辰和吉林科技职业技术学院冯震担任副主编。大连汽车保险行业协会理事戚浩然与宋丽敏、刘岩担任全书的框架设计、体例设计工作。深证民太安公估有限公司大连分公司的梁瑞田担任汽车保险与理赔岗位设置、需求与职业能力分析,以及对保险案例的审查与核实工作。

本书既可作为教材供汽车保险与理赔、汽车市场营销、交通运输、汽车服务工程、汽车维修工程、汽车运用等专业的高等职业院校的学生使用,也可作为保险公司及保险中介机构从业人员的实务培训用书。

编 者<br>2017 年 9 月

# 目 录

课题一 投保方案的设计 ………………………………………………………… 1
  学习单元一 风险与风险管理 ………………………………………………… 2
    1.1.1 风险 ……………………………………………………………… 2
    1.1.2 风险管理 ………………………………………………………… 5
    复习思考题 ……………………………………………………………… 8
  学习单元二 保险与保险术语 ………………………………………………… 9
    1.2.1 保险 ……………………………………………………………… 9
    1.2.2 汽车保险 ………………………………………………………… 13
    复习思考题 ……………………………………………………………… 15
  学习单元三 机动车交通事故责任强制保险 ………………………………… 17
    1.3.1 我国机动车保险业务的发展 …………………………………… 17
    1.3.2 机动车交通事故责任强制保险 ………………………………… 20
    复习思考题 ……………………………………………………………… 29
  学习单元四 机动车商业保险——基本险 …………………………………… 31
    1.4.1 2014版机动车辆商业保险示范条款 …………………………… 31
    1.4.2 机动车损失保险 ………………………………………………… 33
    1.4.3 机动车第三者责任保险 ………………………………………… 42
    1.4.4 机动车车上人员责任保险 ……………………………………… 46
    1.4.5 机动车全车盗抢保险 …………………………………………… 50
    1.4.6 通用条款 ………………………………………………………… 53
    复习思考题 ……………………………………………………………… 55
  学习单元五 机动车商业保险——附加险 …………………………………… 57
    1.5.1 玻璃单独破碎险 ………………………………………………… 57
    1.5.2 自燃损失险 ……………………………………………………… 59
    1.5.3 新增加设备损失险 ……………………………………………… 60
    1.5.4 车身划痕损失险 ………………………………………………… 61

  1.5.5　发动机涉水损失险 ···························································· 61
  1.5.6　修理期间费用补偿险 ···························································· 62
  1.5.7　车上货物责任险 ································································· 62
  1.5.8　精神损害抚慰金责任险 ························································· 63
  1.5.9　不计免赔险 ······································································· 63
  1.5.10　机动车损失保险无法找到第三方特约险 ···································· 64
  1.5.11　指定修理厂险 ·································································· 64
  复习思考题 ·············································································· 64

 学习单元六　投保方案的设计 ····························································· 66
  1.6.1　保险销售准备 ··································································· 66
  1.6.2　保险险种分析 ··································································· 67
  1.6.3　汽车保险方案设计介绍 ························································· 70
  复习思考题 ·············································································· 73

## 课题二　保险承保 ············································································· 74

 学习单元一　承保流程 ······································································ 75
  2.1.1　概述 ··············································································· 75
  2.1.2　汽车承保工作的内容 ···························································· 76
  2.1.3　汽车承保工作的流程 ···························································· 84
  复习思考题 ·············································································· 85

 学习单元二　汽车保险合同与保险原则 ··················································· 86
  2.2.1　汽车保险合同 ··································································· 86
  2.2.2　汽车保险原则 ··································································· 94
  复习思考题 ············································································· 103

 学习单元三　汽车保险费率的计算 ······················································· 105
  2.3.1　汽车保险费率的确定原则和影响因素 ······································· 105
  2.3.2　汽车保险费率的确定 ·························································· 109
  2.3.3　汽车保险费的计算 ····························································· 113
  2.3.4　汽车保险费率规章 ····························································· 119
  复习思考题 ············································································· 121

 学习单元四　查验核保 ···································································· 123
  2.4.1　核保的基本内容 ································································ 123
  2.4.2　核保的运作 ····································································· 126
  复习思考题 ············································································· 131

 学习单元五　缮制与签发保险单证 ······················································· 132
  2.5.1　出具单证 ········································································ 132
  2.5.2　单证的清分与归档 ····························································· 135
  复习思考题 ············································································· 136

## 课题三　汽车保险理赔 ········································································· 137

### 学习单元一　车险理赔流程与岗位设置 ············································· 138
- 3.1.1　车险理赔的基础知识 ······················································· 138
- 3.1.2　车险理赔的工作流程 ······················································· 141
- 3.1.3　车险理赔的岗位设置 ······················································· 143
- 3.1.4　几种典型的故障保险索赔流程 ··········································· 147
- 复习思考题 ·················································································· 154

### 学习单元二　接受报案 ······································································· 155
- 3.2.1　接受报案的工作流程 ······················································· 155
- 3.2.2　填写报案记录 ································································ 158
- 复习思考题 ·················································································· 159

### 学习单元三　现场查勘 ······································································· 160
- 3.3.1　现场查勘的目的与意义 ···················································· 160
- 3.3.2　事故现场查勘范围与组织 ················································· 162
- 3.3.3　现场查勘的流程与内容 ···················································· 163
- 3.3.4　现场查勘的实施 ····························································· 169
- 3.3.5　现场查勘记录的填写 ······················································· 173
- 复习思考题 ·················································································· 175

### 学习单元四　立案与定损、核损 ························································· 176
- 3.4.1　立案 ············································································· 176
- 3.4.2　车辆损失确定 ································································ 177
- 3.4.3　车辆损失审核 ································································ 182
- 3.4.4　人员伤亡损失确定 ·························································· 184
- 3.4.5　人员伤亡（医疗）损失审核 ·············································· 187
- 3.4.6　其他保险事故的损失确定 ················································· 190
- 复习思考题 ·················································································· 192

### 学习单元五　赔款理算 ······································································· 194
- 3.5.1　理算流程与职能 ····························································· 194
- 3.5.2　机动车交通事故责任强制保险赔款计算 ······························· 196
- 3.5.3　车辆损失险赔款计算 ······················································· 199
- 3.5.4　第三者责任险赔款计算 ···················································· 201
- 3.5.5　机动车车上人员责任险赔款计算 ········································ 202
- 3.5.6　盗抢险赔款计算 ····························································· 204
- 3.5.7　附加险赔款理算 ····························································· 205
- 3.5.8　综合案例 ······································································· 205
- 复习思考题 ·················································································· 208

### 学习单元六　快速理赔 ······································································· 210

3.6.1　道路交通事故快速处理办法 ································· 210
　　3.6.2　快速处理理赔现场流程 ····································· 212
　　3.6.3　交通事故快速处理中心保险理赔流程图 ··········· 212
　　3.6.4　填写当事人自行处理交通事故协议书 ··············· 213
　　3.6.5　快速理赔过程中的技巧 ····································· 214
　　复习思考题 ········································································· 215

**课题四　汽车保险欺诈风险控制** ··········································· 217
　学习单元一　汽车保险欺诈的基本知识 ································ 218
　　4.1.1　汽车保险欺诈的概念 ········································· 218
　　4.1.2　汽车保险欺诈的形成原因 ·································· 218
　　4.1.3　汽车保险欺诈的分类 ········································· 220
　　4.1.4　汽车保险欺诈的特征 ········································· 221
　　复习思考题 ····································································· 222
　学习单元二　汽车保险欺诈的识别与预防 ··························· 223
　　4.2.1　汽车保险欺诈骗赔的表现形式特征及实例分析 ·· 224
　　4.2.2　汽车保险欺诈骗赔的预防 ·································· 233
　　4.2.3　汽车保险欺诈的调查与标识 ······························ 235
　　复习思考题 ····································································· 237
　学习单元三　汽车保险欺诈防范实务 ··································· 238
　　4.3.1　防范汽车保险欺诈的方法 ·································· 238
　　4.3.2　主要汽车保险欺诈的风险控制 ··························· 241
　　4.3.3　车险反欺诈与保险公司内部控制 ······················· 246
　　4.3.4　保险欺诈案例分析 ············································· 247
　　复习思考题 ····································································· 253

**参考文献** ················································································ 255

# 课题一 投保方案的设计

你作为一位汽车保险销售员,要向一位客户销售汽车保险,并为其私家车设计一份最佳的汽车保险投保方案。

客户为一名职业院校教师,年龄30岁,有4年驾龄,车辆为10万元的新宝来轿车,上牌日期为2017年9月,没有固定停车位,主要用途为上下班及节假日带亲属外出旅游。销售人员需要帮助客户分析其所面临的风险,对客户的风险选择最合理的风险管理方法,为客户设计最适合的汽车投保方案,并且向客户提供有关汽车保险方面的知识咨询服务。

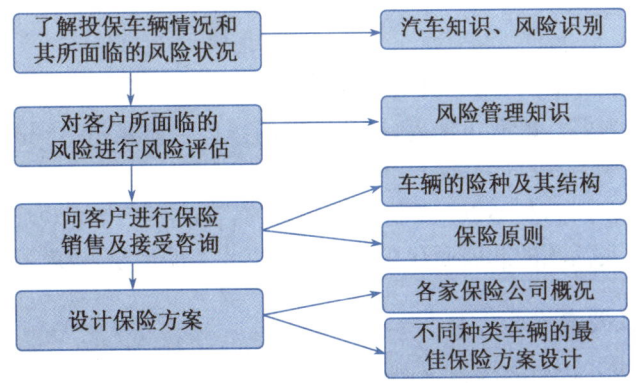

| 知识目标 | 能力目标 |
| --- | --- |
| 1. 熟悉保险与风险的关系<br>2. 掌握风险管理方法与流程<br>3. 掌握汽车保险的相关词语与含义<br>4. 掌握汽车保险的险种与条款解析<br>5. 掌握保险的原则 | 1. 能够对家庭自用车所面临的风险进行管理<br>2. 能够帮助客户选择正确的投保渠道和保险企业<br>3. 能够根据客户的具体情况帮助客户设计最佳的车辆保险的投保方案 |

## 学习单元一　风险与风险管理

我国的道路交通安全事故自改革开放后逐年递增,而且增长势头非常迅猛,每年发生的交通事故数量非常巨大。到 2016 年底,每天在公路上出行的共计 1 亿人,全国共计 2.6 亿辆机动车,3 亿名驾驶员。交通安全的现状可用三个特征来形容:交通事故总量巨大、死亡率高、恶性事故多发。

中国公安部交通管理科学研究所所长王长君介绍说:"我们国家每年大概的道路交通伤亡事故数大概在二十多万,但是每年全国各地交警接报事故的总量大概在 470 万左右,事故总量巨大。"其次,死亡率高。我们国家交通事故的死亡人数占了死亡和交通事故受伤人数的比例,大概是 21%,日本大概是 0.54%。第三个特征是,恶性事故多发,造成的人员伤亡和财产损失也非常惊人,给人民群众和国家带来了巨大损失。

在本章学习中,我们将从了解风险开始,介绍有效转移风险损失的一种方法——保险的相关内容,并主要学习汽车保险的基本知识。

### 1.1.1　风险

#### 一、风险的含义

风险是指人们因对未来行为的决策及客观条件的不确定性而可能引起的后果与预定目标发生的偏离。这种偏离,既有负偏离,也有正偏离。负偏离是指出现的损失,正偏离是指带来的收益。

风险是一种客观存在,是不以人的意志为转移的,它的存在与客观环境及一定的时效条件有关,并伴随着人类活动的开展而存在。如果没有人类的活动,也就不存在风险。

#### 二、风险的构成要素

风险的构成要素包括风险因素、风险事故和风险损失。

1. 风险因素

风险因素是指引起或促使风险事故发生,以及风险事故发生时,致使损失增加、扩大的条件。风险因素是风险事故发生的潜在条件,一般称作风险条件。风险因素通常有以下三种类型。

(1) 实质风险因素。它属于有形的因素,是指对某一目标增加风险发生的机会或严重程度的直接条件。如汽车的制动系统失灵是引起汽车发生意外事故的实质风险因素;环境污染是影响人们健康的实质风险因素。

(2) 道德风险因素。道德风险因素是与人的品德修养有关的无形因素。它是指由于个人的恶意行为或不轨企图促使风险事故发生,以致引起社会财富损毁和人身伤亡的原因或条件。如欺诈、纵火等。

(3) 心理风险因素。心理风险因素是与人的心理状态有关的无形因素。它是指由于人们主观上的疏忽或过失,以致增加风险事故发生的机会或扩大损失程度的因素。如仓库值班人员未尽职守,增加了偷窃风险的发生概率;锅炉工未及时给锅炉加水,增加了发生爆炸的可能性。

### 2. 风险事故

风险事故是指造成人身伤亡或财产损失的偶然事件,是造成风险损失直接的、外在的原因,也是风险因素所诱发的结果。风险事故使风险的可能性转化为现实,即风险的发生。如在刹车系统失灵酿成车祸而导致人员伤亡中,刹车系统失灵是风险要素,车祸是风险事故,人员伤亡是损失。如果仅有刹车系统失灵,而未导致车祸,不会导致人员伤亡。风险事故意味着风险的可能性转化为现实性。

### 3. 风险损失

风险损失作为风险管理和保险经营的一个重要概念,是指非故意的、非预期的和非计划的经济价值的减少。显然,风险管理中的损失包括两个方面的条件:一为非故意的、非预期的和非计划的;二为经济价值的减少,即损失必须能用货币来衡量,二者缺一不可。如某人因病导致智力下降,虽然符合第一个条件,但不符合第二个条件,因此不能把智力下降定为损失。

风险由以上三个要素构成,其关系可概括为:风险因素引起风险事故,风险事故导致风险损失。

## 三、风险种类

### 1. 依据风险性质分类,风险可分为纯粹风险与投机风险

(1) 纯粹风险。纯粹风险是指只有损失机会而无获利可能的风险。比如房屋所有者面临的火灾风险,当火灾事故发生时,他们便会遭受经济利益上的损失,而不会得到收益,静态风险一般为纯粹风险,保险公司目前仍以承保纯粹风险为主要业务。

(2) 投机风险。投机风险是相对于纯粹风险而言的,是指既有损失机会又有获利可能的风险。投机风险的后果一般有三种:一是没有损失;二是有损失;三是盈利。比如在股票市场上买卖股票,就存在赚钱、赔钱和不赔不赚三种后果,因而属于投机风险。

### 2. 依据风险产生的原因分类,风险可分为自然风险、社会风险、政治风险与经济风险

(1) 自然风险。自然风险是指因自然力的不规则变化使社会生产和社会生活等遭受威胁的风险。如地震、水灾、火灾、风灾等自然现象是经常的、大量发生的。在各类风险中,自然风险是保险人承保最多的风险。

(2) 社会风险。社会风险是指由于个人的异常行为或不可预料的团体行为使社会生产及人们生活遭受损失的风险。如盗窃、抢劫、玩忽职守及故意破坏等行为将可能使他人财产造成损失或人身造成伤害,所以它们都属于社会风险。

(3) 政治风险。政治风险(又称为"国家风险")是指在对外投资和贸易过程中,因政治原因或订约双方所不能控制的原因使债权人可能遭受损失的风险。如因输入国家实施进口或外汇管制,对输入货物加以限制或禁止输入造成合同无法履行等。

(4) 经济风险。经济风险是指在生产和销售等经营活动中由于受各种市场供求关系、

经济贸易条件等因素变化的影响或经营者决策失误,对前景预期出现偏差等导致经营失败的风险。比如企业生产规模的增减、市场预测失误、消费需求变化、汇率变化等所导致经济损失的风险。

(5) 技术风险。技术风险是指伴随着科学技术的发展和生产方式的改变而发生的风险。如核辐射、空气污染、噪声等风险。

### 3. 依据风险标的分类,风险可分为财产风险、人身风险、责任风险与信用风险

(1) 财产风险。财产风险是指导致财产的损毁、灭失或贬值的风险。财产风险强调的风险事故所作用的对象是有形的财产及预期收益,而非人身。如车祸属于财产风险,其能造成汽车等有形财产的损毁或灭失。

(2) 人身风险。人身风险是指导致人的伤残、死亡、丧失劳动能力以及增加费用支出的风险。如人会因生、老、病、死等生理规律和由于自然、政治、军事、社会等原因而早逝、伤残、年老无依靠等。

(3) 责任风险。责任风险是指因侵权或违约,依法对他人遭受的人身伤亡或财产损失应负赔偿责任的风险。如驾车不慎撞人,造成对方伤残或死亡;医疗事故造成病人病情加重、伤残或死亡;生产或销售的产品造成他人伤残或死亡等。驾驶员、医院、生产者或经销者面临的这种风险均属于责任风险。

(4) 信用风险。信用风险是指在经济交往中,权利人与义务人之间,由于一方违约或违法致使对方遭受经济损失的风险。如银行放贷款收不回来的风险。

### 4. 按风险涉及的范围分类,风险可分为特定风险与基本风险

(1) 特定风险。特定风险是指与特定的人有因果关系的风险。即由特定的人所引起,而且损失仅涉及个人的风险。例如,盗窃、火灾等都属于特定风险。

(2) 基本风险。基本风险是指其损害波及社会的风险。基本风险的起因及影响都不与特定的人有关,至少是个人所不能阻止的风险。例如,与社会或政治有关的风险,与自然灾害有关的风险,都属于基本风险。特定风险和基本风险的界限对某些风险来说,会因时代背景和人们观念的改变而有所不同。如失业,过去被认为是特定风险,而现在被认为是基本风险。

除此之外,还存在其他的风险分类方法。比如风险依其是否可以被商业保险承保分为可保风险和不可保风险两类。可保风险是指可用商业保险方式加以管理的风险,静态风险、财产风险、人身风险、责任风险、信用风险等都是可保风险。不可保风险就是商业保险不予以承保的风险,动态风险、投机风险等都是不可保风险。一般而言,可保风险都是可管理风险,但是不可保风险却不一定是不可管理风险。不可保风险仅仅是指商业保险无法处理的风险,某些不可保风险确实可以通过其他方式加以处理。

### 小组讨论

**载体:** 客户为一名职业院校教师,年龄30岁,有4年驾龄,车辆为12万元左右的轿车,带防盗、中控锁、安全气囊,家庭无车库,小区无停车场,平时停放在小区周围的便道上。销售人员需要帮助客户分析其所面临的风险,对客户的风险选择最合理的风险管理方法,为客户设计最适合的汽车投保方案,并且向客户提供有关汽车保险方面的知识咨询服务。

**讨论项目:** 分小组讨论该客户的车辆所面临的风险有哪些?(以树状图的形式,绘制讨论结果)

## 1.1.2 风险管理

### 一、风险管理的含义

风险管理是指经济单位透过对风险的认识、衡量和分析,选择最有效的方式,主动地、有目的地、有计划地处理风险,以最小的成本争取获得最大安全保障的方法。

对于风险管理的含义,应注意以下几点:

(1) 风险管理的主体是经济单位,即个人、家庭、企业或政府单位。

(2) 风险管理透过对风险的认识、衡量和分析,以最有效的方式,即最佳的风险管理技术为中心。

(3) 对风险管理技术的选择及对风险的处理,是经济单位处在主动的地位,有目的、有计划地进行的。

(4) 风险管理的目标是以最小的成本争取获得最大的安全保障。

### 二、风险管理的程序

风险管理的基本程序分为风险识别、风险估测、风险评价、选择风险管理技术和评估风险管理效果五个环节。

#### 1. 风险识别

风险识别是风险管理的第一步,它是指对企业、家庭或个人面临的和潜在的风险加以判断、归类,并对风险性质进行鉴定的过程,即对尚未发生的、潜在的和客观存在的各种风险系统地、连续地进行识别和归类,并分析产生风险事故的原因。风险识别主要包括感知风险和分析风险两个方面的内容。存在于企业、家庭或个人周围的风险多种多样、错综复杂,有潜在的,也有实际存在的;有静态的,也有动态的;有内部的,也有外部的。所有这些风险在一定时期和某一特定条件下是否客观存在,存在的条件是什么,以及损害发生的可能性有多大等,都是风险识别阶段应予以解决的问题。

#### 2. 风险估测

风险估测是在风险识别的基础上,通过对所收集的大量资料进行分析,利用概率统计理论,估计和预测风险发生概率和损失程度。风险估测不仅使风险管理建立在科学的基础上,而且使风险分析定量化,为风险管理者进行风险决策、选择最佳管理技术提供了科学依据。

#### 3. 风险评价

风险评价是指在风险识别和风险估测的基础上,对风险发生的概率、损失程度,结合其他因素进行全面考虑,评估发生风险的可能性及其危害程度,并与公认的安全指标相比较,以衡量风险的程度,并决定是否需要采取相应的措施。处理风险需一定费用,费用与风险损失之间的比例管理直接影响风险管理的效益。通过对风险性、定量分析和比较处理风险所支出的费用,来确定风险是否需要处理和处理程度,以判定为处理风险所支出的费用是否有效益。

#### 4. 选择风险管理技术

根据风险评价结果,为实现风险管理目标,选择最佳风险管理技术是风险管理中最为重要的环节。风险管理技术分为控制型和财务型两大类。前者的目的是降低损失频率和减少损失幅度，重点在于改变引起意外事故和扩大损失的各种条件；后者的目的是以提供基金的方式对无法控制的风险作财务上的安排。

5. 评估风险管理效果

评估风险管理效果是指对风险管理技术适应性及收益性情况的分析、检查、修正和评估。风险管理效益的大小，取决于是否能以最小风险成本取得最大安全保障。同时，在实务中还要考虑风险管理与整体管理目标是否一致，是否具有具体实施的可能性、可操作性和有效性。风险处理对策是否最佳可通过评估风险管理的效益来判断。

> **小组讨论**
>
> **载体**：客户为一名职业院校教师，年龄30岁，有4年驾龄，车辆为12万元左右的轿车，带防盗、中控锁、安全气囊，家庭无车库，小区无停车场，平时停放在小区周围的便道上。销售人员需要帮助客户分析其所面临的风险，对客户的风险选择最合理的风险管理方法，为客户设计最适合的汽车投保方案，并且向客户提供有关汽车保险方面的知识咨询服务。
>
> **讨论项目**：分小组讨论对该客户的车辆所面临的风险进行评估，评估风险发生的频率及损失的程度等。（以树状图的形式，绘制讨论结果）

### 三、风险管理的手段

1. 风险控制对策中的手段

（1）损失回避。这是一种对付风险最彻底的手段，有效的损失回避可以完全解除某一特定风险可能造成的损失。但它又是最消极的手段，因为它主要通过放弃或不再进行某项活动以消除风险源，同时也使获利的可能性降为零，何况并不是所有的风险均能回避，避免了某一种风险可能又会面临另一种新的风险。所以只有在迫不得已的情况下，才使用损失回避手段。

（2）损失控制。即通过减少损失发生的机会，或通过降低所发生损失的严重性来处理那些不愿回避或转移的风险，它是一种被普遍采用的风险管理手段。根据损失控制的目的，可以分为损失预防和损失减轻两种。前者是试图减少或消除损失发生机会，后者则主要是降低损失的严重程度。

（3）风险隔离。即对所面临的风险单位进行空间与时间的分离，这样便可达到减轻风险损失的目的。风险隔离相应增加了所要控制的单独风险单位的数量，如果其他情况不变，根据大数定律，显然会减少风险损失，当然可能会增加一定的管理费用。

（4）风险结合。它与风险隔离正好相对应，是从另一个方面进行管理，即通过增加风险单位的数量来提高整体预防未来损失的能力。这在市场波动大、竞争激烈的现实世界中是极为有效的。

（5）风险转移。它是指一些单位或个人为避免承担风险损失而有意识地将风险损失或与风险损失有关的财务后果转嫁给另一单位或个人承担的一种风险管理方式。通过风险转移，达到降低风险发生频率和缩小其损失程度的目的。风险转移可以使风险在损失承受者之间进行转移，但不可能因此将风险消除或者减少其总量。

2. 风险财务对策中的手段

（1）财务型非保险转移。这种手段主要是通过外部资金来支付可能发生的损失，将损失的财务负担转移给非保险业其他人。适用于风险财务型非保险转移的情况有：被转移方与转移方之间的损失可以清楚地划分；被转移人能够且愿意承担适当的财务责任，其成本低于采用其他手段的成本。

财务型非保险转移的方法很多，常见的有以下几种：① 通过契约或合同将某人的财务责任转移给另一个人承担，如出租者通过租约可以将本来应由自己承担的租物损坏的经济责任转移给承租人。② 通过保证人、委托人、债权人三方签订保证书，用以明确委托人对债权人履行某些明确的义务，否则由保证人承担违约风险的财务责任。③ 通过发行股票、债券，可以把企业经营的风险分散给众多的股东和投资者。

（2）财务型保险转移。这种手段是单位或个人通过订立保险合同，将其面临的财产风险、人身风险和责任风险等转嫁给保险人的一种风险管理技术，一般用来对付损失频率低、损失程度大的风险。

（3）自我承担。当某种风险不能避免、控制、转移或因冒该风险可能会获取较大利润时，可以将这种风险保留下来，自己承担由其所致的损失。这是一种较为普遍的风险管理手段，可以与除损失回避以外的其他手段共同使用。

自我承担可以分为两大类，一类是消极的自我承担，即没有意识到风险的存在而没有进行风险准备，或者明知风险存在却因疏忽怠慢，低估潜在损失程度时，所产生的风险自留；另一类是积极的自我承担，指那些明知风险存在且不可避免，但又找不到适当的处理办法，或者因为自我承担风险比其他处理方法更经济合理，或者风险损失程度不大且企业有能力自我承担的情况。

> **小组讨论**
>
> **载体**：客户为一名职业院校教师，年龄30岁，有4年驾龄，车辆为12万元左右的轿车，带防盗、中控锁、安全气囊，家庭无车库，小区无停车场，平时停放在小区周围的便道上。销售人员需要帮助客户分析其所面临的风险，对客户的风险选择最合理的风险管理方法，为客户设计最适合的汽车投保方案，并且向客户提供有关汽车保险方面的知识咨询服务。
>
> **讨论项目**：分小组讨论，根据该客户的车辆所面临的风险及其评估结果，进行风险管理技术的选择。（以树状图的形式，绘制讨论结果）

### 四、风险管理的目标

风险管理的基本目标是以最小的成本获得最大的安全保障。风险管理具体目标可以分为损失前目标和损失后目标。前者是指通过风险管理消除或降低风险发生的可能性，为人们提供较安全的生产、生活环境；后者是指通过风险管理在损失出现后及时采取措施，使受损企业的生产得以迅速恢复，或使受损家园得以迅速重建。

（1）损失前目标。① 减小风险事故的发生机会。② 以经济、合理的方法预防潜在损失的发生。③ 减轻企业、家庭和个人对风险及潜在损失的烦恼和忧虑，为企业提供良好的生产经营环境，为家庭提供良好的生活环境。④ 遵守和履行社会责任和行为规范。

（2）损失后目标。① 减轻损失的危害程度。② 及时提供经济补偿，使企业和家庭恢复正常的生产和生活秩序，实现良性循环。

### 一、简述题
1. 简述风险的含义及其构成要素。
2. 简述风险管理的程序。
3. 按不同分类标准风险的种类有哪些?

### 二、案例分析
张先生年龄为40周岁,驾龄6年,居住地在黑龙江省哈尔滨市。2017年10月,张先生购买了一辆价值25万元的轿车,该车使用性质为家庭自用,行驶区域主要在哈尔滨市内。由于张先生家所住小区设有停车场,一般情况下他将车辆停放在小区停车场里。

根据上述资料,运用所学知识,分析张先生驾车所面临的主要风险有哪些。

## 学习单元二　保险与保险术语

**2016 年财险公司市场份额占比**

| 排　名 | 公司名称 | 原保险保费收入（万） | 占　比 |
|---|---|---|---|
| 1 | 人保股份 | 31 045 348.12 | 34.2% |
| 2 | 平安财险 | 17 790 765.32 | 19.6% |
| 3 | 太平洋财险 | 9 607 111.54 | 10.6% |
| 4 | 国寿财产 | 5 973 598.16 | 6.5% |
| 5 | 中华联合 | 3 858 724.65 | 4.2% |
| 6 | 大地财产 | 3 195 785.08 | 3.5% |
| 7 | 阳光财产 | 2 839 216.44 | 3.1% |
| 8 | 出口信用 | 1 730 795.26 | 1.8% |
| 9 | 天安保险 | 1 387 436.08 | 1.5% |
| 10 | 太平保险 | 1 818 028.64 | 2.0% |
|  | 其他合计 | 90 769 642.77（总合计） | 13% |

数据来源：中国保监会网站

通过以上的数据可以看出来，中国保险市场是个庞大的市场，从业人员众多。机动车辆保险以人保、平安保险、太平洋保险三者市场份额最多。通过本单元的学习，我们将掌握保险的含义、分类、构成要素，汽车保险的特征及专业术语等内容。

### 1.2.1　保险

**一、保险的含义**

保险是指投保人根据合同约定，向保险人支付保险费，保险人对于合同约定的可能发生的事故因其发生所造成的财产损失承担赔偿保险金责任，或者当被保险人死亡、伤残、疾病或者达到合同约定的年龄、期限时承担给付保险金责任的商业保险行为。

保险作为分散风险、消化损失的一种经济补偿制度，可以从不同的角度来理解其含义。

（1）从法律角度加以深入分析。保险首先是一种法律关系，保险双方当事人以合同约定各自享有的权利和承担的义务。保险是一方支付保险费，另一方承担风险损失的法律关系。《保险法》中所说的保险特指商业保险，保险是建立在当事人双方法律地位平等的基础上的自愿行为。

（2）从经济角度进一步分析。保险是风险管理的一种方法，以风险损失分摊机制为基

础的一种处理风险的经济机制。它是以面临同质风险的经济单位或个人为对象,通过风险损失分摊机制来实现风险成本最低化的经济方法。

(3) 从风险管理角度看,保险是风险管理的一种方法或风险转移的一种机制。通过保险,将众多的单位和个人结合起来,变个体应对风险为大家共同应对风险,从而提高对风险损失的承受能力。保险的作用在于集散风险、分摊损失。

综上,保险含义应该包括四方面内容:一是指商业保险行为;二是合同行为;三是权利义务行为;四是经济补偿或保险金给付以合同约定的保险事故发生为条件。

### 二、保险的分类

#### 1. 按照保险标的分类

按保险标的分类,可将保险分为财产保险和人身保险。

(1) 财产保险　财产保险是以财产及其有关利益为保险标的的一种保险,包括财产损失保险、责任保险、信用保险等保险业务。财产损失保险是以各类有形财产为保险标的的财产保险;责任保险是以被保险人对第三者的财产损失或人身伤害依照法律和契约应负的赔偿责任为保险标的的保险;信用保险是以各种信用行为为保险标的的保险。

(2) 人身保险　人身保险是以人的寿命和身体为保险标的的保险,包括人寿保险、健康保险、意外伤害保险等保险业务。人寿保险是以被保险人的寿命作为保险标的,以被保险人的生存或死亡为给付保险金条件的一种人身保险;健康保险是以被保险人的身体为保险标的,使被保险人在疾病或意外事故所致伤害时发生的费用或损失获得补偿的一种人身保险业务;意外伤害保险是以被保险人的身体为保险标的,以意外伤害而致被保险人身故或残疾为给付保险金条件的一种人身保险。

#### 2. 按照承保方式分类

按承保方式分类,可将保险分为原保险、再保险、共同保险和重复保险。

(1) 原保险　原保险是保险人与投保人之间直接签订保险合同而建立保险关系的一种保险。在原保险关系中,保险需求者将其风险转嫁给保险人,当保险标的遭受保险责任范围内的损失时,保险人直接对被保险人承担赔偿责任。

(2) 再保险　再保险(也称"分保")是保险人将其所承保的风险和责任的一部分或全部转移给其他保险人的一种保险。转让业务的是原保险人,接受分保业务的是再保险人。这种风险转嫁方式是保险人对原始风险的纵向转嫁,是保险人与保险人之间的业务往来,即第二次风险转嫁。

(3) 共同保险　共同保险(也称"共保")是由几个保险人联合直接承保同一保险标的、同一风险、同一保险利益的保险。共同保险的各保险人承保金额的总和等于保险标的的保险价值。在保险实务中,可能是多个保险人分别与投保人签订保险合同,也可能是多个保险人以某一保险人的名义签发一份保险合同。与再保险不同,这种风险转嫁方式是保险人对原始风险的横向转嫁,它仍属于风险的第一次转嫁。

(4) 重复保险　重复保险是投保人以同一保险标的、同一保险利益、同一保险事故分别与两个或两个以上保险人订立保险合同的一种保险,重复保险的各保险人承保金额总和大于保险标的保险价值。与共同保险相同,重复保险也是投保人对原始风险的横向转嫁,也属于风险的第一次转嫁。

### 3. 按照实施方式分类

按实施方式分类,保险可分为强制保险和自愿保险。

(1) **强制保险** 强制保险(又称"法定保险")是由国家(政府)通过法律或行政手段强制实施的一种保险。强制保险的保险关系虽然也是产生于投保人与保险人之间的合同行为,但是合同的订立受制于国家或政府的法律规定。强制保险的实施方式有两种选择:一是保险标的与保险人均由法律限定;二是保险标的由法律限定,但投保人可以自由选择保险人。强制保险具有全面性与统一性的特征,如机动车交通事故责任强制保险。

(2) **自愿保险** 自愿保险是在自愿原则下,投保人与保险人双方在平等的基础上,通过订立保险合同而建立的保险关系。自愿保险的保险关系,是当事人之间自由决定、彼此合意后所建立的合同关系。投保人可以自由决定是否投保、向谁投保、中途退保等,也可以自由选择保险金额、保障范围、保障程度和保险期限等。保险人也可以根据情况自愿决定是否承保、怎样承保等。

### 4. 按照保额确定方式分类

按保额确定方式分类,保险可分为定值保险和不定值保险。

根据保险价值(保险标的的实际价值)在保险时是否预先确定为标准,可以将保险分为定值保险和不定值保险。

(1) **定值保险** 定值保险是指双方当事人事先确定保险标的(财产)的保险价值,并在合同中载明,以确定保险金最高限额的保险。保险标的的价值是指保险财产投保当时的实际价值,也称约定保险价值。在定值保险的场合,保险事故发生后,保险人应该按照约定的保险价值作为给付保险赔偿金的基础。在实践中,定值保险多适用于以艺术品、矿石标本、贵重皮毛、古玩、字画、邮票等不易确定价值的特殊商品为标的的财产保险。海洋货物运输保险也多采用这种方式,因为保险标的物的价值在时间及空间上差异较大,如果在事后估计损失的话,在技术上受到很大限制。在定值保险中,除非保险人能够证明被保险人有欺诈行为,否则,在保险事故发生以后,保险人不得以保险标的的实际价值与约定价值不符为由拒绝履行赔偿义务,即发生保险事故时,不论财产的价值如何,保险人均按照约定的保险金额来计算赔款。如果发生部分损失,则按照保险金额乘以损失程度进行赔偿(在美国的保险学教材中,大都将人寿保险与健康保险也称作定值保险。但在我国,通常将定值保险与不定值保险的分类限定在财产保险中)。

(2) **不定值保险** 不定值保险是指保险双方当事人对保险标的不预先确定价值,而在保险事故发生后再估算价值、确定损失的保险形式。也就是说,在保险合同中只列明保险的金额作为赔偿的最高限额,而不是列明保险标的的价值。在实践中,大多数财产保险,如企业财产保险、机动车辆保险等均采用不定值保险的形式。

不定值保险的保险金额是在订立合同时确定的,而核定保险价值是在保险事故发生的时候,由于随着时间的伸延产生价差,即在客观上就会产生保险金额与保险价值不一致的情况。

## 三、保险的要素

### 1. 可保风险

可保风险是保险人可以接受承保的风险。尽管保险是人们处理风险的一种方式,它能为人们在遭受损失时提供经济补偿,但并不是所有破坏物质财富或威胁人身安全的风险,保险人都承保。可保风险有以下几个特性:一是风险不是投机性的;二是风险必须具有不确定性。就一个具体单独的保险标的而言,保险当事人事先无法知道其是否发生损失、发生损失的时间和发生损失的程度如何;三是风险必须是大量标的均有遭受损失的可能;四是风险必须是意外的;五是风险可能导致较大损失;六是在保险期限内预期的损失是可计算的,保险人承保某一特定风险,必须在保险合同期限内收取足够数额的保险费以聚集资金支付赔款,支付各项费用开支,并获得合理的利润。

### 2. 多数人的同质风险的集合与分散

保险的过程,既是风险的集合过程,又是风险的分散过程。众多投保人将其所面临的风险转嫁给保险人,保险人通过承保而将众多风险集合起来。当发生保险责任范围内的损失时,保险人又将少数人发生的风险损失分摊给全部投保人,也就是通过保险的补偿行为分摊损失,将集合的风险予以分散转移。保险风险的集合与分散应具备两个前提条件:一是多数人的风险,如果是少数或个别人的风险,就无所谓集合与分散,而且风险损害发生的概率难以测定,大数法则不能有效地发挥作用;二是同质风险,如果风险不是同质风险,那么风险损失发生的概率就不相同,因此风险也就无法进行集合与分散。此外,由于不同质的风险损失发生的频率与幅度是有差异的,倘若进行集合与分散,会导致保险经营财务的不稳定,保险人将不能提供保险供给。

### 3. 费率的合理厘定

保险在形式上是一种经济保障活动,而实质上是一种商品交换行为。因此,厘定合理的费率,即制定保险商品的价格,便构成了保险的基本要素。保险的费率过高,保险需求会受到限制;反之,费率厘定得过低,保险供给得不到保障,这都不能称为合理的费率。费率的厘定应依据概率论、大数法则的原理进行计算。

### 4. 保险基金的建立

保险的分摊损失与补偿损失功能是通过建立保险基金实现的。保险基金是用以补偿或给付因自然灾害、意外事故和人体自然规律所致的经济损失和人身损害的专项货币基金。它主要来源于开业资本金和保险费收入,就财产保险准备金而言,表现为未到期责任准备金、赔款准备金等形式;就人寿保险准备金而言,主要以未到期责任准备金形式存在。保险基金具有分散性、广泛性、专项性与增值性等特点,保险基金是保险的赔偿与给付的基础。

### 5. 订立保险合同

保险是一种经济关系,是投保人与保险人之间的经济关系。这种经济关系是通过合同的订立来确定的。保险是专门对意外事故和不确定事件造成的经济损失给予赔偿的,风险是否发生、何时发生、其损失程度如何,均具有较大的随机性。保险的这一特性要求保险人和投保人应在确定的法律或契约关系约束下履行各自的权利与义务。倘若不履行在法律上或合同上规定的各自的权利与义务,那么,保险经济关系就难以成立。因此,订立保险合同是保险得以成立的基本要素,它是保险成立的法律保证。

课题一 投保方案的设计

#### 四、保险的特征

**1. 经济性**

保险是一种经济保障活动,这种经济保障活动是整个国民经济活动的一个组成部分。此外,保险体现了一种经济关系,即商品等价交换关系,保险经营具有商品属性。

**2. 互助性**

保险在一定条件下,分担了个别单位和个人所不能承担的风险,从而形成了一种经济互助关系。它体现了"一人为众、众人为一"的思想,互助性是保险的基本特性。

**3. 法律性**

保险的经济保障活动是根据合同来进行的,所以,从法律角度看,保险又是一种法律行为。

**4. 科学性**

保险是以数理计算为依据而收取保险费的。保险经营的科学性是保险存在和发展的基础。

### 1.2.2 汽车保险

#### 一、汽车保险定义

汽车保险,简称车险,是指对机动车辆由于自然灾害或意外事故所造成的人身伤亡或财产损失负赔偿责任的一种商业保险,汽车保险是财产保险中的主要险种。

从汽车保险的定义可以看出,汽车保险的保险对象为汽车及其相关的经济责任,所以汽车保险既属于财产保险又属于责任保险。随着汽车保险业的发展,其保险标的除了最初的汽车以外,已经扩大到所有的机动车辆。世界上许多国家至今仍沿用汽车保险的名称,而我国已经明确定义为机动车辆保险,汽车保险属于机动车辆保险的一部分。

#### 二、与汽车保险相关的基本概念

**1. 汽车保险标的**

保险标的是保险保障的目标和实体,是保险合同双方当事人权利和义务所指向的对象。汽车保险的保险标的是汽车及其相关经济责任。

**2. 汽车保险人**

保险人是指与投保人订立汽车保险合同、收取保险费、为被保险人提供保障的人。汽车保险的保险人是指经营汽车保险业务的保险公司。

**3. 汽车投保人**

投保人是指与保险人订立保险合同,并按照保险合同负有支付保险费义务的人。

**4. 汽车被保险人**

被保险人是指因保险事故发生而遭受损失的人。在汽车保险合同中,被保险人是保险车辆的所有人或具有相关利益的人。

**5. 保险责任**

保险责任指保险公司承担赔偿或者给付保险金责任的项目。实际上是保险人承担经济补偿责任的依据和范围,同时也是被保险人要求赔偿的依据和范围。

### 6. 除外责任

除外责任是指保险人依照法律规定或合同约定,不承担保险责任的范围,是对保险责任的限制。

### 7. 保险期间

保险期间即保险合同约定的时间,也称保障期,即保险人为被保险人提供保险保障的起止时间。

### 8. 保险价值

保险价值是指投保人与保险人订立保险合同时,作为确定保险金额基础的保险标的的价值,也即投保人对保险标的所享有的保险利益在经济上用货币估计的价值额。

### 9. 保险金额

保险金额是指一个保险合同项下保险公司承担赔偿或给付保险金责任的最高限额,即投保人对保险标的的实际投保金额。

### 10. 汽车保险费

保险费是投保人参加保险时所交付给保险人的费用。汽车保险费是根据汽车保险的保险金额和保险费率计算出来的。

### 11. 保险代理人

保险代理人是指根据保险人的委托,在保险人授权的范围内代为办理保险业务,并依法向保险人收取代理手续费的单位或者个人。

### 12. 保险经纪人

保险经纪人是基于投保人的利益,为投保人与保险人订立保险合同提供中介服务,并依法收取佣金的保险公司从业人员。

### 13. 保险公估人

保险公估人是指依照法律规定设立,受保险公司、投保人或被保险人委托办理保险标的的查勘、鉴定、估损以及赔款的理算,并向委托人收取酬金的公司。

## 三、汽车保险的特征

机动车辆保险与一般意义上的财产保险有所区别,由于其保险责任包括了第三者责任,因而它是一种综合保险,在欧美各国列为意外保险。汽车保险除了其他财产保险所具有的共性外,还具备本身独有的一些特点。

### 1. 机动车辆保险属于不定值保险

机动车辆保险单中双方当事人不约定保险价值,只约定保险金额作为保险人承担赔偿责任的最高限额。发生保险事故时,保险人的赔偿以保险金额不超过车辆损失时的实际价值为限,超过车辆实际价值的保险金额无效。

### 2. 机动车辆损失保险的赔偿主要采取修复方式

普通财产保险的赔偿方式主要采取货币方式,而机动车辆损失保险业务中除机动车辆发生严重全损、无法修复或被盗抢的情况需要采取货币方式赔偿外,部分损失情况下的赔偿主要采取修复方式。

## 3. 保险标的出险率较高

机动车辆作为交通工具,经常处于运动状态,很容易发生碰撞及其他意外事故,造成人身伤亡或财产损失。由于车辆数量的迅速增加,一些国家交通设施及管理水平跟不上车辆的发展速度,再加上驾驶员的疏忽、过失等人为原因,交通事故发生频繁,汽车出险率较高。

## 4. 业务量大,投保率高

由于汽车出险率较高,汽车的所有者需要以保险方式转嫁风险。各国政府在不断完善交通设施、严格制定交通规章的同时,为了保障受害人的利益,对第三者责任保险实施强制保险。保险人为适应投保人转嫁风险的不同需要,为被保险人提供了更全面的保障,在开展车辆损失险和第三者责任险的基础上,推出了一系列附加险,使汽车保险成为财产保险中业务量最大、投保率最高的一个险种。

## 5. 扩大保险利益

机动车辆保险中,针对汽车的所有者与使用者不同的特点,机动车辆保险条款一般规定:不仅被保险人本人使用车辆时发生保险事故时保险人要承担赔偿责任,而且凡是被保险人允许的驾驶人使用车辆时,也视为其对保险标的具有保险利益。如果发生保险单上约定的事故,保险人同样要承担事故造成的损失。

## 6. 被保险人自负责任与无赔款优待

为了促使被保险人注意维护、养护车辆,使其保持安全行驶技术状态,并督促驾驶员注意安全行车以减少交通事故发生,保险合同上一般规定:驾驶员在交通事故中所负责任、车辆损失险和第三者责任险在符合赔偿规定的金额内实行绝对免赔率;保险车辆在保险期限内无赔款,续保可以按保险费的一定比例享受无赔款优待。以上两项规定,虽然分别是对被保险人的惩罚和优待,但要达到的目的是一致的。

## 7. 机动车辆损失赔偿的特殊性

在机动车辆保险单有效的保险期限内,无论发生一次或多次保险责任范围内的车辆损失索赔,只要保险人核定的赔偿额在保险单规定的保险金额内,保险责任继续有效至保险期限结束,以致会在一份保险单项下出现多次赔偿额的累计高于保险单规定的保险金额的情况。但是,只要一次事故的赔偿额达到或超过保险金额,则保险责任自然终止。

**简述题**

1. 保险的概念是什么?
2. 什么是汽车保险?
3. 什么是保险标的?
4. 什么是保险利益?
5. 什么是保险责任?
6. 汽车保险的要素有哪些?

汽车保险与理赔

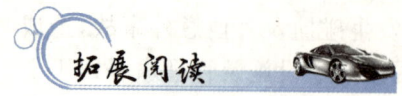

打开手机微信扫描以下二维码,获得最新相关法律法规,可随时查阅。

2015年修订保险法　　　　再保险业务的管理规定

课题一 投保方案的设计

# 学习单元三 机动车交通事故责任强制保险

2014年6月29日晚8时50分许,王先生参加完聚会后驾驶自己的捷达车往家赶。在经过一个路口时,不小心与一辆自行车发生碰撞,造成骑车人受伤及车辆损坏的交通事故。经交警部门认定,王先生醉酒后驾车上路行驶,是导致涉案交通事故的主要过错,负事故的主要责任,自行车负事故的次要责任。在依法对王先生进行处罚的同时,经交警调解,王先生赔偿骑车人的医药费、误工费、护理费等相关费用一万三千余元。事后,王先生带着相关资料到自己的交强险所属的保险公司办理理赔时遭到保险公司的拒赔。

虽然保险公司向王先生解释了相关的条款,但王先生仍然无法理解,一纸诉状把保险公司告上法庭。

法院对原被告双方所提交的申诉、答辩材料进行了仔细的审阅,并到交警部门提取了相关资料。经慎重地研究后,根据相关条款做出了如下判决:原告醉酒驾驶的行为是对人对己极不负责任的违法行为,因交通事故产生的法律责任包括经济损失应当由原告自行承担。依照《机动车交通事故责任强制保险条例》第22条的规定,判决:驳回原告的诉讼请求。案件受理费,由原告负担。

通过王先生的交强险理赔案例我们可以看出,交强险也是有一定的免赔条款的,不要错误地认为只要有交强险,保险公司就会无条件地赔付。尤其是酒后开车,更是害人害己,提醒广大驾驶人牢记"酒后莫开车"!

在本章的学习中,我们将了解强制汽车责任保险的产生、分类、结构、发展,全面掌握我国机动车交通事故责任强制保险条款的内容。

## 1.3.1 我国机动车保险业务的发展

### 一、我国机动车保险的分类与结构

根据我国目前汽车保险的政策,在保险实务中,因保险性质的不同,一般分为汽车强制责任险和汽车商业险两大部分。虽然这两部分都属于商业保险公司经营,但汽车强制责任保险是强制性保险,而其他的险种则是建立在保险人和被保险人自愿基础上的汽车商业保险。我国现阶段的机动车保险结构如表1-1所示。

表 1-1 机动车保险结构

| 强制商业汽车保险 | 非强制商业汽车保险 | | | | |
|---|---|---|---|---|---|
| 机动车交通事故责任强制保险 | 基本险 | 机动车损失保险 | 机动车第三者责任保险 | 机动车车上人员责任险 | 全车盗抢险 |
| | 附加险 | 1. 玻璃单独破碎险<br>2. 自燃损失险<br>3. 新增设备损失险<br>4. 车身划痕损失险<br>5. 发动机涉水损失险<br>6. 修理期间费用补偿险<br>7. 机动车损失保险无法找到第三方特约险<br>8. 指定修理厂险 | 1. 车上货物责任险<br>2. 精神损害抚慰金责任险 | 1. 精神损害抚慰金责任险 | |
| | | 不计免赔险 | | | |

以上列表中的险种是由保险行业协会统一制定的,各家保险公司可以结合自身的特点开发不同的附加险。

### 二、我国机动车强制险的发展历程

机动车强制险,全称机动车交通事故责任强制保险。《机动车交通事故责任强制保险条例》于 2006 年 3 月 1 日公布,自 2006 年 7 月 1 日起施行。强制汽车责任保险也称法定汽车责任保险,是国家或地区基于公共政策的考虑,为维护社会大众利益,以颁布法律或行政法规的形式实施的汽车责任保险。在强制汽车责任保险的规定下,不管被保险人是否愿意,汽车所有人必须按照法规投保汽车责任保险。强制汽车责任保险的目的是为了保障交通事故受害者能获得基本的赔偿。

强制汽车责任保险与一般的商业性保险不同,强制汽车责任保险制度在各国实践中,所采用的模式也不完全相同,一般可分为两种模式:一种是将商业性汽车责任保险赋予强制险的使命与功能,使其承担法定的保险范围及金额,除此之外,没有别的汽车责任险,即一张保险单保到底的完全保障,如英国的无限额汽车责任险;另一种是除强制汽车责任险之外,还有任意汽车责任险可以弥补强制险的不足,如日本及中国台湾地区的限额保险制。强制部分的限额是最低保障的额度,所以又被称为基本保障型强制险。

### 三、我国机动车商业险的发展历程

1980 年,我国全面恢复国内财产保险业务,汽车保险业务也随之恢复,随着汽车保险业的迅速发展,国家对汽车保险的条款和费率的管理也日益完善。2000 年,中国保险监督管理委员会统一制定了《机动车辆保险条款》,汽车保险在此条款的指导下,全国汽车保险实行统一的条款和刚性的费率。但是刚性费率由政府定价一刀切,没有考虑到不同地区市场、不同类型的保险消费者的特点,同时也影响了保险市场的竞争环境,造成保险公司缺乏效率。

于是,在2003年开始在全国范围内推行了车险制度的改革,核心是实现车险产品的费率市场化并建立起以偿付能力为核心的新型车险监管体制,各家保险公司结合自身特点推出了具有自己特色的汽车保险产品。

2006年7月1日,我国出台了机动车辆交通事故责任强制保险(简称交强险),并于2012年3月30日进行第一次修订,2012年12月17日进行第二次修订。伴随着交强险的实施,车损险和商业第三者责任险产生重大变局。由中国保险行业协会提出,各保险公司经营的商业车险使用新的条款和费率,并于2006年7月1日起正式实行。2006年商业车险采用A、B、C三款"套餐",分别根据人保股份、平安财险和太平洋财险三大公司的车险条款设计。"套餐"中包括两种基本险:车损险和商业第三者责任险,对于其他险种,仍允许各家公司进行差异化经营。

2007年末,我国金融行业首个全国性听证会——交强险费率听证会在京举行,随后保监会对交强险的责任限额、费率水平进行"双调整"。据此各保险公司经营的商业车险条款和费率也有了新的变化。保险行业协会出台了2007年条款,2007版机动车商业保险行业基本条款在06版车险行业基本条款基础上扩大了覆盖范围,除原有的机动车损失保险、机动车第三者责任保险外,又将机动车车上人员责任险、机动车全车盗抢险、玻璃单独破碎险、车身划痕损失险、车损免赔额险、不计免赔率险六个险种也纳入了车险行业基本条款的范围,共计八个险种。这八个险种是投保率最高的八个险种,涵盖了车辆所面临的主要风险,因此制订并使用行业车险基本条款改变了以往客户面对纷繁冗长的保险条款、复杂的费率计算方法无所适从的情况,减少了少数销售机构和人员利用片面宣传产品差异误导消费者的行为,使消费者明明白白买车险,保护了广大消费者的利益。经过本次修订后,行业三套车险基本条款的这八种险种在保障范围、费率水平、赔偿处理等各方面均基本相同,有效地提高了国内车险产品的标准化程度。但在使用车险行业基本条款的基础上,各家保险公司可以进行产品创新,针对细分客户群的个性化需求开发了多个个性化产品。比如,选用A款的中保财险公司开发的租车人人车失踪责任险,覆盖了租赁车辆与承租人同时失踪,致使机动车出租公司遭受经济损失的风险;又如,选用C款的太平洋保险公司开发的零部件、附属设备被盗窃险,则填补了A、B、C三套产品的机动车全车盗抢险的保障空白。

在这三大套餐之外,保监会批准安盛天平保险公司采用自己制定的保险条款,它与A、B、C条款不一样,可以被称为D条款,与行业统颁条款的最大差异体现在车损险方面。天平车险设计了《车辆损失一切险》、《车辆损失综合险》和《"车碰车"车辆损失险》三款产品,可供高、中、低三种保障需求的车主选择。其中,车辆损失一切险首次采取了与国际接轨的"责任免除列明"做法,即除了条款中列明的20多种情况造成的损失不负责赔偿外,其他意外事故造成的车辆损失,都将从保险公司获得赔偿。天平保险相关人士表示,其实这是将传统的车损险和所有附加险的保障功能"打包"在了一起,比较适合对车辆具有高保障需求的车主。车辆损失综合险与统颁的产品比较类似,已将自燃和涉水损失列入了保障范围。

随着汽车保险市场的多年运行所体现出来的需求,2012年3月15日中国保险行业协会正式发布《机动车辆商业保险示范条款》(以下简称《示范条款》),在对原有2007款商业车险条款进行全面梳理的同时,也认真筛查了不利于保护被保险人权益、表述不清和容易产生歧义之处,尤其是对消费者广泛关注的"高保低赔"、"无责不赔"、代位追偿等热点问题进行了合理修订。《示范条款》从2016年到2017年开始陆续实施。

## 1.3.2 机动车交通事故责任强制保险

**一、《机动车交通事故责任强制保险条款》的颁布**

中国保监会公布了《机动车交通事故责任强制保险条款》(简称"交强险条款")。作为交强险合同的重要组成部分,交强险条款是消费者在投保前需仔细阅读的。交强险条款包括总则、定义、保险责任、垫付与追偿、责任免除、保险期间、投保人与被保险人义务、赔偿处理、合同变更与终止、附则十项内容等共二十七条。

**二、交通事故责任强制保险的特征**

*1. 交通事故责任强制保险具有强制性*

一般的汽车责任保险都依据自愿原则办理,而强制汽车责任保险根据强制保险的相应法规开办,汽车拥有者必须购买,否则属于违法,因此它具有强制性的特点。

*2. 交通事故责任强制保险对第三者的利益具有基本保障性*

一般的汽车责任保险,投保人可以自愿选择责任限额,主要是依据个人的需要和缴费能力确定。一般情况下,投保人会选择稍高限额,以获得保险的充足保障。而强制汽车责任保险的责任限额是固定的,不能自愿选择。正因为这点,各国在制定责任限额时都定得比较低,以使大多数投保人都有购买能力,因此较低的限额只是对事故受害者的一个基本保障。

案例1

*3. 交通事故责任强制保险以无过失责任为基础*

一般汽车责任保险依据保险合同的规定,以被保险人在事故中所负的责任比例确定损害赔偿的范围和大小,因此它是以过失责任为归责原则。而强制汽车责任保险根据相关法律的规定,大多基于损害的存在对受害者予以补偿,因此它多采用无过失责任作为归责原则。我国的交强险采用过失责任和无过失责任相结合的原则。

*4. 交通事故责任强制保险具有公益性*

一般汽车责任保险的费率厘定是考虑公司盈利的,而强制汽车责任保险的费率由政府统一定制而不考虑盈利,所以保险费率相对较低,具有公益性。

**三、保险定义**

机动车交通事故责任强制保险(以下简称"交强险"),是指由保险公司对被保险机动车发生道路交通事故造成本车人员、被保险人以外的受害人的人身伤亡、财产损失,在责任限额内予以赔偿的强制性责任保险。

**四、保险责任**

交强险保险责任的成立应满足四个条件:一是被保险机动车在中华人民共和国境内使

用;二是发生交通事故;三是造成受害人的人身或者财产损失;四是依法应当由被保险人承担损害赔偿责任。

### 五、责任限额

机动车交通事故责任强制保险在全国范围内实行统一的责任限额。责任限额分为有责任赔偿限额与无责任赔偿限额两种。每种的赔付项目包括死亡伤残赔偿、医疗费用赔偿、财产损失赔偿三项。

有责任赔偿限额是被保险人在交通事故中有过错的情况下,对受害人死亡伤残、医疗费用以及财产损失等不同类型的赔付项目分别设置的最高赔偿金额。实行分项限额有利于结合人身伤亡和财产损失的风险特点进行有针对性的保障,有利于减低赔付的不确定性,从而有效控制风险,降低费率水平。

无责任限额是对于被保险机动车在交通事故中无过错的情况下,对受害人设置的赔偿限额。这一方面体现了对受害人的保护,无论交通事故受害人在交通事故中是否有过错,均能获得一定的经济补偿;另一方面也兼顾投保人以及社会公众的利益,体现公平性原则。

实行分项责任限额是国际上普遍采用的做法,如日本、韩国、美国等国家和台湾地区均在强制保险中采用分项责任限额的做法。

#### 1. 机动车在道路交通事故中有责任的赔偿限额

(1) 死亡伤残赔偿限额:110 000 元人民币。
(2) 医疗费用赔偿限额:10 000 元人民币。
(3) 财产损失赔偿限额:2 000 元人民币。

#### 2. 机动车在道路交通事故中无责任的赔偿限额

(1) 死亡伤残赔偿限额:11 000 元人民币。
(2) 医疗费用赔偿限额:1 000 元人民币。
(3) 财产损失赔偿限额:100 元人民币。

#### 3. 赔偿项目

(1) 11 万元的死亡伤残赔偿限额:是指被保险机动车发生交通事故,保险人对每次保险事故所有受害人的死亡伤残费用所承担的最高赔偿金额。死亡伤残费用包括丧葬费、死亡补偿费、受害人亲属办理丧葬事宜支出的交通费用、残疾赔偿金、残疾辅助器具费、护理费、康复费、交通费、被抚养人生活费、住宿费、误工费,被保险人依照法院判决或者调解承担的精神损害抚慰金。

(2) 1 万元医疗费用赔偿限额:是指被保险机动车发生交通事故,保险人对每次保险事故所有受害人的医疗费用所承担的最高赔偿金额。医疗费用包括医药费、诊疗费、住院费、住院伙食补助费,必要的、合理的后续治疗费、整容费、营养费。

(3) 2 000 元的财产损失赔偿限额:是指被保险机动车发生交通事故,保险人对每次保险事故所有受害人的财产损失承担的最高赔偿金额。

交通事故责任强制险的赔偿限额一共是 12.2 万元。12.2 万元是每次事故的赔偿上限,并不是多次事故的累计赔偿总额。现行 12.2 万元的交强险赔偿只是一个最基本的保障,消费者可根据自身情况补充购买商业车险,以获得更高水平的保险保障。

主车和挂车连接使用时发生交通事故,赔偿金额的总和不超过一份强制保险合同的责任限额。

案例2

案例3

### 六、垫付与追偿

被保险机动车在以下四种情形的任一情形下发生交通事故的,造成受害人受伤需要抢救的,保险人在接到公安机关交通管理部门的书面通知和医疗机构出具的抢救费用清单后,按照国务院卫生主管部门组织制定的交通事故人员创伤临床诊疗指南和国家基本医疗保险标准进行核实。对不足的部分,保险人在医疗费用赔偿限额内垫付。被保险人在交通事故中无责任的,保险人在无责医疗费用赔偿限额内垫付。对于其他损失和费用,保险人不负责垫付和赔偿。

对于垫付的抢救费用,保险人有权向致害人追偿的四种情形为:
(1) 驾驶人未取得驾驶资格的。
(2) 驾驶人醉酒的。
(3) 被保险机动车被盗抢期间肇事的。
(4) 被保险人故意制造交通事故的。

### 七、除外责任

除外责任主要列明保险公司不负责赔偿和垫付的损失和费用,具体如下:
(1) 因受害人故意造成的交通事故的损失。
(2) 被保险人所有的财产及被保险机动车上的财产遭受的损失。
(3) 被保险机动车发生交通事故,致使受害人停业、停驶、停水、停气,通信或者网络中断、数据丢失、电压变化等造成的损失以及受害人财产因市场价格变动造成的贬值、修理后因价值降低造成的损失等其他间接损失。
(4) 因交通事故产生的仲裁或者诉讼费用以及其他相关费用。

案例4

案例5

### 八、保险期间

除国家法律、行政法规另有规定外,强制保险合同的保险期间为一年,以保险单载明的起讫时间为准。

### 九、投保人与被保险人的义务

(1) 投保人在投保时,应当如实填写投保单,向保险人如实告知重要事项,并提供被保险机动车的行驶证和驾驶证复印件。重要事项包括机动车的种类、厂牌型号、识别代码、号牌号码、使用性质和机动车所有人或者管理人的姓名(名称)、性别、年龄、住所、身份证或者驾驶证号码(组织机构代码)、续保前该机动车发生事故的情况以及保监会规定的其他事项。

投保人未如实告知重要事项,对保险费计算有影响的。保险人按照保单年度重新核定保险费,并上浮10%计收。

(2) 签订强制保险合同时,投保人不得在保险条款和保险费率之外向保险人提出附加条件。

(3) 投保人续保的,应当提供被保险机动车上一年度强制保险的保险单。

(4) 在保险合同有效期内,被保险机动车因改装、加装、使用性质改变等导致危险程度增加的,被保险人应当及时通知保险人,并办理批改手续。否则,保险人按照保单年度重新核定保险费,并上浮10%计收。

(5) 被保险机动车发生交通事故,被保险人应当及时采取合理、必要的施救和保护措施,并在事故发生后及时通知保险人。

(6) 发生保险事故后,被保险人应当积极协助保险人进行现场勘查和事故调查。

(7) 发生与保险赔偿有关的仲裁或者诉讼时,被保险人应当及时书面通知保险人。

### 十、投保人与被保险人的权利

按照交强险条例的规定,投保人在保险事故发生后获得赔付以外,还享受以下这些权利。

(1) 投保人在投保时应该选择具备从事交强险业务资格的保险公司。保险公司一般情况下不得拒绝或者拖延承保。

(2) 签订交强险合同时,保险公司不得强制投保人订立商业第三者责任险合同或者其他商业保险合同以及其他附加险条件。

(3) 保险公司不得解除交强险合同,除非投保人或者被保险人有重要事项未履行如实告知的义务。

(4) 被保险机动车辆发生道路交通事故,被保险人或者受害人通知保险公司,保险公司应当立即给予答复,告知被保险人或者受害人具体赔偿程序等有关事项。

(5) 被保险机动车辆发生道路交通事故时,由被保险人向保险公司申请赔偿金,保险公司应当在收到赔偿申请之日起,一日之内书面告知被保险人保险公司需要哪些证明和资料。

(6) 保险公司在收到被保险人证明资料5天之内,对是否作出赔偿作出核定,并将结果及时通知保险人。对属于保险责任的,应当在与被保险人达成赔偿金额协议10天之内把保险赔款送到被保险人手中。

### 十一、赔偿处理

#### 1. 提供证据

被保险机动车发生交通事故时,由被保险人向保险人申请赔偿保险金。被保险人索赔时,应当向保险人提供以下材料:

(1) 强制保险的保险单。

(2) 被保险人出具的索赔申请书。

(3) 被保险人和受害人的有效身份证明、被保险机动车行驶证和驾驶人的驾驶证。

(4) 公安机关交通管理部门出具的事故证明，或者人民法院等机构出具的有关法律文书及其他证明。

(5) 被保险人根据有关法律法规规定选择自行协商方式处理交通事故的，应当提供依照《交通事故处理程序规定》规定的记录交通事故情况的协议书。

(6) 受害人财产损失程度证明、人身伤残程度证明、相关医疗证明以及有关损失清单和费用单据。

(7) 其他与确认保险事故的性质、原因、损失程度等有关的证明和资料。

#### 2. 赔偿原则与注意事项

保险事故发生后，保险人按照国家有关法律法规规定的赔偿范围、项目和标准以及强制保险合同的约定，并根据国务院卫生主管部门组织制定的交通事故人员创伤临床诊疗指南和国家基本医疗保险标准，在强制保险的责任限额内核定人身伤亡的赔偿金额。

(1) 对被保险人依照法院判决或者调解承担的精神损害抚慰金，保险人在死亡伤残赔偿限额或无责任死亡伤残赔偿限额内，先行支付死亡伤残费用中精神损害抚慰金以外的项目后再予以赔偿。

(2) 保险事故造成受害人财产损失时，保险人优先赔偿受害人的机动车以外的其他财产的损失。

(3) 保险事故中各分项赔偿限额下核定损失之和超过强制保险各分项赔偿限额的，保险人按照各分项赔偿限额下各受害人的核定损失金额占所有受害人的总核定损失金额的比例，乘以相应赔偿限额，计算被保险人对各受害人的分项赔偿金额。

(4) 因保险事故造成受害人人身伤亡的，未经保险人书面同意，被保险人自行承诺或支付的赔偿金额，保险人在强制保险责任限额内有权重新核定。

(5) 因保险事故损坏的受害人财产应当尽量修复。修理前被保险人应当会同保险人检验，协商确定修理或者更换项目、方式和费用，否则，保险人在强制保险责任限额内有权重新核定。

(6) 被保险机动车发生涉及受害人受伤的交通事故，因抢救受害人需要保险人支付抢救费用的，保险人在接到公安机关交通管理部门的书面通知和医疗机构出具的抢救费用清单后，按照国务院卫生主管部门组织制定的交通事故人员创伤临床诊疗指南和国家基本医疗保险标准进行核实。对于符合规定的抢救费用，保险人在医疗费用赔偿限额内支付。被保险人在交通事故中无责任的，保险人在无责任医疗费用赔偿限额内支付。

### 十二、交强险费率

目前我国统一执行的交强险费率如表 1-2 所示。

表 1-2 机动车交通事故责任保险基础费率表（2008 版）

| 车辆类型 | 序号 | 车辆明细分类 | 保费（元） |
| --- | --- | --- | --- |
| 家庭自用车 | 1 | 家庭自用汽车 6 座及以下 | 950 |
| | 2 | 家庭自用汽车 6 座以上 | 1 100 |

课题一 投保方案的设计

(续表)

| 车辆类型 | 序号 | 车辆明细分类 | 保费(元) |
|---|---|---|---|
| 非营业客车 | 3 | 企业非营业汽车6座以下 | 1 000 |
|  | 4 | 企业非营业汽车6～10座 | 1 130 |
|  | 5 | 企业非营业汽车10～20座 | 1 220 |
|  | 6 | 企业非营业汽车20座及以上 | 1 270 |
|  | 7 | 机关非营业汽车6座以下 | 950 |
|  | 8 | 机关非营业汽车6～10座 | 1 070 |
|  | 9 | 机关非营业汽车10～20座 | 1 140 |
|  | 10 | 机关非营业汽车20座及以上 | 1 320 |
| 营业客车 | 11 | 营业出租租赁6座以下 | 1 800 |
|  | 12 | 营业出租租赁6～10座 | 2 360 |
|  | 13 | 营业出租租赁10～20座 | 2 400 |
|  | 14 | 营业出租租赁20～36座 | 2 560 |
|  | 15 | 营业出租租赁36座及以上 | 3 530 |
|  | 16 | 营业城市公交6～10座 | 2 250 |
|  | 17 | 营业城市公交10～20座 | 2 520 |
|  | 18 | 营业城市公交20～36座 | 3 020 |
|  | 19 | 营业城市公交36座及以上 | 3 140 |
|  | 20 | 营业公路客运6～10座 | 2 350 |
|  | 21 | 营业公路客运10～20座 | 2 620 |
|  | 22 | 营业公路客运20～36座 | 3 420 |
|  | 23 | 营业公路客运36座及以上 | 4 690 |
| 非营业货车 | 24 | 非营业货车2吨以下 | 1 200 |
|  | 25 | 非营业货车2～5吨 | 1 470 |
|  | 26 | 非营业货车5～10吨 | 1 650 |
|  | 27 | 非营业货车10吨及以上 | 2 220 |
| 营业货车 | 28 | 营业货车2吨以下 | 1 850 |
|  | 29 | 营业货车2～5吨 | 3 070 |
|  | 30 | 营业货车5～10吨 | 3 450 |
|  | 31 | 营业货车10吨及以上 | 4 480 |

(续表)

| 车辆类型 | 序号 | 车辆明细分类 | 保费(元) |
|---|---|---|---|
| 特种车 | 32 | 特种车一 | 3 710 |
| | 33 | 特种车二 | 2 430 |
| | 34 | 特种车三 | 1 080 |
| | 35 | 特种车四 | 3 980 |
| 摩托车 | 36 | 摩托车 50 CC 及以下 | 80 |
| | 37 | 摩托车 50 CC～250 CC(含) | 120 |
| | 38 | 摩托车 250 CC 以上及侧三轮 | 400 |
| 拖拉机 | 39 | 兼用型拖拉机 14.7 kW 及以下 | 按保监产险[2007]53 号实行地区差别费率 |
| | 40 | 兼用型拖拉机 14.7 kW 以上 | |
| | 41 | 运输型拖拉机 14.7 kW 及以下 | |
| | 42 | 运输型拖拉机 14.7 kW 以上 | |

注：交强险费率表中把机动车按种类、使用性质分为家庭自用车、非营业客车、营业客车、非营业货车、营业货车、特种车、摩托车和拖拉机共 8 种类型 42 小项，每种类型含义如下：

(1) 家庭自用车：是指家庭或个人所有，且用途为非营业性的客车。

(2) 非营业客车：是指党政机关、企事业单位、社会团体、使领馆等机构从事公务或在生产经营活动中不以直接或间接方式收取运费或租金的客车，包括党政机关、企事业单位、社会团体、使领馆等机构为从事公务或在生产经营活动中承租且租赁期限为 1 年或 1 年以上的客车。非营业客车分为党政机关、事业团体客车、企业客车。驾校用于驾驶训练、邮政公司用于邮递业务、快递公司用于快递业务的客车，警车、普通囚车、医院的普通救护车、殡葬车按照其行驶证上载明的核定载客数，适用对应的企业非营业客车的费率。

(3) 营业客车：是指用于旅客运输或租赁，并以直接或间接方式收取运费或租金的客车。营业客车分为城市公交客车、公路客运客车、出租、租赁客车。旅游客运车按照其行驶证上载明的核定载客数，适用对应的公路客运车费率。

(4) 非营业货车：是指党政机关、企事业单位、社会团体自用或仅用于个人与家庭生活，不以直接或间接方式收取运费或租金的货车(包括客货两用车)。货车是指载货机动车、厢式货车、半挂牵引车、自卸车、蓄电池运输车、装有起重机械但以载重为主的起重运输车。驾校用于驾驶训练、邮政公司用于邮递业务、快递公司用于快递业务的货车按照其行驶证上载明的核定载重量，适用对应的非营业货车的费率。

(5) 营业货车：是指用于货物运输或租赁，并以直接或间接方式收取运费或租金的货车(包括客货两用车)。货车是指载货机动车、厢式货车、半挂牵引车、自卸车、蓄电池运输车、装有起重机械但以载重为主的起重运输车。

(6) 特种车一：装载油料、气体、液体等的专用罐车。特种车二：专用净水车、特种车一以外的罐式货车，以及用于清障、清扫、清洁、起重、装卸(不含自卸车)、升降、搅拌、挖掘、推土、压路、冷藏、保温等的各种专用机动车。特种车三：车内装有固定专用仪器设备，从事专业工作的监测、消防、运钞、医疗、电视转播、雷达、X 光检查等的各种专用机动车。特种车四：专门用于牵引集装箱箱体(货柜)的集装箱拖头。

(7) 摩托车：是指以燃料或蓄电池为动力的各种两轮、三轮摩托车。摩托车分三类：50 CC 及以下，50 CC～250 CC(含)，250 CC 以上及侧三轮。正三轮摩托车按照排气量分类执行相应的费率。

(8) 拖拉机：按其使用性质分为兼用型拖拉机和运输型拖拉机。兼用型拖拉机是以田间作业为主，通过铰接连接牵引挂车可进行运输作业的拖拉机。兼用型拖拉机分为 14.7 kW 及以下和 14.7 kW 以上两种。运输型拖拉机是指货箱与底盘一体，不通过牵引挂车可运输作业的拖拉机。运输型拖拉机分为 14.7 kW 及以下和 14.7 kW 以上两种。低速载货汽车参照运输型拖拉机 14.7 kW 以上的费率执行。

(9) 挂车：是指就其设计和技术特点需机动车牵引才能正常使用的一种无动力的道路机动车。挂车根据实际使用性质并按照对应吨位货车的 30% 计算。装置有油罐、气罐、液罐的挂车按"特种车一"的 30% 计算。

(10) 座位和吨位都按照"含起点不含终点"的原则来解释。

### 十三、交强险费率浮动项目

交强险第一年实行全国统一保险价格。从第二年开始实行"奖优罚劣"的费率浮动机制,逐步实行差异化费率。"奖优罚劣"费率浮动机制是指费率水平将与道路交通违法行为和道路交通事故挂钩,安全驾驶者可以享受优惠的费率,交通肇事者将负担高额保费。交强险费率浮动项目具体如下。

**1. 与道路交通违法行为相结合的浮动项目**

(1) 费率上浮的项目:上一保险年度具有下列交通违法行为的,根据发生次数费率上浮一定比例。

① 饮酒后驾驶机动车的。

② 公路运营客车载人数超过核定人数20%以上的或者违反规定载货的。

③ 无证驾驶或机动车驾驶证被暂扣期间驾驶机动车的。

④ 机动车行驶超过规定时速的。

⑤ 造成交通事故后逃逸,尚不构成犯罪的。

⑥ 正常道路状况下,在高速公路上低于规定最低速度的。

⑦ 货车载物质量超过核定载质量30%的。

⑧ 连续驾驶机动车超过4小时未停车休息或停车休息时间少于20分钟的。

⑨ 在高速公路上倒车、逆行、穿越中央分隔带掉头的。

⑩ 在高速公路上试车和学习驾驶机动车的。

⑪ 在高速公路上不按规定停车的。

⑫ 机动车在高速公路上发生故障、事故停车后,不按规定使用灯光或设置警告标志的。

⑬ 违反交通信号,闯红灯、闯禁行的。

⑭ 驾驶和准驾驶车型不符的机动车的。

⑮ 在高速公路上违反规定拖拽故障车、肇事车的。

⑯ 低能见度气象条件下在高速公路上不按规定行驶的。

⑰ 不按规定运载危险物品的。

(2) 费率下浮或不浮动的项目。

① 上一保险年度未发生任何交通违法行为的,费率下浮一定比例。

② 上一保险年度发生其他交通违法行为的,或发生违法行为次数不到有关上浮标准的,不上浮费率,但也不下浮费率。

**2. 与道路交通事故相结合的浮动项目**

(1) 费率上浮项目:上一保险年度发生下列交通事故的,根据事故次数费率上浮相应的比例。交通事故包括经公安交通管理部门认定的交通事故,以及虽未经公安交通管理部门认定,但保险人已经在交强险项下承担赔偿责任的事故。

① 发生涉及人伤的交通事故并负主要以上责任的。

② 发生未涉及人伤的交通事故并负主要以上责任的。

③ 发生涉及人伤的交通事故并负同等责任的。

④ 发生未涉及人伤的交通事故并负同等责任的。

⑤ 发生涉及人伤的交通事故并负次要责任的。

⑥ 发生未涉及人伤的交通事故并负次要责任的。

(2) 费率下浮的项目：上一保险年度、上两个保险年度或上三个及以上保险年度未发生有责任交通事故的，费率下浮一定比例。

### 3. 交强险费率浮动暂行办法

2007年6月27日，保监会公布了《机动车交通事故责任强制保险费率浮动暂行办法》，规定在全国范围统一实行交强险费率浮动与道路交通事故相联系，暂不在全国范围内统一实行与道路交通安全违法行为相联系。

交强险费率浮动因素及比率如表1-3所示。

表1-3 交强险费率浮动因素及比率

| | | 浮动因素 | 浮动比率 |
|---|---|---|---|
| 与道路交通事故相联系的浮动A | A1 | 上一个年度未发生有责任道路交通事故 | -10% |
| | A2 | 上两个年度未发生有责任道路交通事故 | -20% |
| | A3 | 上三个及以上年度未发生有责任道路交通事故 | -30% |
| | A4 | 上一个年度发生一次有责任不涉及死亡的道路交通事故 | 0% |
| | A5 | 上一个年度发生两次及两次以上有责任道路交通事故 | 10% |
| | A6 | 上一个年度发生有责任道路交通死亡事故 | 30% |

(1) 交强险最终保险费＝交强险基础保险费×(1＋与道路交通事故相联系的浮动比率A)。

(2) 摩托车和拖拉机暂不浮动。

(3) 与道路交通事故相联系的浮动比例A为A1～A6之一，不累加。同时满足多个浮动因素的，按照向上浮动或者向下浮动比例的高者计算。

(4) 仅发生无责任道路交通事故的，交强险费率仍可享受向下浮动。

(5) 浮动因素计算区间为上期保单出单日至本期保单出单日之间。

(6) 与道路交通事故相联系浮动时，应根据上年度交强险已赔付的赔案浮动。上年度发生赔案但还未赔付的，本期交强险费率不浮动，直至赔付后的下一年度交强险费率向上浮动。

(7) 几种特殊情况的交强险费率浮动办法：

① 首次投保交强险的机动车费率不浮动。

② 在保险期限内，被保险机动车所有权转移，应当办理交强险合同变更手续，且费率不浮动。

③ 机动车临时上道路行驶或境外机动车临时入境投保短期交强险，交强险费率不浮动。其他投保短期交强险的情况下，根据交强险短期基准保险费并按照上述标准浮动。

④ 被保险机动车经公安机关证实丢失后追回的，根据投保人提供的公安机关证明，在丢失期间发生道路交通事故的，交强险费率不向上浮动。

⑤ 机动车上一期交强险保单满期后未及时续保的，浮动因素计算区间仍为上期保单出单日至本期保单出单日之间。

⑥ 在全国车险信息平台联网或全国信息交换前，机动车跨省变更投保地时，如投保人

能提供相关证明文件的,可享受交强险费率向下浮动。不能提供的,交强险费率不浮动。

(8) 交强险保单出单日距离保单起期最长不能超过三个月。

(9) 除投保人明确表示不需要的,保险公司应在完成保险费计算后、出具保险单前,向投保人出具《机动车交通事故责任强制保险费率浮动告知书》,经其签章确认后,再出具交强险保单、保险标志。投保人有异议的,应告知其有关道路交通事故查询方式。

(10) 已经建立车险联合信息平台的地区,通过车险联合信息平台实现交强险费率浮动。除当地保险监管部门认可的特殊情形以外,《机动车交通事故责任强制保险费率浮动告知书》和交强险保单必须通过车险信息平台出具。未建立车险信息平台的地区,通过保险公司之间相互报盘、简易理赔共享查询系统或者手工方式等,实现交强险费率浮动。

### 十四、合同变更与终止

在强制保险合同有效期内,被保险机动车所有权发生转移的,投保人应当及时通知保险人,并办理强制保险合同变更手续。

在下列三种情况下,投保人可以要求解除强制保险合同。

(1) 被保险机动车被依法注销登记的。

(2) 被保险机动车办理停驶的。

(3) 被保险机动车经公安机关证实丢失的。

强制保险合同解除后,投保人应当及时将保险单、保险标志交还保险人。

发生《机动车交通事故责任强制保险条例》所列明的投保人、保险人解除强制保险合同的情况时,保险人按照日费率收取自保险责任开始之日起至合同解除之日止期间的保险费。

### 十五、争议处理

因履行强制保险合同发生争议的,由合同当事人协商解决。协商不成的,提交保险单载明的仲裁委员会仲裁。保险单未载明仲裁机构或者争议发生后未达成仲裁协议的,可以向人民法院起诉。

### 一、简述题

1. 简述强制汽车责任保险的特征。
2. 我国交强险的责任限额是如何规定的?
3. 我国交强险的赔偿项目具体有哪些?
4. 我国交强险的除外责任有哪些?
5. 我国交强险的费率浮动与哪些项目有关?具体浮动比例是多少?

### 二、案例分析

2007年8月10日,沈阳市某交通驾驶人培训有限公司将自有的田野轿货汽车,牌照号码为辽AXXXXX(教练车),向某保险公司投保了机动车交通事故责任强制保险,保险期限一年。

2007年9月30日,驾驶员李某(教练员)驾驶辽AXXXXX田野轿货汽车,在沈阳市苏家屯区浑河大市场教练场地行驶时,因脚穿高跟鞋,采取刹车制动时,脚误踏到油门上,车辆撞到同在浑河大市场教练场地的辽AZZZZZ田野轿货汽车左侧,造成两辆车损坏。此事故经沈阳市苏家屯区交警队处理,认定李某负事故的全部责任。事故造成辽AXXXXX车损失693元,辽AZZZZZ车损失2 014元,两车均属于驾驶人培训中心的教练车。事后,该培训中心向保险公司提出索赔。

请问保险公司应如何处理?

打开手机微信扫描以下二维码,获得最新相关法律条例,可随时查阅。

国务院修订机动车交通事故责任　　中华人民共和国道路
强制保险条例2013年实施　　　　　交通安全法实施条例

课题一 投保方案的设计

## 学习单元四 机动车商业保险——基本险

2012年登陆广东的最强台风"韦森特"在台山沿海地区登陆,距离登陆点100多公里的佛山饱受"韦森特"蹂躏,仅禅城区就有3 000余棵大树被掀翻或吹断,不少车辆被树木损坏或围困。风灾过后,被大树压坏、被老墙砸烂、被山泥损害的车辆是否在保险赔付之列?救援费用谁来承担?外出后不知被树压坏的车辆未能及时向保险公司报案时车主应该怎么办?

在本章的学习中,我们将了解我国汽车商业保险的基本保险条款,主要包括汽车损失保险、第三者责任保险、全车盗抢险、车上人员责任险等内容。

### 1.4.1 2014版机动车辆商业保险示范条款

**一、2014版机动车辆商业保险示范条款的发布**

为适应社会文明进步的时代要求,更好地保护保险消费者合法权益,解决司法实践中反映的"高保低赔"、"无责不赔"、"代位追偿"等突出问题,根据《中国保监会关于深化商业车险条款费率管理制度改革的意见》的要求,在财产险监管部的指导下,中国保险行业协会(以下简称中保协)组织力量对2012年版商业车险示范条款进行修订完善,以相关法律、行政法规为依据,在多方征求意见的基础上,形成《中保协机动车辆商业保险示范条款(2014版)》。该示范条款的主要变化有:一是扩大责任、提升保障,本次条款修订共减少15条责任免除事项;二是社会关注热点解决,如车损险保险金额确定方式,代位求偿机制的实施等;三是明确概念、减少纠纷,明确了如车上人员、第三者等概念;四是险种整合、体系清晰,原有38个附加险及特约条款保留10个,新增1个。

《示范条款》规定,车辆损失保险的保险金额按投保时被保险机动车的实际价值确定。被保险机动车发生全部损失,保险公司按保险金额进行赔偿;发生部分损失,保险公司按实际修复费用在保险金额内计算赔偿。现行的机动车车辆损失险的保险金额普遍执行按投保时市场同款车型的新车购置价确定。此外,因第三方对被保险机动车的损害而造成保险事故的,保险公司可以在保险金额内先行赔付被保险人,然后代位行使被保险人对第三方请求赔偿的权利。也就是说,消费者在发生车辆损失保险事故后,除可以沿用过去的索赔方式外,还能直接向自身投保的保险公司进行索赔,免去了和第三方之间的沟通索赔之累。

不仅如此,《示范条款》还扩大了保险责任,减少了免赔事项,大幅提高了车险保障能力。《示范条款》将原有商业车险中"教练车特约"、"租车人人车失踪"、"法律费用"、"倒车镜车灯单独损坏"、"车载货物掉落"附加险的保险责任直接纳入主险保险责任;删除了原有商业车险条款实践中存在一定争议的十余条责任免除,例如"驾驶证失效或审验未合格"、"发生保险事故时无公安机关交通管理部门核发的合法有效行驶证、号牌,或临时号牌或临时移动证";免去了原有商业车险条款中的部分绝对免赔率。

为方便消费者理赔,《示范条款》根据实践经验和消费者反映,对商业车险的索赔资料进行了简化,例如不再要求车辆损失保险索赔提供营运许可证或道路运输许可证复印件,不再要求盗抢保险索赔提供驾驶证复印件、行驶证正副本、全套原车钥匙等资料。此外,《示范条款》还对现有商业车险的附加险条款进行了大幅简化,把部分附加险纳入主险保障范围,仅保留玻璃单独破碎险、自燃损失险、车身划痕损失险等十个附加险,并新增了无法找到第三方不计免赔险。

### 二、2014版机动车辆商业保险示范条款的内容构成

（1）总则：主要阐述车险合同的形式组成、车险的标的种类、车险合同的性质等。

（2）保险责任：主要阐述保险公司承担保险金赔偿的车辆使用风险。

（3）责任免除：主要阐述保险公司不承担保险金赔偿责任的范围,是对保险责任的限制。

（4）保险金额、责任限额：主要阐述保险金额和责任限额的确定方式。

（5）赔偿处理：主要阐述赔偿方式、赔偿免赔率、赔款计算和被保险人索赔时应提供的相关单证等。

（6）通用条款：主要规定了保险期间与其他事项。保险期间一般为一年,以保险单载明的起讫时间为准。其他事项主要阐述前面各项的未尽事宜,主要包括保险人、补保险人、投保人等应该履行的义务内容;解除合同及退保的内容;合同争议处理方式等。

（7）释义：解释条款中保险术语的含义。

### 三、2014版机动车辆商业保险示范条款总则

#### 1. 商业险分类

（1）本保险条款分为主险、附加险。主险包括机动车损失保险、机动车第三者责任保险、机动车车上人员责任保险、机动车全车盗抢保险共四个独立的险种,投保人可以选择投保全部险种,也可以选择投保其中部分险种。

（2）附加险不能独立投保。附加险条款与主险条款相抵触之处,以附加险条款为准;附加险条款未尽之处,以主险条款为准。

（3）保险人按照承保险种分别承担保险责任。

（4）除本保险合同另有约定外,投保人应在保险合同成立时一次交清保险费。保险费未交清前,本保险合同不生效。

#### 2. 机动车范围界定

本保险合同中的被保险机动车是指在中华人民共和国境内（不含港、澳、台地区）行驶,以动力装置驱动或者牵引,上道路行驶的供人员乘用或者用于运送物品以及进行专项作业的轮式车辆（含挂车）、履带式车辆和其他运载工具,但不包括摩托车、拖拉机、特种车。

#### 3. 人员范围界定

（1）本保险合同中的第三者是指因被保险机动车发生意外事故遭受人身伤亡或者财产损失的人,但不包括被保险机动车本车车上人员、被保险人。

（2）本保险合同中的车上人员是指发生意外事故的瞬间,在被保险机动车车体内或车

课题一 投保方案的设计

体上的人员,包括正在上下车的人员。

### 1.4.2 机动车损失保险

**一、保险标的**

车辆损失险的保险标的是投保车辆的本身,包括以动力装置驱动或者牵引,上道路行驶的供人员乘用或者用于运送物品以及进行专项作业的轮式车辆(含挂车)、履带式车辆和其他运载工具,但不包括摩托车、拖拉机、特种车。

**二、保险责任**

保险期间,被保险人或其允许的合法驾驶人在使用被保险机动车过程中,因下列原因造成被保险机动车的直接损失,保险人依照本保险合同的约定负责赔偿。

(一) 碰撞、倾覆、坠落。

(二) 火灾、爆炸。

(三) 外界物体坠落、倒塌。

(四) 雷击、暴风、暴雨、洪水、龙卷风、冰雹、台风、热带风暴。

(五) 地陷、崖崩、滑坡、泥石流、雪崩、冰陷、暴雪、冰凌、沙尘暴。

(六) 受到被保险机动车所载货物、车上人员意外撞击。

(七) 载运被保险机动车的渡船遭受自然灾害(只限于驾驶人随船的情形)。

发生保险事故时,被保险人或其允许的合法驾驶人为防止或者减少被保险机动车的损失所支付的必要的、合理的施救费用,由保险人承担;施救费用数额在被保险机动车损失赔偿金额以外另行计算,最高不超过保险金额的数额。

**释　义**

【碰撞】指被保险机动车或其符合装载规定的货物与外界固态物体之间发生的、产生撞击痕迹的意外撞击。

【倾覆】指被保险机动车由于自然灾害或意外事故,造成本被保险机动车翻倒,车体触地,失去正常状态和行驶能力,不经施救不能恢复行驶。

【坠落】指被保险机动车在行驶中发生意外事故,整车腾空后下落,造成本车损失的情况。非整车腾空,仅由于颠簸造成被保险机动车损失的,不属于坠落。

【火灾】指被保险机动车本身以外的火源引起的、在时间或空间上失去控制的燃烧(即有热、有光、有火焰的剧烈的氧化反应)所造成的灾害。

【爆炸】指车辆以外的物体在瞬间分解或燃烧时放出大量的热和气体,并以很大压力向四周扩散,形成破坏力,进而导致车辆损失。发动机因内部原因发生爆炸或爆裂、轮胎爆炸等造成的损失,一般不属于爆炸范围。

【外界物体坠落】指车辆以外的物体掉落到车上导致车辆损失。

【外界物体倒塌】指被保险机动车自身以外的物体倒下或陷下。

【雷击】指由于雷电直接击中保险车辆或通过其他物体引起车辆损失。

【暴风】指风速在28.5米/秒(相当于11级大风)以上的大风。风速以气象部门公布的数据为准。

【暴雨】指每小时降雨量达 16 毫米以上,或连续 12 小时降雨量达 30 毫米以上,或连续 24 小时降雨量达 50 毫米以上。

【洪水】指山洪暴发、江河泛滥、潮水上岸及倒灌。但规律性的涨潮、自动灭火设施漏水以及在常年水位以下或地下渗水、水管爆裂不属于洪水责任。

【龙卷风】指一种范围小而时间短的猛烈旋风,平均风速在 79～103 米/秒的大风导致的车辆损失。

【冰雹】指由于冰雹降落造成车辆受损。

【台风】热带气旋中心持续风速在 12 级至 13 级称为台风。

【热带风暴】是热带气旋的一种,其中心附近持续风力为每小时 63～87 公里,即烈风程度的风力。

【地陷】指地壳因为自然变异、地层收缩而发生突然塌陷以及海潮、河流、大雨侵蚀时,地下有孔穴、矿穴,以致地面突然塌陷。

【崖崩】指石崖、土崖因自然风化、雨蚀而崩裂下塌,山上岩石滚落或雨水使山上沙土透湿而崩塌。

【滑坡】指斜坡上不稳的岩体或土体在重力作用下突然整体向下滑动造成车辆受损。

【泥石流】指山地突然爆发饱含大量泥沙、石块的洪流造成车辆受损。

【雪崩】指由于大量积雪突然崩落,致使车辆遭受损失。

【冰陷】指在公安交通管理部门允许车辆行驶的冰面上,车辆通行时,冰面突然下陷造成车辆损失。

【沙尘暴】指强风把地面大量沙尘物质吹起并卷入空中,使空气特别混浊,水平能见度小于 1 000 米的严重风沙天气。

【载运车辆的渡船遭受自然灾害危险】指车辆在行驶途中因需跨过江河、湖泊、海峡才能恢复到道路行驶而过渡,驾驶员把车辆开上渡船,并随船同行把车照料到对岸,这期间因遭受自然灾害致使车辆本身发生损失。

### 三、责任免除

在上述保险责任范围内,下列情况下,不论任何原因造成被保险机动车的任何损失和费用,保险人均不负责赔偿。

#### (一) 被保险人或其允许的驾驶人行为不当

(1) 事故发生后,被保险人或其允许的驾驶人在未依法采取措施的情况下驾驶被保险机动车或者遗弃被保险机动车逃离事故现场,或故意破坏、伪造现场、毁灭证据。

(2) 驾驶人有下列情形之一者:

① 饮酒、吸食或注射毒品、服用国家管制的精神药品或者麻醉药品。

② 无驾驶证,驾驶证被依法扣留、暂扣、吊销、注销期间。

③ 驾驶与驾驶证载明的准驾车型不相符合的机动车。

④ 实习期内驾驶公共汽车、营运客车或者执行任务的警车、载有危险物品的机动车或牵引挂车的机动车。

⑤ 驾驶出租机动车或营业性机动车无交通运输管理部门核发的许可证书或其他必备证书。

⑥ 学习驾驶时无合法教练员随车指导。
⑦ 非被保险人允许的驾驶人。

释　义

【饮酒】指驾驶人饮用含有酒精的饮料,驾驶机动车时血液中的酒精含量大于等于 20 mg/100 mL的。

### (二) 被保险机动车有下列情形之一者,保险人不负责赔偿

(1) 发生保险事故时被保险机动车行驶证、号牌被注销的,或未按规定检验或检验不合格。
(2) 被扣押、收缴、没收、政府征用期间。
(3) 在竞赛、测试期间,在营业性场所维修、保养、改装期间。
(4) 被利用从事犯罪行为。

### (三) 各种自然与人为原因造成的下列损失和费用,保险人不负责赔偿

(1) 地震及其次生灾害。
(2) 战争、军事冲突、恐怖活动、暴乱、污染(含放射性污染)、核反应、核辐射。
(3) 人工直接供油、高温烘烤、自燃、不明原因火灾。
(4) 被保险机动车被转让、改装、加装或改变使用性质等,导致被保险机动车危险程度显著增加,且被保险人、受让人未及时通知保险人。
(5) 被保险人或其允许的驾驶人的故意行为。

**案例:自燃是车损险的除外责任**

**案情介绍:**

去年底,王先生投保了车辆损失险和第三者责任险。上个月,他的爱车在香蜜湖附近发生自燃。这一烧,花了王先生近3万元的修理费。可是当他向保险公司提出理赔请求时,却遭到了拒绝。这让王先生非常郁闷,"保险条款中有这么一条,如果车辆遇到火灾可以获得赔偿,我一直都以为自燃就是火灾的一种呢"。

**案情解析:**

根据保险条款,自燃是车辆损失险的除外责任,保险公司都会在保单中注明。如果您担心车子出现自燃,应该购买专门的自燃损失险。尤其在高温天气下,电器容易过热,汽油也容易蒸发,一旦遇到火星容易引发自燃。年龄超过8年和线路改装过的车辆属于高危车,建议考虑投保该险种。另外,一旦爱车自燃,您应在第一时间与交警、消防部门和保险公司取得联系。

### (四) 间接原因造成的下列损失和费用,保险人不负责赔偿

(1) 因市场价格变动造成的贬值、修理后因价值降低引起的减值损失。
(2) 被保险机动车全车被盗窃、被抢劫、被抢夺、下落不明,以及在此期间受到的损坏,或被盗窃、被抢劫、被抢夺未遂受到的损坏,或车上零部件、附属设备丢失。
(3) 自然磨损、朽蚀、腐蚀、故障、本身质量缺陷。
(4) 车轮单独损坏,玻璃单独破碎,无明显碰撞痕迹的车身划痕,以及新增设备的损失。
(5) 发动机进水后导致的发动机损坏。
(6) 遭受保险责任范围内的损失后,未经必要修理并检验合格继续使用,致使损失扩大的部分。

（7）投保人、被保险人或其允许的驾驶人知道保险事故发生后，故意或者因重大过失未及时通知，致使保险事故的性质、原因、损失程度等难以确定的，保险人对无法确定的部分，不承担赔偿责任，但保险人通过其他途径已经及时知道或者应当及时知道保险事故发生的除外。

（8）因被保险人未会同保险人就保险事故损坏的被保险机动车检验、协商确定修理项目、方式和费用，导致无法确定的损失。

释　义

【玻璃单独破碎】指未发生被保险机动车其他部位的损坏，仅发生被保险机动车前后风挡玻璃和左右车窗玻璃的损坏。

【车轮单独损坏】指未发生被保险机动车其他部位的损坏，仅发生轮胎、轮辋、轮毂罩的单独损坏、上述三者之中任意二者的共同损坏，或三者的共同损坏。

【车身划痕损失】仅发生被保险机动车车身表面油漆的损坏，且无明显碰撞痕迹。

【新增设备】指被保险机动车出厂时原有设备以外的，另外加装的设备和设施。

【次生灾害】指地震造成工程结构、设施和自然环境破坏而引发的火灾、爆炸、瘟疫、有毒有害物质污染、海啸、水灾、泥石流、滑坡等灾害。

【自然磨损】指车辆由于使用造成的机件损耗。

【朽蚀】指机件与有害气体、液体相接触，被腐蚀损坏。

【故障】由于车辆某个部件或系统性能发生问题，影响车辆的正常工作。

【地震】地球内部的变动引起地壳的震动。无论地震使保险车辆直接受损，还是地震造成外界物体倒塌所致保险车辆的损失，保险人都不负责赔偿。

【人工直接供油】不经过车辆正常供油系统的供油。

【自燃及不明原因引起火灾造成的损失】是指保险车辆因本车电器、线路、供油系统、货物自身等发生问题以及不明原因产生起火，造成保险车辆的损失。

【高温烘烤】无论是否使用明火，凡违反车辆安全操作规则，因加热、烘烤升温，导致保险车辆的损失。

【受本车所载货物撞击的损失】保险车辆行驶时，车上货物与本车相互撞击，造成本车的损失。

【遭受保险责任范围内的损失后，未经必要修理继续使用，致使损失扩大部分】保险车辆因发生保险事故遭受损失后，由于保险人的原因没有及时进行必要的修理，在车辆未达到正常使用标准前继续使用，造成车辆损失扩大的部分。

【战争】国家与国家、民族与民族、政治集团与政治集团之间为了一定的政治、经济目的而进行的武装斗争，以政府宣布为准。

【军事冲突】国家或民族间在一定范围内的武装对抗，以政府宣布为准。

【暴乱】破坏社会秩序的武装骚动，以政府宣布为准。

【扣押、罚没、政府征用】扣押是指采用强制手段扣留保险车辆。罚没是指司法或行政机关没收违法者的保险车辆，作为处罚。政府征用是指政府使用行政手段有偿或无偿占用保险车辆。扣押、罚没、政府征用既不是自然灾害，又非意外事故，所以由此造成的车辆损失，保险公司不负责赔偿。

【竞赛】指保险车辆作为赛车直接参加车辆比赛活动。

【测试】指对保险车辆的性能和技术参数进行测量。

【药物麻醉】指驾驶员食入或注射有麻醉成分的药品,在整个身体或身体的某一部分暂时失去控制的情况下驾驶车辆。

【被盗窃、被抢劫、被抢夺期间】指保险车辆被盗窃、被抢劫、被抢夺行为发生之时起至公安部门将该车收缴之日止。

【附属设备】指购买新车时,随车装备的基本设备。随车工具、新增加设备等不属于附属设备。

【被保险人或其驾驶员的故意行为】被保险人或其驾驶员明知自己的行为可能造成损害的结果,而仍希望或放任这种结果的发生。

【发动机进水后的损失】发动机静止状态或涉水后熄火的发动机,即使发动机或车内进水,如果不再启动,通常情况下不会造成很大损害,只要对发动机进行简单的维修就能正常工作,这部分费用由保险公司负责赔偿;但如果发动机进水后强行启动,会造成发动机损坏,维修费少则几千,多则上万,这些费用由被保险人自己承担,保险公司不承担赔偿责任。

### 四、免赔率与免赔额

#### (一)责任事故免赔率

被保险机动车一方负次要事故责任的,实行5%的事故责任免赔率;负同等事故责任的,实行10%的事故责任免赔率;负主要事故责任的,实行15%的事故责任免赔率;负全部事故责任或单方肇事事故的,实行20%的事故责任免赔率。

释　义

【单方肇事事故】指不涉及与第三者有关的损害赔偿的事故,但不包括自然灾害引起的事故。

#### (二)其他原因绝对免赔率

(1)被保险机动车的损失应当由第三方负责赔偿,无法找到第三方的,实行30%的绝对免赔率。

(2)因违反安全装载规定导致保险事故发生的,保险人不承担赔偿责任;违反安全装载规定,但不是事故发生的直接原因的,增加10%的绝对免赔率。

(3)对于投保人与保险人在投保时协商确定绝对免赔额的,本保险在实行免赔率的基础上增加每次事故绝对免赔额。

投保了机动车损失保险的机动车可附加本特约条款。保险人按投保人选择的免赔额给予相应的保险费优惠。

#### (三)绝对免赔额

在可选免赔额特约条款里,被保险机动车发生机动车损失保险合同约定的保险事故,保险人在按照机动车损失保险合同的约定计算赔款后,扣减特约条款约定的免赔额。提倡投保人安全驾驶、谨慎驾驶,小事故自己处理,保险公司可以少赔付以及减少理赔成本支出,所以就会给予投保人一定的优惠。

### 五、保险金额

保险金额按投保时被保险机动车的实际价值确定。投保时被保险机动车的实际价值由投保人与保险人根据投保时的新车购置价减去折旧金额后的价格协商确定或根据其他市场公允价值协商确定。

案例1

**释　义**

【市场公允价值】指熟悉市场情况的买卖双方在公平交易的条件下和自愿的情况下所确定的价格,或无关联的双方在公平交易的条件下一项资产可以被买卖或者一项负债可以被清偿的成交价格。

折旧金额可根据表1-4机动车月折旧系数表确定。

表1-4　机动车月折旧系数表

| 车辆种类 | 月折旧系数 | | | |
|---|---|---|---|---|
| | 家庭自用 | 非营业 | 营业 | |
| | | | 出租 | 其他 |
| 9座以下客车 | 0.60% | 0.60% | 1.10% | 0.90% |
| 10座以上客车 | 0.90% | 0.90% | 1.10% | 0.90% |
| 微型载货汽车 | / | 0.90% | 1.10% | 1.10% |
| 带拖挂的载货汽车 | / | 0.90% | 1.10% | 1.10% |
| 低速货车和三轮汽车 | / | 1.10% | 1.40% | 1.40% |
| 其他车辆 | / | 0.90% | 1.10% | 0.90% |

折旧按月计算,不足一个月的部分不计折旧。最高折旧金额不超过投保时被保险机动车新车购置价的80%。

折旧金额＝新车购置价×被保险机动车已使用月数×月折旧系数。

机动车的实际价值＝机动车的新车购置价－折旧金额。

### 六、赔偿处理

#### (一)报案时限

发生保险事故时,被保险人或其允许的合法驾驶人应当及时采取合理的、必要的施救和保护措施,防止或者减少损失,并在保险事故发生后48小时内通知保险人。被保险人或其允许的合法驾驶人根据有关法律法规规定选择自行协商方式处理交通事故的,应当立即通知保险人。

## （二）索赔时被保险人义务

（1）被保险人索赔时，应当向保险人提供与确认保险事故的性质、原因、损失程度等有关的证明和资料。

（2）被保险人应当提供保险单、损失清单、有关费用单据、被保险机动车行驶证和发生事故时驾驶人的驾驶证。

（3）属于道路交通事故的，被保险人应当提供公安机关交通管理部门或法院等机构出具的事故证明、有关的法律文书（判决书、调解书、裁定书、裁决书等）及其他证明。被保险人或其允许的合法驾驶人根据有关法律法规规定选择自行协商方式处理交通事故的，被保险人应当提供依照《道路交通事故处理程序规定》签订记录交通事故情况的协议书。

（4）被保险人或其允许的合法驾驶人根据有关法律法规规定选择自行协商方式处理交通事故的，应当协助保险人勘验事故各方车辆、核实事故责任，并依照《道路交通事故处理程序规定》签订记录交通事故情况的协议书。

## （三）赔付原则

（1）因保险事故损坏的被保险机动车应当尽量修复。修理前被保险人应当会同保险人检验，协商确定修理项目、方式和费用。对未协商确定的，保险人可以重新核定。

（2）被保险机动车遭受损失后的残余部分由保险人、被保险人协商处理。如折旧归被保险人的，由双方协商确定其价值并在赔款中扣除。

（3）因第三方对被保险机动车的损害而造成保险事故，被保险人向第三方索赔的，保险人应积极协助；被保险人也可以直接向本保险人索赔，保险人在保险金额内先行赔付被保险人，并在赔偿金额内代位行使被保险人对第三方请求赔偿的权利。

（4）被保险人已经从第三方取得损害赔偿的，保险人进行赔偿时，相应扣减被保险人从第三方已取得的赔偿金额。

（5）保险人未赔偿之前，被保险人放弃对第三方请求赔偿的权利的，保险人不承担赔偿责任。

（6）被保险人故意或者因重大过失致使保险人不能行使代位请求赔偿的权利的，保险人可以扣减或者要求返还相应的赔款。

（7）保险人向被保险人先行赔付的，保险人向第三方行使代位请求赔偿的权利时，被保险人应当向保险人提供必要的文件和所知道的有关情况。

**案例：保险人代位行使被保险人对第三方请求的赔偿权利**

**案情介绍：**

吴女士为新购买的奥迪A6轿车在某保险公司办理了机动车辆强制险、第三者责任险、家庭自用汽车损失险、车辆盗抢险及不计免赔险等五种保险，保险期限为2006年9月2日至2007年9月1日，其中家庭自用汽车损失险的保险金额为48万元。2007年5月1日，吴女士在驾车带全家人外出旅途中与一辆金杯小客车发生碰撞，造成吴女士的奥迪轿车及对方金杯小客车损坏的交通事故。经肇事地交通警察部门处理，认定金杯小客车的驾驶人负此事故的全部责任，吴女士无责任。事故发生后吴女士立即通过电话向其投保的保险公司报了案，保险公司工作人员及时出险对事故损失进行了查勘。事后吴女士一直无法找到对方金杯客车的司机和车主，故未能获得赔偿，吴女士无奈向其所投保的保险公司工作人员进行咨询。

**理赔焦点:**

(1) 在这起索赔案中,被保险人吴女士作为交通事故的侵权受害人和保险事故的索赔权利人,既有权选择要求侵权致害人承担车辆损失的赔偿责任,也有权选择根据其投保的机动车辆损失险有关规定,要求保险公司赔偿汽车遭受的损失。保险公司理赔人员在了解本案具体情况后,告知吴女士:如其向保险公司提出索赔申请并提供肇事车辆的保险单、机动车行驶证、吴女士的驾驶证、交通事故责任认定书以及其车辆损失清单和修理费收据等材料后,保险公司可以根据合同的约定向吴女士进行理赔。但因本案吴女士无法找到肇事的第三方,保险公司根据合同约定享有30%的免赔率。

(2) 根据家庭自用汽车损失保险条款的约定,因第三方对保险车辆的损害而造成保险事故的,保险人自向被保险人赔偿保险金之日起,在赔偿金额范围内代位行使被保险人对第三方请求赔偿的权利,但被保险人必须协助保险人向第三方追偿。本案中吴女士车辆发生损失的原因即是第三方(金杯客车司机)的过错造成的,符合保险合同约定,因此保险公司应向吴女士支付车辆损失的赔偿金。

(3) 吴女士应根据合同约定履行向保险公司提供相应证据材料的义务,因其无法找到肇事方,吴女士仅能获得其车辆损失总额70%的赔偿金额。获赔后,吴女士应依法将其向第三方追偿的权利转让给该保险公司。

**理赔结论:**

被保险人吴女士选择了向其投保的保险公司索赔的方式,按照保险合同约定提供了证据材料后,获得了车辆修理费56 000元的70%的理赔款。获赔后,吴女士将其向第三方追偿的权利转让给该保险公司,并协助保险公司向第三方进行追偿。

**理赔依据:**

《示范条款》第十八条 因第三方对被保险机动车的损害而造成保险事故,被保险人向第三方索赔的,保险人应积极协助;被保险人也可以直接向本保险人索赔,保险人在保险金额内先行赔付被保险人,并在赔偿金额内代位行使被保险人对第三方请求赔偿的权利。

### 七、损失赔款额计算

#### (一) 事故责任比例确定

保险车辆发生道路交通事故,保险人根据驾驶人在交通事故中所负事故责任比例相应承担赔偿责任。

被保险人或保险车辆驾驶人根据有关法律法规规定选择自行协商或由公安机关交通管理部门处理事故未确定事故责任比例的,按照下列规定确定事故责任比例:

(1) 保险车辆方负全部事故责任的,事故责任比例不超过100%。
(2) 保险车辆方负主要事故责任的,事故责任比例不超过70%。
(3) 保险车辆方负同等事故责任的,事故责任比例不超过50%。
(4) 保险车辆方负次要事故责任的,事故责任比例不超过30%。

#### (二) 机动车损失赔款的计算

机动车损失赔款按以下方法计算:

**1. 全部损失**

赔款=(保险金额-被保险人已从第三方获得的赔偿金额)×(1-事故责任免赔率)×

(1－绝对免赔率之和)－绝对免赔额

**释　义**

【全部损失】指被保险机动车发生事故后灭失,或者受到严重损坏完全失去原有形体、效用,或者不能再归被保险人所拥有的,为实际全损;或被保险机动车发生事故后,认为实际全损已经不可避免,或者为避免发生实际全损所需支付的费用超过实际价值的,为推定全损。

【绝对免赔率】根据《机动车保险条款》第20条规定,在保险责任范围内,保险车辆驾驶人在事故中所负责任以外的因素所确定的,公司不予赔偿的损失部分与全部损失的比率。投保的商品实际损失比率超过规定的免赔率时,保险公司只负赔偿超过的部分,这种赔偿的比率叫作绝对免赔率。

相对免赔率是指保险标的的损失只要达到保单规定的百分数时,保险公司不作任何扣除而全部予以赔偿。

【绝对免赔额】是车险产品进一步与国际接轨并与国内实际相结合的产物,是市场自发调节的结果。如若合同中规定绝对免赔额为500元,则损失在500元以下的,保险人不予赔偿;若损失超过500元,保险人对超过的部分给予赔偿。被保险人在投保了不计免赔(特约)险后获得保障的只是与事故责任挂钩的那部分免赔率,而绝对免赔额500元并不在此特约条款的保障范围内。

2. 部分损失

被保险机动车发生部分损失,保险人按实际修复费用在保险金额内计算赔偿:

赔款＝(实际修复费用－被保险人已从第三方获得的赔偿金额)×(1－事故责任免赔率)×(1－绝对免赔率之和)－绝对免赔额

3. 施救费

施救的财产中,含有本保险合同未保险的财产,应按本保险合同保险财产的实际价值占总施救财产的实际价值比例分摊施救费用。

(三)赔付注意事项

(1)保险人受理报案、现场查勘、核定损失、参与诉讼、进行抗辩、要求被保险人提供证明和资料、向被保险人提供专业建议等行为,均不构成保险人对赔偿责任的承诺。

(2)被保险机动车发生本保险事故,导致全部损失,或一次赔款金额与免赔金额之和(不含施救费)达到保险金额,保险人按本保险合同约定支付赔款后,本保险责任终止,保险人不退还机动车损失保险及其附加险的保险费。

## 八、修复注意事项

因保险事故损坏的保险车辆应尽量修复。修理前被保险人应会同保险人检验、协商确定修理的项目、方式和费用。否则,保险人有权重新核定或拒绝赔偿。

保险事故发生后,被保险人经与保险人协商确定保险车辆的修理项目、方式和费用,可自行选择修理厂,也可选择保险人推荐的修理厂。

投保人在投保时选择专修厂的,保险事故发生后,保险人推荐具有被保险机动车专修资格的修理厂进行修理;未选择专修厂的,保险事故发生后,保险人推荐修理资质不低于二级的修理厂进行修理。保险车辆修复后,保险人可根据被保险人的委托直接与修理厂结算修理费用,但应将由被保险人自己负担的部分除外。

### 1.4.3 机动车第三者责任保险

#### 一、保险责任

保险期间内,被保险人或其允许的合法驾驶人在使用被保险机动车过程中发生意外事故,致使第三者遭受人身伤亡或财产直接损毁,依法应当对第三者承担损害赔偿责任。保险人依照本保险合同的约定,对于超过机动车交通事故责任强制保险各分项赔偿限额的部分负责赔偿。

按照保险合同关系,保险合同法律关系的主体是保险人和被保险人。因此,保险人是第一者,被保险人或使用保险车辆的人是第二者,除保险人与被保险人之外的人是第三者。

目前我国机动车第三者责任险条款规定,除了保险人和被保险人的损失不赔偿外,下列人员或财产的损失也不属于第三者损失:被保险人的人身伤亡及其所有或代管财产的损失;本车驾驶人员的人身伤亡及其所有或代管财产的损失;本车其他人员的人身伤亡或财产损失;第三者停业、停驶、停电、停气、停产、通信中断的损失以及其他各种间接损失、精神损害赔偿;第三者财产因市场价格变动造成的贬值、修理后因价值降低引起的损失;因污染(含放射性污染)造成的损失等。

**释　义**

【意外事故】指不是行为人出于故意,而是行为人不可预见的以及不可抗拒的并造成人员伤亡或财产损失的突发事件。

【人身伤亡】指人的身体受伤害或人的生命终止。

【财产直接损毁】指保险车辆发生意外事故,直接造成事故现场他人现有财产的实际损毁。

【依法应由被保险人支付的赔偿金额】指依照有关法律(主要是道路交通安全法及民法)、法规(主要指交通事故处理规定及最高人民法院关于损害赔偿的司法解释)应当由被保险人支付的赔偿金额。

#### 二、事故责任比例

保险人依据被保险机动车一方在事故中所负的事故责任比例,承担相应的赔偿责任。

被保险人或被保险机动车一方根据有关法律法规规定选择自行协商或由公安机关交通管理部门处理事故未确定事故责任比例的,按照下列规定确定事故责任比例:

被保险机动车一方负主要事故责任的,事故责任比例为70%。

被保险机动车一方负同等事故责任的,事故责任比例为50%。

被保险机动车一方负次要事故责任的,事故责任比例为30%。

涉及司法或仲裁程序的,以法院或仲裁机构最终生效的法律文书为准。

**案例:交通事故按责赔付**

**案情介绍:**

齐某将自有出租车在某保险公司投保了第三者责任险20万元及不计免赔率特约条款险。保险期限为2006年3月10日至2007年3月9日。投保后,2006年10月26日齐某雇佣的司机张某在驾驶该出租车营运过程中将刘某撞伤,刘某当即被送至医院,被诊断为左腿

## 课题一 投保方案的设计

骨折,经住院治疗后现已治愈。本案根据交警部门认定,肇事司机张某及伤者刘某分别负此事故的同等责任。伤者刘某共花费医疗费、住院伙食补助费、护理费、交通费等合计五万六千元,故被保险人齐某到保险公司要求理赔。

**理赔焦点:**

根据机动车第三者责任商业险约定,保险公司按照被保险机动车驾驶人在事故中所负的责任比例进行赔偿。因本案事故责任认定书中记载,被保险机动车驾驶人张某负此事故的同等责任,故保险公司正常理赔时承担伤者刘某上述合理费用的50%。

**理赔结论:**

根据交警部门的事故责任认定,保险公司核对伤者医疗费等合理费用,赔偿刘某25 500元。

**理赔依据:**

1.《示范条款》第二十三条 保险人依据被保险机动车一方在事故中所负的事故责任比例,承担相应的赔偿责任。

2. 被保险机动车一方负同等事故责任的,事故责任比例为50%。

### 三、责任免除

在上述保险责任范围内,下列情况下,不论任何原因造成的人身伤亡、财产损失和费用,保险人均不负责赔偿。

(一)事故发生后,被保险人或其允许的驾驶人在未依法采取措施的情况下驾驶被保险机动车或者遗弃被保险机动车逃离事故现场,或故意破坏、伪造现场、毁灭证据。

(二)驾驶人有下列情形之一者:

(1)饮酒、吸食或注射毒品、服用国家管制的精神药品或者麻醉药品。

(2)无驾驶证,驾驶证被依法扣留、暂扣、吊销、注销期间。

(3)驾驶与驾驶证载明的准驾车型不相符合的机动车。

(4)实习期内驾驶公共汽车、营运客车或者执行任务的警车、载有危险物品的机动车或牵引挂车的机动车。

(5)驾驶出租机动车或营业性机动车无交通运输管理部门核发的许可证书或其他必备证书。

(6)学习驾驶时无合法教练员随车指导。

(7)非被保险人允许的驾驶人。

(三)被保险机动车有下列情形之一者:

(1)发生保险事故时被保险机动车行驶证、号牌被注销的,或未按规定检验或检验不合格。

(2)被扣押、收缴、没收、政府征用期间。

(3)在竞赛、测试期间,在营业性场所维修、保养、改装期间。

(4)全车被盗窃、被抢劫、被抢夺、下落不明期间。

(四)下列原因导致的人身伤亡、财产损失和费用,保险人不负责赔偿。

(1)地震及其次生灾害、战争、军事冲突、恐怖活动、暴乱、污染(含放射性污染)、核反应、核辐射。

43

（2）被保险机动车在行驶过程中翻斗突然升起，或没有放下翻斗，或自卸系统（含机件）失灵。

（3）第三者、被保险人或其允许的驾驶人的故意行为、犯罪行为，第三者与被保险人或其他致害人恶意串通的行为。

（4）被保险机动车被转让、改装、加装或改变使用性质等，导致被保险机动车危险程度显著增加，且被保险人、受让人未及时通知保险人。

（五）下列人身伤亡、财产损失和费用，保险人不负责赔偿。

（1）被保险机动车发生意外事故，致使任何单位或个人停业、停驶、停电、停水、停气、停产、通讯或网络中断、电压变化、数据丢失造成的损失以及其他各种间接损失。

（2）第三者财产因市场价格变动造成的贬值，修理后因价值降低引起的减值损失。

（3）被保险人及其家庭成员、被保险人允许的驾驶人及其家庭成员所有、承租、使用、管理、运输或代管的财产的损失，以及本车上财产的损失。

（4）被保险人及其家庭成员、被保险人允许的驾驶人及其家庭成员、本车车上人员的人身伤亡。

（5）停车费、保管费、扣车费、罚款、罚金或惩罚性赔款。

（6）超出《道路交通事故受伤人员临床诊疗指南》和国家基本医疗保险标准的医疗费用。

（7）精神损害抚慰金：因保险事故引起的精神损害赔偿。根据《最高人民法院关于审理人身损害赔偿案件适用法律若干问题的解释》的规定，因生命、健康、身体遭受侵害，赔偿权利人起诉请求赔偿义务人赔偿财产损失和精神损害的，人民法院应予受理。因此，发生保险事故后，第三者有权要求被保险人赔偿精神损害，对此保险人在主险中是不负责赔偿的，但保险公司在附加险中开设了精神损害赔偿险种。

（8）律师费，未经保险人事先书面同意的诉讼费、仲裁费。

（9）投保人、被保险人或其允许的驾驶人知道保险事故发生后，故意或者因重大过失未及时通知，致使保险事故的性质、原因、损失程度等难以确定的，保险人对无法确定的部分不承担赔偿责任，但保险人通过其他途径已经及时知道或者应当及时知道保险事故发生的除外。

（10）被保险人违反本条款第三十四条规定，因保险事故损坏的第三者财产应当尽量修复。修理前被保险人应当会同保险人检验，协商确定修理项目、方式和费用。对未协商确定的，导致无法确定的损失。

（11）应当由机动车交通事故责任强制保险赔偿的损失和费用。保险事故发生时，被保险机动车未投保机动车交通事故责任强制保险或机动车交通事故责任强制保险合同已经失效的，对于机动车交通事故责任强制保险责任限额以内的损失和费用，保险人不负责赔偿。

### 四、保险期间

除另有约定外，保险期间为一年，以保险单载明的起讫时间为准。

### 五、责任限额

目前我国三者险采取责任限额方式。责任限额是保险人计收保险费的依据，也是承担每次三者险事故赔偿的最高额度。三者险的责任限额分为 5 万元、10 万元、15 万元、20 万

课题一 投保方案的设计

元、30万元、50万元、100万元等档次。每次事故的责任限额,由投保人和保险人在签订本保险合同时协商确定。

主车和挂车连接使用时视为一体,发生保险事故时,在主车和挂车责任限额之和内承担赔偿责任。

主车保险人和挂车保险人按照保险单上载明的机动车第三者责任保险责任限额的比例分摊赔款。

### 六、赔偿处理

#### (一)赔偿处理

(1) 发生保险事故时,被保险人或其允许的合法驾驶人应当及时采取合理的、必要的施救和保护措施,防止或者减少损失,并在保险事故发生后48小时内通知保险人。被保险人或其允许的合法驾驶人根据有关法律法规规定选择自行协商方式处理交通事故的,应当立即通知保险人。

(2) 被保险人或其允许的合法驾驶人根据有关法律法规规定选择自行协商方式处理交通事故的,应当协助保险人勘验事故各方车辆、核实事故责任,并依照《道路交通事故处理程序规定》签订记录交通事故情况的协议书。

(3) 被保险人索赔时,应当向保险人提供与确认保险事故的性质、原因、损失程度等有关的证明和资料。

(4) 被保险人应当提供保险单、损失清单、有关费用单据、被保险机动车行驶证和发生事故时驾驶人的驾驶证。

(5) 属于道路交通事故的,被保险人应当提供公安机关交通管理部门或法院等机构出具的事故证明、有关的法律文书(判决书、调解书、裁定书、裁决书等)及其他证明。被保险人或其允许的合法驾驶人根据有关法律法规规定选择自行协商方式处理交通事故的,被保险人应当提供依照《道路交通事故处理程序规定》签订记录交通事故情况的协议书。

(6) 保险人对被保险人给第三者造成的损害,可以直接向该第三者赔偿。被保险人给第三者造成损害,被保险人对第三者应负的赔偿责任确定的,根据被保险人的请求,保险人应当直接向该第三者赔偿。被保险人怠于请求的,第三者有权就其应获赔偿部分直接向保险人请求赔偿。

(7) 被保险人给第三者造成损害,被保险人未向该第三者赔偿的,保险人不得向被保险人赔偿。

(8) 因保险事故损坏的第三者财产,应当尽量修复。修理前被保险人应当会同保险人检验,协商确定修理项目、方式和费用。对未协商确定的,保险人可以重新核定。

#### (二)赔款计算

(1) 当(依合同约定核定的第三者损失金额−机动车交通事故责任强制保险的分项赔偿限额)×事故责任比例≥每次事故赔偿限额时:

赔款=每次事故赔偿限额×(1−事故责任免赔率)×(1−绝对免赔率之和)

(2) 当(依合同约定核定的第三者损失金额−机动车交通事故责任强制保险的分项赔偿限额)×事故责任比例<每次事故赔偿限额时:

赔款=(依合同约定核定的第三者损失金额−机动车交通事故责任强制保险的分项赔

偿限额)×事故责任比例×(1－事故责任免赔率)×(1－绝对免赔率之和)

**(三) 免赔率**

保险人在依据本保险合同约定计算赔款的基础上,在保险单载明的责任限额内,按照下列方式免赔:

被保险机动车一方负次要事故责任的,实行5%的事故责任免赔率;负同等事故责任的,实行10%的事故责任免赔率;负主要事故责任的,实行15%的事故责任免赔率;负全部事故责任的,实行20%的事故责任免赔率。

(2) 违反安全装载规定的,实行10%的绝对免赔率。

**(四) 赔款注意事项**

(1) 保险人按照《道路交通事故受伤人员临床诊疗指南》和国家基本医疗保险的同类医疗费用标准核定医疗费用的赔偿金额。

(2) 未经保险人书面同意,被保险人自行承诺或支付的赔偿金额,保险人有权重新核定。不属于保险人赔偿范围或超出保险人应赔偿金额的,保险人不承担赔偿责任。

(3) 保险人受理报案、现场查勘、核定损失、参与诉讼、进行抗辩、要求被保险人提供证明和资料、向被保险人提供专业建议等行为,均不构成保险人对赔偿责任的承诺。

### 1.4.4 机动车车上人员责任保险

**一、保险责任**

保险期间内,被保险人或其允许的合法驾驶人在使用被保险机动车过程中发生意外事故,致使车上人员遭受人身伤亡,依法应当对车上人员承担的损害赔偿责任,保险人依照本保险合同的约定负责赔偿。

**释义**

【车上人员】指保险事故发生时在被保险机动车上的自然人,一般包含司机、售票员、乘车人。乘车人既包含购票上车人员,也包含减免票的人员(如残疾人、小孩等),在特殊情况下还包含:1. 借用人(如甲将车借给有驾驶资质的乙使用,后发生事故,乙也享有车上人员险的保险权利。当然,此种情况存在法律争议);2. 押运人,如乘坐在驾驶座内的押运人,但不包含在车厢内的押运人。乘车人一般不包含逃票人员,非法上车人员。

【"车上人员"与"第三者"的关系】一般而言,交通事故发生会导致人员在车内摔伤、划伤,但在特殊情况下,如跳车或车倾覆致人摔出车外,后来被车致伤,因"事故发生时该人在车外",因此,应认定为"第三者",可由己方车的交强险或商业三者险赔偿(暂不讨论对方车辆问题)。如果是在车内受伤,一般可找车上人员险索赔。也就是说,致伤瞬间人在车内还是车外是区分"第三者"的至为重要的标准。

**二、事故责任比例**

保险人依据被保险机动车一方在事故中所负的事故责任比例,承担相应的赔偿责任。

被保险人或被保险机动车一方根据有关法律法规规定选择自行协商或由公安机关交通管理部门处理事故未确定事故责任比例的,按照下列规定确定事故责任比例:

被保险机动车一方负主要事故责任的,事故责任比例为70%。

被保险机动车一方负同等事故责任的,事故责任比例为50%。
被保险机动车一方负次要事故责任的,事故责任比例为30%。
涉及司法或仲裁程序的,以法院或仲裁机构最终生效的法律文书为准。

### 三、责任免除

在上述保险责任范围内,下列情况下,不论任何原因造成的人身伤亡,保险人均不负责赔偿。

**(一) 驾驶人有下列情形之一者**

(1) 事故发生后,被保险人或其允许的驾驶人在未依法采取措施的情况下驾驶被保险机动车或者遗弃被保险机动车逃离事故现场,或故意破坏、伪造现场、毁灭证据。

(2) 饮酒、吸食或注射毒品、服用国家管制的精神药品或者麻醉药品。

(3) 无驾驶证,驾驶证被依法扣留、暂扣、吊销、注销期间。

(4) 驾驶与驾驶证载明的准驾车型不相符合的机动车。

(5) 实习期内驾驶公共汽车、营运客车或者执行任务的警车、载有危险物品的机动车或牵引挂车的机动车。

(6) 驾驶出租机动车或营业性机动车无交通运输管理部门核发的许可证书或其他必备证书。

(7) 学习驾驶时无合法教练员随车指导。

(8) 非被保险人允许的驾驶人;

**(二) 被保险机动车有下列情形之一者**

(1) 发生保险事故时被保险机动车行驶证、号牌被注销的,或未按规定检验或检验不合格。

(2) 被扣押、收缴、没收、政府征用期间。

(3) 在竞赛、测试期间,在营业性场所维修、保养、改装期间。

(4) 全车被盗窃、被抢劫、被抢夺、下落不明期间。

**(三) 下列原因导致的人身伤亡,保险人不负责赔偿**

(1) 地震及其次生灾害、战争、军事冲突、恐怖活动、暴乱、污染(含放射性污染)、核反应、核辐射。

(2) 被保险机动车被转让、改装、加装或改变使用性质等,导致被保险机动车危险程度显著增加,且被保险人、受让人未及时通知保险人。

**(四) 下列人身伤亡、损失和费用,保险人不负责赔偿**

(1) 被保险人或驾驶人的故意行为造成的人身伤亡。

(2) 被保险人及驾驶人以外的其他车上人员的故意、重大过失行为造成的自身伤亡。

(3) 车上人员因疾病、分娩、自残、斗殴、自杀、犯罪行为造成的自身伤亡。

(4) 违法、违章搭乘人员的人身伤亡。

(5) 罚款、罚金或惩罚性赔款。

(6) 超出《道路交通事故受伤人员临床诊疗指南》和国家基本医疗保险标准的医疗费用。

(7) 精神损害抚慰金。

(8) 律师费，未经保险人事先书面同意的诉讼费、仲裁费。

(9) 投保人、被保险人或其允许的驾驶人知道保险事故发生后，故意或者因重大过失未及时通知，致使保险事故的性质、原因、损失程度等难以确定的，保险人对无法确定的部分不承担赔偿责任，但保险人通过其他途径已经及时知道或者应当及时知道保险事故发生的除外。

(10) 应当由机动车交通事故责任强制保险赔付的损失和费用。

**案例："车上人员"与"第三者"的区别**

**案情介绍：**

2005年1月7日，某市橡胶机械厂为单位的一台东风轻型货车投保了车损险5万元，第三者责任险10万元，车上人员险三个座位每人1万元，及不计免赔险。保险期限为2005年1月8日至2006年1月7日。

2005年8月9日该单位驾驶员冯某驾驶该车行驶到丹沈公路一处盘山道的弯路时，路边的闲散人员胡某看到车速放缓，便扒上车去偷盗车上所载粮食，冯某从后视镜发现后，一时分神，将东风货车驶入反道与对面驶来的一台捷达轿车迎面相撞。这起事故造成两车严重受损，冯某重伤致残，胡某摔下车死亡，捷达车驾驶员金某重伤，乘员于某轻伤。经过交警现场勘察处理，认定冯某遇紧急情况采取措施不当，应付此次事故的全部责任。

事故发生后，被保险人某橡胶机械厂就本案的损失向保险公司提出如下索赔：东风货车损失13 000元，驾驶员冯某医药费和伤残补偿费58 000元，捷达轿车损失39 000元，捷达驾驶员金某医药费32 000元、乘员于某医药费500元。因为交警认定货车负全部责任，偷盗者胡某的家属也向橡胶机械厂提出索赔补偿费10万元。对索赔金额达到242 500元，保险公司提出异议，保险公司只同意赔付两车损失和双方车上乘员损失共计94 500元，对货车的驾驶员冯某只认定赔付10 000元，而对偷盗者胡某的损失不做赔偿。

由于赔付金额差距较大，双方没有达成共识，于是橡胶机械厂和胡某的家属一起将保险公司告上了法庭。

**理赔焦点：**

被保险人橡胶机械厂认为本厂的车辆已投保了三个座位的车上人员责任险，并及时足额交付了保险费，保险公司应当在事故发生后给予足额赔偿。

因为投保了三名车上人员责任险，而在本次事故中车上的受害人只有两名并不超出我们的投保条件，其中偷盗者胡某出险时也在该保险车辆上，事故的发生是致胡某死亡的直接诱因，现在胡某的家属向本机械厂索赔，所以我们只能向保险公司转嫁我们的风险。

**理赔结论：**

经过法庭调查和听取双方当事人辩护，参阅当时签订的保险单、相关保险条款，法院最后判定保险公司胜诉，保险公司赔偿货车及捷达轿车两车损失及双方车上人员损失共计104 500元，其中对货车驾驶员冯某只认定赔付10 000元。胡某的损失不在保险责任范围内不予赔偿。

**理赔依据：**

1. 保险公司认为保险合同中车上人员和第三者有本质区别：第三者是指因被保险机动车发生意外事故遭受人身伤亡或者财产损失的人，但不包括被保险机动车本车上人员、投保人、被保险人和保险人。车上人员是指保险事故发生时在被保险机动车上的自然人。

课题一 投保方案的设计

2. 法院认为,捷达车上的两名受伤人员为本案中货车的第三者,按本保险合同应得到足额赔偿。而货车驾驶员冯某是保险车辆上的司乘人员,按所签订的保险合同应属于车上人员责任险范围,只能得到每人的最高保障额 10 000 元,保险公司对此做出赔付,履行了保险合同义务,不存在违约和欺诈行为。

3. 其中偷盗者胡某不能认定为车上人员,保险公司车上人员责任保险条款第五条已做出明示,被保险机动车辆造成下列人身伤亡,不论在法律上是否应当由被保险人承担赔偿责任,保险人均不负责赔偿,其中第三分项注明违法、违章搭乘人员的伤亡。胡某的情况应属违法搭乘者,所以不能得到保险公司的赔偿。

### 四、保险期间

除另外约定外,保险期间为一年,以保险单载明的起讫时间为准。

### 五、责任限额

驾驶人每次事故责任限额和乘客每次事故每人责任限额由投保人和保险人在投保时协商确定。投保乘客座位数按照被保险机动车的核定载客数(驾驶人座位除外)确定。限额一般在每座 10 000~50 000 元之间协商。

### 六、赔偿处理

#### (一) 赔偿处理

(1) 发生保险事故时,被保险人或其允许的合法驾驶人应当及时采取合理的、必要的施救和保护措施,防止或者减少损失,并在保险事故发生后 48 小时内通知保险人。被保险人或其允许的合法驾驶人根据有关法律法规规定选择自行协商方式处理交通事故的,应当立即通知保险人。

(2) 被保险人或其允许的合法驾驶人根据有关法律法规规定选择自行协商方式处理交通事故的,应当协助保险人勘验事故各方车辆、核实事故责任,并依照《道路交通事故处理程序规定》签订记录交通事故情况的协议书。

(3) 被保险人索赔时,应当向保险人提供与确认保险事故的性质、原因、损失程度等有关的证明和资料。

(4) 被保险人应当提供保险单、损失清单、有关费用单据、被保险机动车行驶证和发生事故时驾驶人的驾驶证。

(5) 属于道路交通事故的,被保险人应当提供公安机关交通管理部门或法院等机构出具的事故证明、有关的法律文书(判决书、调解书、裁定书、裁决书等)和通过机动车交通事故责任强制保险获得赔偿金额的证明材料。被保险人或其允许的合法驾驶人根据有关法律法规规定选择自行协商方式处理交通事故的,被保险人应当提供依照《道路交通事故处理程序规定》签订记录交通事故情况的协议书和通过机动车交通事故责任强制保险获得赔偿金额的证明材料。

### 七、赔款计算

(一) 对每座的受害人,当(依合同约定核定的每座车上人员人身伤亡损失金额一应由机动车交通事故责任强制保险赔偿的金额)×事故责任比例≥每次事故每座赔偿限额时:

赔款＝每次事故每座赔偿限额×(1－事故责任免赔率)×(1－绝对免赔率之和)

（二）对每座的受害人，当（依合同约定核定的每座车上人员人身伤亡损失金额－应由机动车交通事故责任强制保险赔偿的金额）×事故责任比例＜每次事故每座赔偿限额时：

赔款＝(依合同约定核定的每座车上人员人身伤亡损失金额－应由机动车交通事故责任强制保险赔偿的金额)×事故责任比例×(1－事故责任免赔率)×(1－绝对免赔率之和)

（三）免赔率

保险人在依据本保险合同约定计算赔款的基础上，在保险单载明的责任限额内，按照下列方式免赔：

被保险机动车一方负次要事故责任的，实行5%的事故责任免赔率；负同等事故责任的，实行10%的事故责任免赔率；负主要事故责任的，实行15%的事故责任免赔率；负全部事故责任或单方肇事事故的，实行20%的事故责任免赔率。

（四）赔款注意事项

(1) 保险人按照《道路交通事故受伤人员临床诊疗指南》和国家基本医疗保险的同类医疗费用标准核定医疗费用的赔偿金额。

(2) 未经保险人书面同意，被保险人自行承诺或支付的赔偿金额，保险人有权重新核定。因被保险人原因导致损失金额无法确定的，保险人有权拒绝赔偿。

(3) 保险人受理报案、现场查勘、核定损失、参与诉讼、进行抗辩、要求被保险人提供证明和资料、向被保险人提供专业建议等行为，均不构成保险人对赔偿责任的承诺。

表1-5 车上人员责任险

| 车辆用途 | 车辆规格 | 驾驶员 | 乘客 |
| --- | --- | --- | --- |
| 家庭自用车 | 6座以下 | 0.42% | 0.27% |
| | 6~10座 | 0.40% | 0.26% |
| | 10座以上 | 0.40% | 0.26% |
| 企业非营动车 | 6座以下 | 0.42% | 0.26% |
| | 6~10座 | 0.39% | 0.23% |
| | 10~20座 | 0.40% | 0.24% |

车上人员责任险保费＝保险金额×保险费率×座位数

限额一般在10 000~50 000元。

### 1.4.5 机动车全车盗抢保险

一、保险责任

保险期间，被保险机动车的下列损失和费用，保险人依照本保险合同的约定负责赔偿。

1. 被保险机动车被盗窃、抢劫、抢夺，经出险当地县级以上公安刑侦部门立案证明，满60天未查明下落的全车损失。

2. 被保险机动车全车被盗窃、抢劫、抢夺后，受到损坏或车上零部件、附属设备丢失需要修复的合理费用。

3. 被保险机动车在被抢劫、抢夺过程中,受到损坏需要修复的合理费用。

## 二、责任免除

(一)在上述保险责任范围内,下列情况下,不论任何原因造成被保险机动车的任何损失和费用,保险人均不负责赔偿。

1. 被保险人索赔时未能提供出险地县级以上公安刑侦部门出具的盗抢立案证明。
2. 驾驶人、被保险人、投保人故意破坏现场、伪造现场、毁灭证据。
3. 被保险机动车被扣押、罚没、查封、政府征用期间。
4. 被保险机动车在竞赛、测试期间,在营业性场所维修、保养、改装、被运输期间。

**案例:收费停车场中丢车、剐蹭,保险公司给不给赔?**

**案情介绍:**

去年,焦小姐考下了驾照后,买了一辆高尔夫。每天她都把她的车停在小区的停车场里。为此,每个月焦小姐还要交给物业300多元停车费。今年6月,焦小姐一早去上班时,发现自己的车在小区停放时丢失。由于焦小姐是新手,所以给车上的是全险,车辆丢失后,她向保险公司报案并要求理赔,但保险公司的答复是:凡是在收费停车场中丢车,保险公司不赔!

**理赔结论:**

按照保险公司的规定,凡是车辆在收费停车场或营业性修理厂中被盗,保险公司一概不负责赔偿。因为上述场所对车辆有保管的责任,在保管期间,因保管人保管不善造成车辆损毁、丢失的,保管人应承担责任,保险公司不负责赔偿。因此,无论是车丢了,还是被划了,保险公司一概不管。

**应对方法:**

正确的方式是找停车场去索赔。因此,驾驶人一定要注意每次停车时收好停车费收据。虽然很多收费停车场的相关规定中写着"丢失不管",但根据我国合同法中关于格式合同的规定,这属于单方面推卸自己应负的责任,如无法协商解决,只好诉诸法律。

(二)下列损失和费用,保险人不负责赔偿:

(1)地震及其次生灾害导致的损失和费用。
(2)战争、军事冲突、恐怖活动、暴乱导致的损失和费用。
(3)因诈骗引起的任何损失;因投保人、被保险人与他人的民事、经济纠纷导致的任何损失。
(4)被保险人或其允许的驾驶人的故意行为、犯罪行为导致的损失和费用。
(5)非全车遭盗窃,仅车上零部件或附属设备被盗窃或损坏。
(6)新增设备的损失。
(7)遭受保险责任范围内的损失后,未经必要修理并检验合格继续使用,致使损失扩大的部分。
(8)被保险机动车被转让、改装、加装或改变使用性质等,导致被保险机动车危险程度显著增加而发生保险事故,且被保险人、受让人未及时通知保险人。
(9)投保人、被保险人或其允许的驾驶人知道保险事故发生后,故意或者因重大过失未及时通知,致使保险事故的性质、原因、损失程度等难以确定的,保险人对无法确定的部分不承担赔偿责任,但保险人通过其他途径已经及时知道或者应当及时知道保险事故发生的除外。

(10) 因被保险人没有会同保险人进行检验,协商确定修理项目、方式和费用,导致无法确定的损失。

### 三、保险期间

除另有约定外,保险期间为一年,以保险单载明的起讫时间为准。

### 四、保险金额

保险金额在投保时被保险机动车的实际价值内协商确定。

投保时被保险机动车的实际价值由投保人与保险人根据投保时的新车购置价减去折旧金额后的价格协商确定或其他市场公允价值协商确定。

### 五、赔偿处理

**(一) 赔偿处理**

(1) 被保险机动车全车被盗抢的,被保险人知道保险事故发生后,应在 24 小时内向出险当地公安刑侦部门报案,并通知保险人。

(2) 被保险人索赔时,须提供保险单、损失清单、有关费用单据、《机动车登记证书》、机动车来历凭证以及出险当地县级以上公安刑侦部门出具的盗抢立案证明。

(3) 因保险事故损坏的被保险机动车,应当尽量修复。修理前被保险人应当会同保险人检验,协商确定修理项目、方式和费用。对未协商确定的,保险人可以重新核定。

**(二) 赔款额计算**

保险人按下列方式赔偿:

(1) 被保险机动车全车被盗抢的,按以下方法计算赔款:

$$赔款 = 保险金额 \times (1 - 绝对免赔率之和)$$

(2) 被保险机动车全车被盗窃、抢劫、抢夺后,受到损坏或车上零部件、附属设备丢失需要修复的合理费用,保险人按实际修复费用在保险金额内计算赔偿:

$$赔款 = 实际修复费用 \times (1 - 绝对免赔率)$$

**(三) 免赔率**

保险人在依据保险合同约定计算赔款的基础上,按照下列方式免赔。

(1) 发生全车损失的,绝对免赔率为 20%。

(2) 发生全车损失,被保险人未能提供《机动车登记证书》、机动车来历凭证的,每缺少一项,增加 1% 的绝对免赔率。

**(四) 注意事项**

(1) 保险人确认索赔单证齐全、有效后,被保险人签具权益转让书,保险人赔付结案。

(2) 被保险机动车发生本保险事故,导致全部损失,或一次赔款金额与免赔金额之和达到保险金额,保险人按本保险合同约定支付赔款后,本保险责任终止,保险人不退还机动车全车盗抢保险及其附加险的保险费。

**案例:汽车被盗三个月后如何处理复得汽车的理赔**

**案情介绍:**

某市焦先生于1998年10月21日购买了一辆夏利车,购车费6.8万元,附加费1.5万元。他为该车办理了全车盗抢保险,双方确认保险金额为8万元,保险期限为一年。按照该合同中有关盗窃保险条款的规定,如果该机动车被盗,保险公司将按保险金额予以全额赔偿。

1999年4月24日,该车被盗,焦先生立即向公安机关和保险公司报了案。到了7月24日,汽车仍未找到。焦先生持公安机关的证明向保险公司索赔,保险公司称要向上级公司申报。

8月初,焦先生被盗的汽车被公安机关查获,保险公司将车取回,但这时焦先生不愿收回自己丢失的汽车,而要求保险公司按照保险合同支付8万元的保险金及其利息。而保险公司则认为,既然被盗汽车已经被找回,因汽车被盗而引起的保险赔偿金的问题已不存在,因此焦先生应领回自己的汽车,并承担保险公司为索赔该车所花费的开支。意见不合,双方便上诉至法院。

**案情分析:**

这是一起车辆被盗3个月后,保险公司应该赔付保险金还是还车的案例。被盗车辆被追回,但如果被保险人看到车辆已不值被盗前的价格,一般愿意选择保险公司支付保险金。

另外,当时适用的全车盗抢险条款第六条规定:"保险人赔偿后,如被盗抢的保险车辆找回,应将该车辆归还被保险人,同时收回相应的赔款。如果被保险人不愿意收回原车,则车辆的所有权益归保险人。"也就是说,被保险人具备要车或者要保险金的优先选择权。因此,焦先生要求保险公司按照保险合同支付保险金是合理的。

**理赔结论:**

法院审理后认为,焦先生与保险公司订立的保险合同符合法律规定,双方理应遵守。本案中的失窃汽车虽为公安机关查获,但已属于保险合同中约定的"失窃三个月以上"的责任范围。故判决焦先生的汽车归保险公司所有,保险公司在判决生效后十日之内向焦先生赔偿保险金:8万元×(1−20%)=6.4万元,并承担本案的诉讼费用。

### 1.4.6 通用条款

1. 保险人按照本保险合同的约定,认为被保险人索赔提供的有关证明和资料不完整的,应当及时一次性通知被保险人补充提供。

2. 保险人收到被保险人的赔偿请求后,应当及时作出核定;情形复杂的,应当在三十日内作出核定。保险人应当将核定结果通知被保险人。对属于保险责任的,在与被保险人达成赔偿协议后十日内履行赔偿义务;保险合同对赔偿期限另有约定的,保险人应当按照约定履行赔偿义务。

保险人未及时履行前款规定义务的,除支付赔款外,应当赔偿被保险人因此受到的损失。

3. 保险人收到被保险人的赔偿请求后,对不属于保险责任的,应当自作出核定之日起三日内向被保险人发出拒绝赔偿通知书,并说明理由。

4. 保险人自收到赔偿请求和有关证明、资料之日起六十日内,对其赔偿数额不能确定的,应当根据已有证明和资料可以确定的数额先予支付;保险人最终确定赔偿数额后,应当支付相应的差额。

5. 在保险期间内,被保险机动车转让他人的,受让人承继被保险人的权利和义务。被保险人或者受让人应当及时书面通知保险人。

因被保险机动车转让导致被保险机动车危险程度发生显著变化的,保险人自收到前款规定的通知之日起三十日内,可以相应调整保险费或者解除本保险合同。

6. 保险责任开始前,投保人要求解除本保险合同的,应当向保险人支付应交保险费金额3%的退保手续费,保险人应当退还保险费。

保险责任开始后,投保人要求解除本保险合同的,自通知保险人之日起,本保险合同解除。保险人按日收取自保险责任开始之日起至合同解除之日止期间的保险费,并退还剩余部分保险费。

7. 保险双方有关本保险合同的争议可通过协商进行解决。协商不成的,提交保险单载明的仲裁机构仲裁。保险单未载明仲裁机构且争议发生后未达成仲裁协议的,可向人民法院起诉。发生与保险赔偿有关的仲裁或者诉讼时,被保险人应当及时书面通知保险人。

8. 本保险合同适用中华人民共和国(不含港、澳、台地区)法律。

**案例:保险标的转让未通知保险公司的理赔**

**案情简介:**

1999年1月5日,某汽车出租公司(以下简称出租车公司)将其所有的桑塔纳轿车向当地某保险公司(以下简称保险公司)投保了机动车辆险、第三者责任险和附加盗抢险,被保险人为该出租车公司,保险期限自1999年1月6日零时起至2000年1月5日24时止。合同签订后,出租车公司如期交付了保险费。1999年5月2日,出租车公司将一辆桑塔纳轿车过户给罗某个人所有,同时罗某与出租公司约定,其每年向出租车公司交纳管理费和各种税费,车辆以出租车公司的名义向保险公司投保,保险费由罗某个人交付。

1999年10月10日,罗某驾车营运时在某地遭到歹徒劫持,并将其车抢走。事故发生后,出租车公司向保险公司提出索赔,保险公司以保险标的转让没有通知保险公司办理批改为由拒赔。罗某不服,遂起诉至法院。

**理赔焦点:**

本案争议的焦点是:在保险合同有效期内,保险标的依法转让,如果被保险人没有通知保险公司办理批改,发生保险事故时,保险公司是否承担赔偿责任。保险法第六十七条规定:"在保险期间内,被保险机动车转让他人的,受让人承继被保险人的权利和义务。被保险人或者受让人应当及时书面通知保险人。"在机动车辆保险合同中,投保人与保险人一般都在被保险人的义务中约定"在保险合同有效期内,保险车辆转卖或增加危险程度,被保险人应当事先通知保险人并申请办理批改"。本案中的保险标的即机动车的转让虽然被保险人没有通知保险人并办理批改手续,但被保险人的这一作为只是违反了保险合同中双方约定的义务,并且其违反的这一义务也没有使标的物的危险程度增加。保险法第六十七条规定:"因被保险机动车转让导致被保险机动车危险程度发生显著变化的,保险人自收到前款规定的通知之日起三十日内,可以相应调整保险费或者解除本保险合同。"从该条规定来看,被保险人具有危险程度增加的通知义务,如果被保险人未履行该义务,保险人对因危险程度增加而发生的保险事故不承担赔偿责任。本案中,保险标的从出租车公司转让给罗某,罗某因由使用人变为所有人而增加了对标的物的管理注意程度。可见,其危险程度不但没有增加,反而有所减少。

本案中,投保人出租车公司在投保时,因其是标的物的所有人而具有保险利益,在保险事故发生时,虽然其不再是标的物的所有人,但他是标的物的管理人而同样对保险标的具有保险利益。反之,若本案中的出租车公司将保险标的转让给罗某后就不再与其发生任何法律关系,那么,在事故发生时,因出租车公司对保险标的不具有保险利益,保险公司可以此为由拒绝承担保险责任。

**理赔结论:**

法院认为,出租车公司与保险公司签订的保险合同合法有效。在保险合同有效期内,出租车公司将保险车辆转让给罗某,虽然没有通知保险公司,但该车仍由出租车公司管理,保险事故发生时,出租车公司对该车具有保险利益,保险公司应承担赔偿责任。

在保险合同的履行过程中,会出现各种情况,法律是实践性和预见性的结合,不可能涵盖所有的事件和行为。因此,作为保险人在处理案件过程中,如果遇到法律规定不是非常明确的情况,应运用法律的基本原则并充分考虑当事人之间的权利义务关系正确处理保险合同纠纷。

作为被保险人和投保人,应充分履行合同的约定和法律的规定。否则,发生保险事故时,如果其对保险标的不具有保险利益,保险公司可以此为抗辩主张免责,被保险人也就丧失了获得赔偿的权利。毕竟,实际生活中像案例中保险标的转让后,被保险人在事故发生时仍具有保险利益的情形不是很多。

## 一、简述题

1. 简述 2014 年机动车辆商业保险与之前施行的保险条款的主要区别。
2. 简述商业车险条款的内容构成。
3. 车辆损失险的保险责任和除外责任有哪些?
4. 机动车第三者责任险的保险责任和除外责任有哪些?
5. 车上人员责任险中的车上人员与第三者之间如何界定?
6. 全车盗抢险的保险责任和除外责任有哪些?

## 二、案例分析

2007 年 5 月,邹某驾驶旅游公司的豪华大巴车送一批游客到某旅游景点。旅游公司为该车投保了第三者责任险。到达旅游景点后,游客下车,邹某倒车停放时,将下车的游客江某撞倒,致使其肋骨多处骨折,轻微脑震荡。事后,公安机关作出了交通事故责任认定书,邹某承担全部责任。江某向旅游公司索赔,旅游公司因已给车辆投保了第三者责任险,遂找到保险公司,要求保险公司赔偿江某的损失。保险公司认为江某是搭乘车的人,不属于第三者的范围,拒绝承担保险责任。为此,旅游公司提起诉讼,请求法院判令保险公司依合同对江某的损失予以理赔。

本案争议的焦点是乘客下车后被车辆撞伤,能否按第三者责任险予以赔偿。对此,有两种不同意见:

第一种观点认为,保险公司按照与旅游公司签订的第三者保险合同,应当承担对第三者所受的损害的责任险责任。但游客江某是乘客,即江某属于搭乘人,因此,江某不属于第三者的范畴,保险公司不应当按第三者责任险加以理赔。

第二种观点认为,旅游公司已经为车辆投保了第三者责任险,保险公司就应当对第三者所遭受的损害承担保险责任。邹某已经将车开到目的地,因此游客下车。江某下车后与其他车外游客不存在任何差别,即应当属于第三者。故保险公司就应当对江某所受的损害按照第三者责任险的约定予以理赔。

你认为保险公司应该怎样处理?

打开手机微信扫描以下二维码,获得商业险示范条款电子文档,可随时查阅。

商业险示范条款

课题一 投保方案的设计

## 学习单元五 机动车商业保险——附加险

引导案例:洗车时,我车的玻璃被洗车工人碰碎,可否适用玻璃单独破碎险理赔?

对此情况,保险公司是不予以赔付的。因为玻璃单独破碎险是指投保了本保险的机动车辆在使用过程中,发生本车玻璃单独破碎,保险人按实际损失计算赔偿。

安装、维修、清洗车辆过程中造成的破碎属于保险责任免除的范围。

在本章的学习中,我们将了解我国汽车商业保险附加险条款,如玻璃单独破碎险、自燃损失险、车身划痕损失险等,了解附加险的保险责任与责任免除等内容。

《2014版机动车辆商业保险示范条款》中规定了11款附加险,附加险条款的法律效力优于主险条款。附加险条款未尽事宜以主险条款为准。除附加险条款另有约定外,主险中的责任免除、免赔规则、双方义务同样适用于附加险。这11款附加险种分别为:

1. 玻璃单独破碎险
2. 自燃损失险
3. 新增设备损失险
4. 车身划痕损失险
5. 发动机涉水损失险
6. 修理期间费用补偿险
7. 车上货物责任险
8. 精神损害抚慰金责任险
9. 不计免赔险
10. 机动车损失保险无法找到第三方特约险
11. 指定修理厂险

### 1.5.1 玻璃单独破碎险

投保了机动车损失保险的机动车,可投保本附加险。

第一条 保险责任

保险期间内,被保险机动车挡风玻璃或车窗玻璃的单独破碎,保险人按实际损失金额赔偿。

第二条 投保方式

投保人与保险人可协商选择按进口或国产玻璃投保。保险人根据协商选择的投保方式承担相应的赔偿责任。

第三条 责任免除

安装、维修机动车过程中造成的玻璃单独破碎。

第四条 本附加险不适用主险中的各项免赔规定

**小资料:六种不陪损失**

**1. 玻璃贴膜损失**

汽车玻璃贴膜已经成为当前人们的一种时尚和习惯,而且某些高档贴膜还价格不菲。汽车玻璃破碎更换后,贴膜也必须相应更换,无法重复使用,但是由于玻璃单独破碎险承保的是玻璃本身,保险公司对贴膜损失是不承担赔偿责任的。

**2. 天窗玻璃损失**

而今一些中高档轿车都装有天窗,但天窗玻璃的损坏却不在玻璃单独破碎险赔偿范围内。因为玻璃单独破碎险条款规定,承保的玻璃范围只包括前后挡风玻璃和车窗玻璃。

**3. 标识损失**

汽车前挡风玻璃右上角会贴有诸如交强险标、年检标、环保标等标识,这些标识一般都是一次性粘贴使用,前风挡破碎更换时无法取下来重复使用。这些标识本身虽然价值很小,但是补办这些标识会产生一些时间成本和费用损失,这部分损失不在玻璃单独破碎险赔偿范围内。

**4. 进口玻璃按国产承保其中的差价损失**

一些原装进口汽车或部分国产中高档汽车都是使用的进口玻璃,在承保玻璃单独破碎险可以注明按进口玻璃承保还是按国产玻璃承保,这其中的费率是有区别的。如果本身是进口玻璃而按照国产玻璃投保,出险后,保险公司会依据国产玻璃价格赔偿,对于与进口玻璃之间产生的差价损失不负责赔偿。

**5. 附加设备的损失**

有些车主由于某种需要,在汽车玻璃上安装了一些电子设备,例如卫星导航仪等。汽车玻璃遭受严重撞击损坏时,这些设备往往也会相应受损。由于属于新增设备,因此也不在玻璃单独破碎险赔偿范围内。

**6. 修理过程中的玻璃破碎损失**

对于在安装、修理汽车过程中造成的玻璃破碎损失,保险公司也不负责赔偿。玻璃单独破碎险条款明确规定,安装、修理机动车过程中造成的玻璃单独破碎属于除外责任。

**案例:玻璃单独破碎的理赔**

**案情介绍:**

2006年4月23日,在鞍山市的一个小区内,市民黄某和李某在上班时同时发现自家的车辆被损坏。车主黄某于2006年1月9日为自己的一台本田轿车投保了车损险16万元,第三者责任险10万元,不计免赔险,自燃险和玻璃单独破碎险,保险期限为2006年1月10日至2007年1月9日,在本次事故中前挡风破碎。李某2005年12月3日为自家的帕萨特轿车投保了车损险18万元,第三者责任险20万元和不计免赔险,保险期限为2005年12月5日至2006年12月4日,在本次事故中车辆天窗破碎。于是两车主同时向保险公司提出索赔申请。

**理赔:**

保险公司经过对现场的查验,对两车的投保情况进行了审核,对两台车做出了如下的理赔意见:对黄某的本田轿车前挡风玻璃赔付全部安装费用1800元,对李某的帕萨特轿车车损1500元做出了拒赔的回复,因为该车当时未保玻璃单独破碎的附加险。两车主对理赔结论均表示不满,因保险公司不能满足其要求,便将此案起诉到地方人民法院。

**理赔焦点:**

黄某认为自己的本田车是原装进口车,而保险公司给出的理赔定价是按国产件价格,在这一行为上存在合同欺诈,主张法院为自己维护权益按进口车的配件价格赔付。李某认为自己的车辆虽然未保车窗玻璃单独破碎险,但是在本起事故中自己的车是天窗破碎,不应按此条款界定,而且自己已投保了车辆损失险,所以要求保险公司按车损险条款赔偿。

根据法庭取证和当事人所出示的保险单、投保单等相关资料,黄某的车辆在投保时玻璃单独破碎的是按国产玻璃投保和交费,黄某接受了保险公司的告之同时亲笔签字。法院认定保险公司已经完全履行了应尽义务,在黄某所持保险单后附的玻璃单独破碎险条款中第二条投保方式中已做出了下列明示:投保人与保险人可协商选择进口或国产玻璃投保。保险人根据协商选择的方式承担相应的赔偿责任,在此事故的处理中保险公司不存在欺诈行为,黄某败诉。在李某的理赔问题上,法院认为保险公司的参照条款不准确,在该起事故中李某的车辆天窗损坏不应按玻璃单独破碎认定,而是应该按车辆损失险来给予理赔,因为在玻璃单独破碎险条款中的第一条已明确保险责任的界定范围,被保险机动车挡风玻璃或车窗玻璃的单独破碎,保险人应负责赔偿。以上表述并未将天窗部分包括在内,所以保险公司应按车辆损失险的条款理赔,但是车主李某需要负担费用的30%,因为在其投保的家庭自用车车损条款中第八条中规定,保险人在依据本保险合同约定计算赔款的基础上,按照下列免赔率免赔。本案情况适用于第二款所表述的被保险机动车的损失应当由第三方负责赔偿的,无法找到第三方时,免赔率为30%。该案情况适用于本条款,保险公司应赔付李某修复费用1 050元。

**理赔结论:**

法院经过认真审理,对此案做出如下判决:黄某本田的车前挡风定价1 800元维持不变。李某帕萨特的天窗按车辆损失险理赔,扣除450元自担额后由保险公司赔付1 050元。保险公司按照法院判决结果,向被保险人黄某和李某支付了赔款。

### 1.5.2 自燃损失险

投保了机动车损失保险的机动车,可投保本附加险。

第一条 保险责任

(一)保险期间,指在没有外界火源的情况下,由于本车电器、线路、供油系统、供气系统等被保险机动车自身原因或所载货物自身原因起火燃烧造成本车的损失。

(二)发生保险事故时,被保险人为防止或者减少被保险机动车的损失所支付的必要的、合理的施救费用,由保险人承担;施救费用数额在被保险机动车损失赔偿金额以外另行计算,最高不超过本附加险保险金额的数额。

第二条 责任免除

(一)自燃仅造成电器、线路、油路、供油系统、供气系统的损失。

(二)由于擅自改装、加装电器及设备导致被保险机动车起火造成的损失。

(三)被保险人在使用被保险机动车过程中,因人工直接供油、高温烘烤等违反车辆安全操作规则造成的损失。

(四)本附加险每次赔偿实行20%的绝对免赔率,不适用主险中的各项免赔规定。

**第三条 保险金额**

保险金额由投保人和保险人在投保时被保险机动车的实际价值内协商确定。

**第四条 赔偿处理**

全部损失,在保险金额内计算赔偿;部分损失,在保险金额内按实际修理费用计算赔偿。

**案例:汽车自燃只能按折旧后的实际价值获赔**

**案情介绍:**

2006年10月8日某商品批发公司将一台1994年5月初次登记的奔驰轿车向某财险公司投保,其中车辆损失险保额为46万元,第三者责任险保额为10万元,并加保了不计免赔附加险。2007年5月3日晚8点左右,由商品批发公司的驾驶员王某将这台奔驰轿车开到一条乡间公路时,因远距离长时间行车,加之电器线路老化造成漏电短路突然发生火灾,车主在发现事故情况后立即向保险公司和消防队报警,因出险地远离城市,消防队到达现场需要较长的时间。经过全力扑救,虽然控制住了火势,但是全车已经完全报废。事后由消防部门出具了消防事故报告,经过保险公司现场查勘,认定为保险责任,单证材料收集齐全后迅速进入理算程序。因为该车属单位用车,所以附加险中的自燃险属赠送项目,不需另付保险费办理应予正常理赔,按每年6.66%的扣除比例计算,已行驶13年,1−(13×6.66%)=1−86.58%=13.42%,实际折旧金额已超过80%的市场价格,按最低赔偿限额不得小于全车市场重置价的20%原则,460 000×20%=92 000,扣除3 000元残值后,最终赔付金额为89 000元。但是该商品批发公司认为按照这种赔偿标准执行并没有得到相应的补偿,因此不能接受。在协商不能解决的情况下,被保险人对承保公司的解释表示无法认同,决定诉诸法律为自己讨回公道。

**理赔结论:**

对本案的赔付过程虽然出现了不同声音,但是我们在经济活动中还是要严格按照法律法规允许的范围运行,不能感情用事。在合法的前提下要依据投保时签订的保险合同条款来计算。

法院经过诉讼辩论判决原告败诉,保险公司只需按原来的标准理赔,最终赔偿车主89 000元。

### 1.5.3 新增加设备损失险

投保了机动车损失保险的机动车,可投保本附加险。

**第一条 保险责任**

保险期间内,投保了本附加险的被保险机动车因发生机动车损失保险责任范围内的事故,造成车上新增加设备的直接损毁,保险人在保险单载明的本附加险的保险金额内,按照实际损失计算赔偿。

**第二条 责任免除**

本附加险每次赔偿的免赔规定以机动车损失保险条款规定为准。

**第三条 保险金额**

保险金额根据新增加设备投保时的实际价值确定。新增加设备的实际价值是指新增加设备的购置价减去折旧金额后的金额。

### 1.5.4　车身划痕损失险

投保了机动车损失保险的机动车,可投保本附加险。

第一条　保险责任

保险期间内,投保了本附加险的机动车在被保险人或其允许的合法驾驶人使用过程中,发生无明显碰撞痕迹的车身划痕损失,保险人按照保险合同约定负责赔偿。

第二条　责任免除

(一) 被保险人及其家庭成员、驾驶人及其家庭成员的故意行为造成的损失。

(二) 因投保人、被保险人与他人的民事、经济纠纷导致的任何损失。

(三) 车身表面自然老化、损坏,腐蚀造成的任何损失。

(四) 本附加险每次赔偿实行15%的绝对免赔率,不适用主险中的各项免赔规定。

第三条　保险金额

保险金额为2 000元、5 000元、10 000元或20 000元,由投保人和保险人在投保时协商确定。

第四条　赔偿处理

(一) 在保险金额内按实际修理费用计算赔偿。

(二) 在保险期间内,累计赔款金额达到保险金额,本附加险保险责任终止。

**案例1**

### 1.5.5　发动机涉水损失险

本附加险仅适用于家庭自用汽车、党政机关、事业团体用车、企业非营业用车,且只有在投保了机动车损失保险后,方可投保本附加险。

第一条　保险责任

保险期间内,投保了本附加险的被保险机动车在使用过程中,因发动机进水后导致的发动机的直接损毁,保险人负责赔偿。

发生保险事故时,被保险人为防止或者减少被保险机动车的损失所支付的必要的、合理的施救费用,由保险人承担;施救费用数额在被保险机动车损失赔偿金额以外另行计算,最高不超过保险金额的数额。

第二条　责任免除

本附加险每次赔偿均实行15%的绝对免赔率,不适用主险中的各项免赔规定。

第三条　赔偿处理

在发生保险事故时被保险机动车的实际价值内计算赔偿。

**案例2**

### 1.5.6　修理期间费用补偿险

只有在投保了机动车损失保险的基础上方可特约本条款,机动车损失保险责任终止时,本保险责任同时终止。

第一条　保险责任

保险期间内,特约了本条款的机动车在使用过程中,发生机动车损失保险责任范围内的事故,造成车身损毁,致使被保险机动车停驶,保险人按保险合同约定,在保险金额内在向被保险人补偿修理期间费用,作为代步车费用或弥补停驶损失。

第二条　责任免除

(一)因机动车损失保险责任范围以外的事故而致被保险机动车的损毁或修理。

(二)非在保险人指定的修理厂修理时,因车辆修理质量不合要求造成返修。

(三)被保险人或驾驶人拖延车辆送修期间。

(四)本保险每次事故的绝对免赔额为1天的赔偿金额,不适用主险中的各项免赔规定。

第三条　保险金额

本附加险保险金额＝补偿天数×日补偿金额。补偿天数及日补偿金额由投保人与保险人协商确定并在保险合同中载明,保险期间内约定的补偿天数最高不超过90天。

第四条　赔偿处理

全车损失,按保险单载明的保险金额计算赔偿;部分损失,在保险金额内按约定的日赔偿金额乘以从送修之日起至修复之日止的实际天数计算赔偿,实际天数超过双方约定修理天数的,以双方约定的修理天数为准。

保险期间内,累计赔款金额达到保险单载明的保险金额,本附加险保险责任终止。

### 1.5.7　车上货物责任险

投保了机动车第三者责任保险的机动车,可投保本附加险。

第一条　保险责任

保险期间内,发生意外事故致使被保险机动车所载货物遭受直接损毁,依法应由被保险人承担的损害赔偿责任,保险人负责赔偿。

第二条　责任免除

(一)偷盗、哄抢、自然损耗,本身缺陷、短少、死亡、腐烂、变质、串味、生锈,动物走失、飞失,货物自身起火燃烧或爆炸造成的货物损失。

(二)违法、违章载运造成的损失。

(三)因包装、紧固不善,装载、遮盖不当导致的任何损失。

(四)车上人员携带的私人物品的损失。

(五)保险事故导致的货物减值、运输延迟、营业损失及其他各种间接损失。

(六)法律、行政法规禁止运输的货物的损失。

(七)本附加险每次赔偿实行20%的绝对免赔率,不适用主险中的各项免赔规定。

第三条　责任限额

责任限额由投保人和保险人在投保时协商确定。

第四条　赔偿处理
被保险人索赔时,应提供运单、起运地货物价格证明等相关单据。保险人在责任限额内按起运地价格计算赔偿。

### 1.5.8　精神损害抚慰金责任险

只有在投保了机动车第三者责任保险或机动车车上人员责任保险的基础上方可投保本附加险。

在投保人仅投保机动车第三者责任保险的基础上附加本附加险时,保险人只负责赔偿第三者的精神损害抚慰金;在投保人仅投保机动车车上人员责任保险的基础上附加本附加险时,保险人只负责赔偿车上人员的精神损害抚慰金。

第一条　保险责任
保险期间内,被保险人或其允许的合法驾驶人在使用被保险机动车的过程中,发生投保的主险约定的保险责任内的事故,造成第三者或车上人员的人身伤亡,受害人据此提出精神损害赔偿请求,保险人依据法院判决及保险合同约定,对应由被保险人或被保险机动车驾驶人支付的精神损害抚慰金,在扣除机动车交通事故责任强制保险应当支付的赔款后,在本保险赔偿限额内负责赔偿。

第二条　责任免除
(一)根据被保险人与他人的合同协议,应由他人承担的精神损害抚慰金。
(二)未发生交通事故,仅因第三者或本车人员的惊恐而引起的损害。
(三)怀孕妇女的流产发生在交通事故发生之日起30天以外的。
(四)本附加险每次赔偿实行20%的绝对免赔率,不适用主险中的各项免赔规定。

第三条　赔偿限额
本保险每次事故赔偿限额由保险人和投保人在投保时协商确定。

第四条　赔偿处理
本附加险赔偿金额依据人民法院的判决在保险单所载明的赔偿限额内计算赔偿。

### 1.5.9　不计免赔险

投保了任一主险及其他设置了免赔率的附加险后,均可投保本附加险。

第一条　保险责任
经特别约定,保险事故发生后,按照对应投保的险种规定的免赔率计算的、应当由被保险人自行承担的免赔金额部分,保险人负责赔偿。

第二条　责任免除
下列情况下,应当由被保险人自行承担的免赔金额,保险人不负责赔偿。
(一)机动车损失保险中应当由第三方负责赔偿而无法找到第三方的。
(二)因违反安全装载规定而增加的。
(三)投保时指定驾驶人,保险事故发生时为非指定驾驶人使用被保险机动车而增加的。
(四)投保时约定行驶区域,保险事故发生在约定行驶区域以外而增加的。
(五)发生机动车全车盗抢保险规定的全车损失保险事故时,被保险人未能提供《机动车登记证书》、机动车来历凭证的,每缺少一项而增加的。

（六）机动车损失保险中约定的每次事故绝对免赔额。

（七）可附加本条款但未选择附加本条款的险种规定的。

（八）不可附加本条款的险种规定的。

**案例：投保了不计免赔险与不投保不计免赔险的差别**

张先生驾驶自己的爱车不小心撞到了花坛,造成车辆损坏。经保险公司定损,车辆损失金额为26 000元。张先生已投保了车损险、第三者责任险和不计免赔率特约险。保险公司最终赔付的金额为：车损险＝缮制金额×承保比例×责任系数×（1－免赔率）＝26 000×1.00×1.00×（1－0.15）＝22 100元

不计免赔险＝缮制金额×承保比例×责任系数×[免赔率＋(免赔率调整)]－已赔＝26 000.00×1.00×1.00×0.15＝3 900元

因此张先生得到实际赔款＝22 100＋3 900＝26 000,得到车辆损失的全部赔款26 000元。如果张先生未投不计免赔率特约险,就只能得到22 100的赔款,另外的3 900元就要自己掏腰包了。

案例3

### 1.5.10 机动车损失保险无法找到第三方特约险

投保了机动车损失保险后,可投保本附加险。

投保了本附加险后,对于机动车损失保险第十一条第三款列明的,被保险机动车损失应当由第三方负责赔偿,但因无法找到第三方而增加的由被保险人自行承担的免赔金额,保险人负责赔偿。

### 1.5.11 指定修理厂险

投保了机动车损失保险的机动车,可投保本附加险。

投保人在投保时选择本附加险,并增加支付本附加险的保险费的,机动车损失保险事故发生后,被保险人可指定修理厂进行修理。

**一、简述题**

1. 简述玻璃单独破碎保险的特征。
2. 我国自燃损失险的保险金额是如何规定的？
3. 不计免赔险的责任免除是什么？
4. 我国商业险附加险都有什么险种？

5. 车身划痕险的责任限额是多少？

6. 车上人员险与交强险的关系是什么？

二、案例分析

2007年3月10日，张某向保险公司投保奔驰S500轿车，车牌照号码辽AXXXXX，该车辆初次登记时间是1995年7月，保险公司按家庭自用性质保险了交强险、车辆损失险，保险金额130万元；商业三者险，保险金额15万元；车上人员责任险，5人每人1万元；附加盗抢险，保险金额26万元；附加车辆自燃损失险，保险金额26万元。

2007年8月5日2时30分，驾驶员李某向保险公司报案，他驾驶辽AXXXXX奔驰轿车在于洪区马三家公路因躲避不明物体，车辆碰撞石头后起火自燃，造成车辆烧毁。

保险公司接到报案后立即派出查勘人员查勘第一现场，发现该车辆初次登记时间为1995年7月，在发生事故时，车辆已经使用12年，正在逐步接近报废年限。目前市场上同类车型的市场价值大约十几万元，而该车的车辆损失保险金额为130万元，车辆附加自燃损失保险金额为26万元，车辆行车证登记年审有效时间到2007年7月31日，发生事故时，车辆属于未年审合格状况。因此，保险公司决定对此事故进行调查，对车辆事故原因进行鉴定。

经过公安经侦部门调查，该车辆已经由被保险人在事故发生之前转卖给该车事故中的驾驶员李某，该驾驶员夜间驾驶车辆发生轻微碰撞事故后，车辆前部线束短路冒烟，将线束等车辆前部零部件烧坏。李某觉得车辆是花十几万元买的，如果全部烧毁，保险公司至少可以赔偿二十几万元，所以又将车辆后部点燃，然后报案。

请问保险公司应如何处理？

## 学习单元六　投保方案的设计

你作为一位汽车保险销售员,要向下面两位客户销售汽车保险,并为其私家车设计一份最佳的汽车保险投保方案。

客户一为一名职业院校教师,年龄 30 岁,有 4 年驾龄,车辆为 10 万元的新宝来轿车,上牌日期为 2017 年 9 月,没有固定停车位,主要用途为上下班及节假日带亲属外出旅游。销售人员需要帮助客户分析其所面临的风险,对客户的风险选择最合理的风险管理方法,为客户设计最适合的汽车投保方案,并且向客户提供有关汽车保险方面的知识咨询服务。

客户二为一名个体私营业主,年龄 45 岁,有 10 年驾龄,车辆为 32 万元的奥迪 A42.0T 轿车,车辆上牌时间为 2016 年 5 月,有商业贷款,3 年,还处于还款期。销售人员需要帮助客户分析其所面临的风险,对客户的风险选择最合理的风险管理方法,为客户设计最适合的汽车投保方案,并且向客户提供有关汽车保险方面的知识咨询服务。

### 1.6.1　保险销售准备

**一、汽车保险销售前的准备**

1. 掌握基础理论知识:如《保险法》、《合同法》、《交通法》等法规,保险条款,汽车构造原理,车型识别和常见车型的价格。
2. 掌握当地市场基本情况:如所管辖区车辆拥有量,车险的需求等相关资料。
3. 保前调查:如调查客户的信誉度、拥有车辆的车型等。
4. 各分支机构和本地保险市场特征,宣传本公司车险名优品牌以及机构网络、人才、技术、资金、服务等优势。
5. 宣传基本、附加险条款的主要内容。

**二、制定汽车保险销售方案**

**(一)汽车保险销售方式**

① 业务推广坚持以自办为主,利用柜台服务、上门推广、电话预约承保等。
② 广泛与代理公司、经纪公司、独立代理人及车辆管理部门、银行、海关、控购办等合伙。
③ 要遵守法律、法规。

**三、实施汽车保险销售的成败关键**

汽车保险销售过程中要切忌以下内容:
1. 粗鲁、漠不关心或事前不准备,例如对客户提出的需求忘记或不予理会,拜访客户前的资料准备不充分。

2. 不清楚谁是负责人,一直告诉客户说自己要向上级汇报,这样会失去在客户心目中的价值与信任感。

3. 不知所云,浪费顾客时间,永远记住与客户沟通的机会是非常宝贵的,珍惜每一分钟谈话的机会,提高销售效率。

4. 夸张你产品的利益或服务,会给客户带来不信任感,信任感是销售过程的基础。

5. 隐瞒产品的注意事项、省钱的选择或已提前登场的新品,知道产品的细节是客户的权利,永远要尊重客户的权利。

6. 尽力从每次交易中榨取每分钱,完全没有诚信度,好的销售是会"放长线钓大鱼"的。

7. 频繁改变交易方式会令客户反感,质疑你的公司品牌价值,对建立长期销售关系非常不利。

8. 交易后,不致电给顾客,以确认一切都没有问题,99%的努力会因为这1%的疏忽而付诸东流。

9. 不履行你所承诺的事情,没有任何一个客户愿意和没有诚信的销售长期合作。

10. 不回电或回复邮件,尤其当问题发生时,细节是每个销售过程成功与否的关键因素。

### 1.6.2 保险险种分析

通过前几节的分析比较,可以发现,其中基本险是指令性质的,但对一些附加车险,中国保险行业协会仍允许保险公司进行差异化经营。各保险公司的附加险各不相同,所以,投保时应仔细阅读保险条款,选择适合自己车辆以及服务到位、信誉优良的保险公司。如果能保的险种全部保齐,那么被保险人得到的保障也最全面。但因为是按险种及保额的不同收费,所以保的险种越多,所需的保险费也越多。因此,在投保时,在注意交强险和汽车商业保险要在同一家保险公司投保的前提下,车主应当根据自己的车型、车龄、行驶区域、汽车安全性能等指标来比较各家保险公司的费率,货比三家,看价格也要看服务。结合自身的需要,选择部分需要的险种投保也是一种合理的方式。

**一、商业保险的具体险种分析**

**(一)车辆损失险**

车辆的保险金额根据新车购置价确定。车辆损失险的保险金额,可以按投保时新车价值或实际价值确定。也可以由被保险人与保险人协商确定,但保险金额不得超过保险价值,超过部分无效。

**(二)商业第三者责任险**

由于交强险的责任限额不是特别高,车主在投保法定的交强险之外,应适当补充投保商业车险,尤其要适当搭配附加险。交强险中的医疗费用、财产损失限额都很低,若不幸遇到两车相撞等较为严重的交通事故,事故损失将超过交强险的限额。因此,车主在投保交强险的同时,再投保一定额度的商业第三者责任险,才能充分保障自己的利益。

新商业第三者责任险的保额档次分别为5万元、10万元、15万元、20万元、30万元、50万元、100万元以及100万元以上。交强险未实施前,6座以下的普通私家车车主往往会选择保额在10万元至30万元之间的商业第三者责任险。2006年7月1日以后,车主需强制投交强险,若要保持与原先基本一致的保障范围,可从原先三者险的档次降低一档,进行投保。新商业第三者险的档次第三者责任险限额共有8个档次,不同档次的赔偿限额差距很大,但相应保费的差距并不大。所以,第三者责任险尽量多保一点,如果需求在两档保额之间的话,可以上浮一个档次投保。

### (三) 车上人员责任险

保了第三者责任险,应该注意并不包括车上人员的保障,要对车上人员的安全予以保障,还需投保车上人员责任险。该险种负责赔偿车辆发生意外事故造成车上人员的人身伤亡(包括司机和乘客)。

如果保户车上一般乘坐的都是家人,而且家人都已经投保过人寿保险中的意外伤害保险和意外医疗保险,作为私人轿车,就没有必要投保车上人员责任保险了。因为意外伤害和意外医疗保险所提供的保障范围基本涵盖了车上责任保险在这种情况下所能提供的保障。但是,如果车上经常乘坐朋友,而且经常变化,还是应投保车上人员责任保险,用以满足意外交通事故发生时的医疗费用。

### (四) 盗抢险分析

对于盗抢险和自然损失险,旧车的保险金额由保险公司与被保险人在投保车辆的实际价值内协商确定。而旧车的实际价值是按投保时同种类型车辆市场新车购置价(含车辆购置附加费)减去该车已使用年限折旧后确定的,折旧率按国家有关规定执行(按时折旧)。当投保车辆的实际价值高于购车发票金额时,以购车发票金额确定保险金额。一旦发生保险事故,不仅实行20%的绝对免赔率,而且是按保险车辆的实际价值来赔付。如,一辆价值为30万的本田雅阁新车,使用2年后减去折旧,就是 $30-30\times0.6\%\times24=25.68$ 万,只能按25.68万投保。一旦被盗,保险公司赔偿金额为 $25.68-25.68\times20\%=20.54$ 万元。

### (五) 玻璃单独破碎险分析

玻璃破碎险主要还是看车辆的类型,有些车的玻璃很便宜,如桑塔纳,买玻璃破碎险的意义就不大了;如果是进口车,使用进口玻璃,那么可以投保这个险种。一般来说,玻璃破碎险保费也就二三百元,如果是带电热丝的玻璃窗,这种险还是值得投保的。

### (六) 自燃损失险分析

自燃损失险是负责赔偿保险车辆因本车电器、线路、供油系统发生故障及运载货物自身原因起火燃烧,造成保险车辆的损失;而由于外界火灾导致车辆着火的,不属于自燃损失险责任范围。自燃险的责任范围窄(只承担因油路或电路的原因导致车辆燃烧而造成的损失)、费率高,投保的价值不大。在现实中,自燃事故的发生非常少,10万元以上的中高档轿车自燃的更少。车辆自燃如果与设计或质量有关,可以找生产厂家索赔,所以,投保自燃险的必要性不大,特别是自燃险对新车意义不大。一般中低档车的电路并不复杂,车辆发生自燃多数是车龄比较长,平时又不注意车辆保养的情况下发生的。如果确实不放心,保险金额确定在3~5万元左右比较合适。

### (七) 新增设备损失险分析

新增设备损失险也是个容易忽视的险种。许多人都喜欢改装自己的爱车,那么这个险种是非买不可的了,比如车的大包围,车上新增的天窗、防撞栏、倒车雷达等,都要在这个险种内投保进去,是把车的外部改装物品价值都包括进去,车内的东西相对比较安全(如新增的CD唱机)可以不保,即应该重点考虑外部改装的设备。

如果车内的高级音响不是随车产品,而是另外安装的,就不在车辆损失险的保障范围之内,可以通过新增加设备损失险满足客户的保险需求。该险种负责赔偿车辆发生保险事故时造成车上新增加设备的直接损失。当您自己为车辆加装了制冷、加氧设备,清洁燃料设备,CD及电视录像设备,真皮或电动座椅等不是车辆出厂所带的设备时,应考虑投保新增加设备损失险。否则,这些设备因事故受损时,即使投保了车辆损失险,保险公司也是不赔偿的。

### (八) 车身划痕险分析

车身划痕险为他人恶意行为险,也是经常碰到的问题,对于新车以及高档车可以考虑投保。

### (九) 不计免赔特约险分析

不计免赔特约险几乎是个必保的险种,特别是新手,在碰到大的事故损失时,这个险种可以大大减少投保人的损失。但此险种并不是对任何保险事故都没有免赔,不计免赔特约险只针对一部分险种如车辆损失险和第三者责任险范围内的损失,而有的险种的免赔规定不能取消。根据条款规定,一般情况下,上述险种范围内的每次保险事故与赔偿计算履行按责免赔的原则,车主须按事故责任大小承担一定比例的损失(称为免赔额)。但如果投保了不计免赔特约险,发生保险事故后,保险公司不再按原免赔规定进行免赔,而按规定计算的实际损失给予赔付。

### (十) 发动机涉水损失险

发动机涉水损失险或发动机特别损失险,各个保险公司叫法不一样,但本质一致,这是一种新衍生的险种。在南方易发水的地区或是道路情况不好的地区,路面易积水的情况下,可考虑保此险种,可以对由此造成的发动机的损失进行赔偿,但如果对于有经验的司机来说,如果懂得当发动机进水后,不要再启动,就基本损失不大,可以不必保此险种。

### (十一) 车上货物责任险

车上货物责任险主要对发生意外事故致使被保险机动车所载货物遭受直接损毁进行保障,适用于货物营运车辆。因为作为货物营运车辆来说,每次的货物不固定,行车路线不固定,货物价值不固定,货物损失的概率较高,投保可以避免不必要的损失,对货主、车主的安全生产起到很好的保障,应该进行投保。而对于非营运轿车等,不常拉货,货物数量也不多的,可不必投保该险种。

### (十二) 精神损害抚慰金责任险

《机动车交通事故责任强制保险条例》第3条规定的"人身伤亡"所造成的损害包括财产损害和精神损害。精神损害赔偿与物资损害赔偿在强制责任保险限额中的赔偿次序,请求权人有权进行选择。请求权人选择优先赔偿精神损害,对物资损害赔偿不足部分由商业第三者责任险赔偿。

在投保人仅投保机动车第三者责任保险的基础上附加本附加险时,保险人只负责赔偿第三者的精神损害抚慰金;在投保人仅投保机动车车上人员责任保险的基础上附加本附加险时,保险人只负责赔偿车上人员的精神损害抚慰金。保险人依据法院判决及保险合同约定,对应由被保险人或被保险机动车驾驶人支付的精神损害抚慰金,在扣除机动车交通事故责任强制保险应当支付的赔款后,在本保险赔偿限额内负责赔偿。

#### (十三) 无法找到第三方特约险

因为现行保险条款中车损险规定,被保险机动车的损失应当由第三方负责赔偿的,无法找到第三方时,免赔率为30%。不计免赔率特约条款中,此种情况,这部分损失也是由被保险人自行承担的。而现实中,这种情况又是比较常见的。

根据《示范条款》,在被投保人投保了机动车损失保险后,可投保机动车损失保险无法找到第三方特约险。这样一来,当出现被保险机动车损失应当由第三方负责赔偿,但因无法找到第三方而增加的被保险人自行承担的免赔金额,保险人负责赔偿。也就是说,当您遭遇了剐蹭逃逸事件时,原本免赔的30%将获得赔偿。增设的该险种很实用。由于无法找到第三方的事故案件很常见,被保险人投保该险种后,出险案件的真实性将大幅提高。被保险人是否选择投保此险种,就要看保费价格了。

#### (十四) 指定修理厂险

《指定修理厂特约条款》规定,投保人在投保时要求车辆在出险后可自主选择具有被保险机动车辆专修资格的修理厂进行修理。一般汽车4S店的维修价格要比普通修理厂高出很多,因此很多保险公司考虑到成本问题往往希望客户去普通修理厂修车,而客户为了放心,希望去4S店修理。这样的矛盾,在车损险理赔过程中,保险公司与投保人之间时有发生。在《指定修理厂特约条款》下,保费会在车损险的基础上上浮,不过各家公司上浮的幅度不同,有上浮10%的,也有上浮60%的。以一辆价值30万元的中档车为例,如果一年的车损险保费是3 000多元,上浮10%,只要多交300多元,就可自行选择维修厂家了。一般使用进口车超过30万的采用15‰,超过50万以上采用60‰。

### 1.6.3 汽车保险方案设计介绍

#### 一、针对险种设计保险方案

根据目前我国各公司的保险条款及费率规章,在汽车保险的诸多险种中,机动车交通事故责任强制保险按规定任何车辆都必须投保。其他的险种则在很大程度上依赖于车主的经济情况,根据自己的经济实力与实际需求有选择地进行投保。以下是特别推荐的5个机动车辆保险方案:

1. 最低保障方案

险种组合:机动车交通事故责任强制保险。

保障范围:只对第三者的损失负赔偿责任。

适用对象:急于上牌照或通过年检的个人。

特点:适用于那些怀有侥幸心理,认为上保险没用的人或急于拿保险单去上牌照或验车的人。

优点:可以用来应付上牌照或验车。

缺点:一旦撞车或撞人,对方的损失能得到保险公司的一些赔偿,但是自己车的损失只有自己负担。

2. 基本保障方案

险种组合:机动车交通事故责任强制保险+车辆损失险+第三者责任险。

保障范围:只投保基本险,不含任何附加险。

特点：适用部分认为事故后修车费用很高的车主，他们认为意外事故发生率比较高，为自己的车和第三者的人身伤亡和财产损毁寻求保障，此组合为很多车主青睐。

适用对象：有一定经济压力的个人或单位。

优点：必要性最高。

缺点：不是最佳组合，最好加入不计免赔特约险。

### 3. 经济保险方案

险种组合：机动车交通事故责任强制保险＋车辆损失险＋第三者责任险＋不计免赔特约险＋全车盗抢险。

特点：投保最必要、最有价值的险种。

适用对象：个人，是精打细算的最佳选择。

优点：投保最有价值的险种，保险性价比最高。人们最关心的丢失和100%赔付等大风险都有保障，保费不高但包含了比较实用的不计免赔特约险。当然，这仍不是最完善的保险方案。

### 4. 最佳保障方案

险种组合：机动车交通事故责任强制保险＋车辆损失险＋第三者责任险＋车上责任险＋风挡玻璃险＋不计免赔特约险＋全车盗抢险。

特点：在经济投保方案的基础上，加入了车上责任险和挡风玻璃险，使乘客及车辆易损部分得到安全保障。

适用对象：一般公司或个人。

优点：投保价值大的险种，不花冤枉钱，物有所值。

### 5. 完全保障方案

险种组合：机动车交通事故责任强制保险＋车辆损失险＋第三者责任险＋车上责任险＋风挡玻璃险＋不免赔特约险＋新增加设备损失险＋自燃损失险＋全车盗抢险。

特点：保全险，居安思危方才有备无患。能保的险种全部投保，从容上路，不必担心交通所带来的种种风险。

适用对象：机关、事业单位、大公司。

优点：几乎与汽车有关的全部事故损失都能得到赔偿。投保的人员不必为少保某一个险种而得不到赔偿，承担投保决策失误的损失。

缺点：保全险保费较高，某些险种出险的概率非常小。

**课堂训练：请为下列保户设计投保方案**

你作为一位汽车保险销售员，要向下面这位客户销售汽车保险，并为其私家车设计一份最佳的汽车保险投保方案。

客户为一名职业院校教师，年龄30岁，有4年驾龄，车辆为10万元的新宝来轿车，上牌日期为2010年9月，没有固定停车位，主要用途为上下班及节假日带亲属外出旅游。销售人员需要帮助客户分析其所面临的风险，对客户的风险选择最合理的风险管理方法，为客户设计最适合的汽车投保方案，并且向客户提供有关汽车保险方面的知识咨询服务。

请你向客户进行汽车保险介绍，保险公司介绍，险种比较与分析，投保方案设计分析。

## 二、针对保险标的的不同设计投保方案

### (一) 家庭自用汽车的投保

**1. 险种选择**

新车新手上路出险率相对较高,容易刮擦;新车丢失的概率大;新手事故率高。

**2. 责任限额选择**

开快车、夜车,或出车率较高,建议商业三者险的责任限额最好买到 20 万作为强制三者险的补充。

**3. 保险公司选择**

如果车主经常跑长途,或经常到所在地以外的地区,建议选择服务周到、信誉优良的保险公司投保,"就地理赔"服务网络对客户来说,投保、索赔都很方便。

### (二) 非营业用汽车的投保

**1. 险种选择**

作为党政机关或企事业单位,在投保机动车交通事故责任强制保险的基础上,首选的险种是车损险、商业第三者责任险、盗抢险、车上人员责任险和不计免赔特约险,以保证基本风险的转嫁。

**2. 责任限额选择**

作为单位用车,商业第三者责任险的责任限额最好选择 50 万元,以获得更多的保障。

**3. 保险公司选择**

选择服务周到、信誉优良的保险公司投保,"就地理赔"服务网络对客户来说,投保、索赔都很方便。

### (三) 营业用汽车的投保

**1. 险种选择**

作为营业用车,使用频率较高,且会经常跑长途,出险率比家庭自用车要高得多。因此,在投保机动车交通事故责任强制保险的基础上,建议首选险种为车损险、商业第三者责任险、自燃损失险、车上人员责任险、车上货物责任险、修理期间费用补偿险、不计免赔特约险。

**2. 责任限额的选择**

36 座以下的客车或 10 t 以下的货车,其商业第三者责任险的责任限额最好选择 20 万或 50 万;而 36 座以上的客车或 10 t 以上的货车,其商业第三者责任险的责任限额最好选择 50 万或 100 万。

**3. 保险公司选择**

建议选择服务网点较多的公司投保,这样就能满足跑长途的客车或货车的特殊要求。

### (四) 特种车辆的投保

**1. 险种选择**

对于特种车型来说,行驶区域比较固定,且一般用于工程施工,这类车的出险率相对较低;特种车型使用频率不是太高,但价值都较高,事故损失巨大。因此,建议投保车损险、商业三者险、附加特种车辆固定设备、仪器损坏扩展条款和起重、装卸、挖掘车辆损失扩展条款、不计免赔特约条款。

## 2. 责任限额选择

特种车的出险率虽低,但出险损失会非常大,因此商业三者险最好选择 50 万元或 50 万元以上的责任限额。

## 3. 保险公司选择

对于特种车来说,要注意投保的保险公司是否有特种车辆保险条款和扩展条款,是否能涵盖特种车所能发生的各种风险。

### (五)新车尽量要保足

建议新车最好把商业第三者责任险和车损险都保全。三者险保额最好投保 10 万元的,条件允许可以投保 20 万元的。

车损险要足额保险,不要不足额保险。

车险除主险之外,还有 10 个左右的附加险,其中的"不计免赔特约条款"不能忽视。

### (六)旧车的保险

如果车恰好临近报废期,建议投保人主险只选择强制三者责任险,因为这类车实际价值很低,投保金额太多显然不合算。

选择主险的车辆损失险主要是为了能投保其项下的附加险——自然损失险。

旧车投保盗抢险要注意的是投保金额。

### (七)二手车的保险

二手车要注意办理车险过户。一般有两种方式,第一种主要进行保单要素的一些批改,关键是批改被保险人与车主。

## 一、简述题

1. 简述保险销售前,你需要做什么准备?
2. 我国执行的汽车商业险都有哪些险种?其主要特点是什么?
3. 最佳保障方案的内容与保障特点是什么?

## 二、投保方案设计

你作为一位汽车保险销售员,要向下面两位客户销售汽车保险,并为其私家车设计一份最佳的汽车保险投保方案。

1. 客户为一名个体私营业主,年龄 45 岁,有 10 年驾龄,车辆为 32 万元的奥迪 A4 2.0T 轿车,车辆上牌时间为 2016 年 5 月,有商业贷款,3 年,还处于还款期。销售人员需要帮助客户分析其所面临的风险,对客户的风险选择最合理的风险管理方法,为客户设计最适合的汽车投保方案,并且向客户提供有关汽车保险方面的知识咨询服务。

2. 客户为一名市场鱼贩,平时精打细算,年龄 35 岁,供孩子读书。车辆信息:福田奥铃,上牌日期 2005 年,行驶 7 万公里,现价 1 万。请为该车设计投保方案。

3. 客户车为事业单位用班车,驾驶人信息:主要驾驶人李发,非固定,驾龄 20 年,职业司机,在近三年驾驶中无重大交通事故发生,班车平时主要上下班接送教师,有活动时接送学生。车辆信息:上牌日期 2015 年,新车购置价 22 万元,有安全气囊,防盗装置中控锁,无新增设备,无改装,该车一般停在小区的停车场。请为该车设计投保方案。

# 课题一

## 保险承保

赵先生,35岁,驾龄2年,花10万元新购了一辆标致307自用,该车配置较高,平时一般停放在露天停车位。赵先生自己喜欢驾车出游,曾经有过两次追尾事故的记录。赵先生的妻子也需要经常使用该车,驾龄1年,无不良驾驶记录。赵先生想为自己的爱车购买保险,却不知道应如何购买,有哪些注意事项,需经过哪几个步骤,保费费用如何并且可获得哪些保险单证。

你作为一名汽车保险的承保人员,请帮助赵先生解决这些问题。

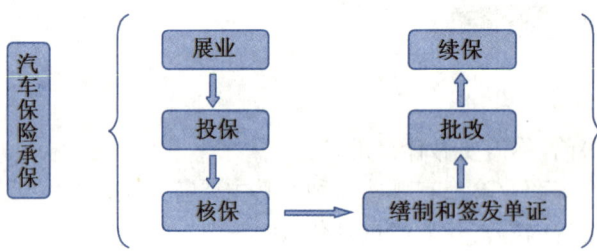

| 知识目标 | 能力目标 |
| --- | --- |
| 1. 掌握承保的工作内容和业务流程<br>2. 掌握汽车保险合同的特点、内容以及原则<br>3. 掌握汽车保险费率的选择和保费的计算<br>4. 掌握核保的原则和意义<br>5. 掌握承保单证的缮制和种类 | 1. 能够接待客户做好承保工作<br>2. 能够帮助客户正确的计算汽车各项保费<br>3. 能够完成核保工作<br>4. 能够准确地为客户出具单证 |

课题二 保险承保

# 学习单元一 承保流程

王教授最近有点烦,因为他的车险今年11月初已到期,由于他的车上个年度出了6次险,A保险公司嫌他出险次数太多,理赔额高于了保费,已对其明确表示只可以承保他的交强险和商业三者险,其他商业车险不能给他续保了。

对于A保险公司的答复,王教授也没表现出太多的愤怒,按照往年惯例,这家不保完全可以去另外一家投保的,不怕买不到车险。于是他来到了B保险公司,该公司工作人员要求王教授提供上一年的旧保单,以便查上一年的出险情况,查询的结果是,王教授被告知"您的车辆上一年出了6次险,已经超出本公司承保规定,因此不能接受您投保商业险的请求。"

车险一直没着落,这可急坏了王教授,又询问了其他几家保险公司,答复都相似,看来自己的车注定要成为没有保险公司承保的"流浪车"了。

之后,王教授对赵教授说了自己的遭遇,赵教授也很感叹:他的车险合同也马上就到期了,他咨询保险公司续保问题时,被告知他的车属于保险公司核保政策里规定的进口老旧车型,也不能予以承保。二人同病相怜,抱怨保险公司这种规避风险的方法有点太不厚道了。

以上两位教授被拒保到底是怎么回事呢?保险公司违规了吗?

本章的内容将向大家介绍汽车保险承保的含义、基本要求、具体内容以及流程。

## 2.1.1 概述

### 一、承保的含义

汽车保险的承保是指保险公司接到投保人的申请以后,考察被保险人的投保资格以及投保风险的性质,然后作出是否可以向被保险人发放保险单的决定。

承保实质上是保险双方订立合同的过程,即指保险人在投保人提出投保请求时,经审核其投保内容后,同意接受其投保申请,并负责按照有关保险条款承担保险责任的过程。这里的承保是一个广义概念,包括保险营销、核保、作出决策、缮制保单、收取保费等过程。

从事展业的人员向客户宣传保险产品,帮助客户分析风险种类及相应管理方法,并制定出完善的保险方案。而客户根据自身情况以及展业人员的介绍,产生购买保险的愿望,并填写投保单。然后,保险人审查投保单,向投保人询问有关保险标的和被保险人的各种情况,从而决定是否接受投保。如果保险人接受投保,则收取保险费、出具保险单和保险证,保险合同即告成立,并按约定时间生效。

### 二、承保的基本要求

#### 1. 争取业务

(1)保险客户越多,承保面越大,风险越易分散。为此应尽可能争取更多的客户,以降低风险。

(2) 保险公司之间也存在着竞争关系。

2. 业务选择

对保险业务审核,衡量风险大小,提高承保质量,确保公司经营安全、服务最优、成本最低。

3. 做出承保决策

对相关资料、信息进行分析整理后,做出相应的承保决策:正常承保、优惠承保、有条件承保、拒保。

4. 收取保费

合同中应明确保费缴纳金额、时间及违约责任。同时,缴纳保费也是保险生效的必要条件之一。

5. 出具保单

是保险人同意承保的凭证,也是被保险人具备申请理赔身份的凭证。

### 2.1.2 汽车承保工作的内容

**一、保险展业**

1. 展业工作的含义

保险展业是保险人向客户宣传保险、介绍保险产品的过程,是保险经营的第一步。展业工作做得如何,直接影响保险产品的销售量,直接影响用于事故补偿的保险基金积累的多少。因此,各家保险公司都非常重视展业工作,不断提高展业人员的业务素质,利用代理人、经纪人拓宽服务网络,同时注重加强保险的宣传。

2. 展业工作的开展

(1) 准备工作

业务人员在进行展业活动前,必须作好各项准备工作。

① 掌握保险基本原理、运行原则、保险合同等基础知识。

② 掌握条款、费率规章、承保规定、理赔流程等。

③ 掌握本地区车险市场动态和竞争对手的业务重点、展业手段。

④ 熟悉机动车辆使用的常见风险及管理方法。

⑤ 熟悉本地区汽车保有量、增长量、各类车型所占比例、以往保险情况、事故次数、出险赔付等。

⑥ 熟悉客户需求,尤其是大客户,以便做好公关工作。

⑦ 了解交通管理、交通事故处理的相关法律法规,了解汽车保险的相关法律法规,了解机动车辆管理的相关法律法规,如《汽车报废标准》等。

(2) 保险宣传

保险宣传可从多种角度展开,比如可通过电视、电影、广播、报纸、网络、杂志、电话等多种媒体,可利用广告、新闻、保险知识讲座、大型事件理赔处理、发放宣传资料等多种方式,还可采用召开座谈会、开展公益活动、开展保险咨询活动等多种方式展开宣传。

宣传内容主要是本公司机构网络、偿付能力、服务优势、保险产品的保险责任、责任免除、投保人义务、保险人义务及承保和理赔手续等。

（3）保险方案

由于投保人所面临的风险概率、风险程度不同,因而对保险的需求也各不相同,这需要展业人员为投保人设计最佳的投保方案。

提供完善的保险方案也是保险人加大保险产品内涵、提高保险公司服务水平的重要标志。

保险方案的制订原则如下。

① 充分保障原则

在风险评估基础上,制订保险方案,最大限度分散风险。

② 公平合理原则

用最小的成本实现最大的保障,且防止不必要的保障。

③ 充分披露原则

根据最大诚信原则,如实告知,特别是可能产生对投保人不利的规定要详细告知。

保险方案的主要内容包括以下几方面。

① 保险人情况介绍。

② 投保标的风险评估。

③ 保险方案的总体建议。

④ 保险条款以及解释。

⑤ 保险金额和赔偿限额的确定。

⑥ 免赔额以及适用情况。

⑦ 赔偿处理的程序以及要求。

⑧ 服务体系以及承诺。

⑨ 相关附件。

3. 以实际案例说明保险展业工作的含义和内容

扫描下方二维码,观看一段时长为10分钟左右的情景演示视频(建议在有WIFI的情况下观看)。

保险展业视频

## 二、投保业务

1. 投保的含义和方式

客户在使用汽车的过程中,面临多种风险,为规避风险、保障自身利益,客户一般会积极主动的了解汽车保险,并付诸购买行动。

投保是投保人向保险人表达购买汽车保险意愿的行为,具体表现为对汽车保险条款的认真阅读和投保单的如实填写。

目前,在我国,保险人向投保人提供的投保方式有很多种,主要有上门投保、柜台投保、电话投保、网上投保、通过保险代理人或保险经纪人投保。每一种投保方式都有各自不同的特点,而且对于上门投保、柜台投保、电话投保和网上投保,保险公司还会有不同程度的费率优惠,投保人可以根据自身需要进行选择。

**2. 投保单的填写**

投保单是投保人向保险人表示要约意思的书面文件,也是投保人要求投保的书面凭证,为保险合同的要件之一。保险人接受了投保单,投保单就成为保险合同的要件之一。

投保单的填写内容包括:(扫描右侧二维码获取投保单全部内容)

(1) 投保人与被保险人的信息。

(2) 投保车辆信息。

(3) 驾驶员信息。

(4) 保险期间。

(5) 投保险种信息。

(6) 特别约定。

(7) 争议解决方式选择。

(8) 投保人声明。

(9) 标的初审。

投保单

**3. 投保时的注意事项**

(1) 如实告知

投保人在投保时,务必如实填写投保单,并如实回答保险公司关于保险标的等有关情况的询问。如果投保人隐瞒事实,即使保险公司签发了保险单,一旦保险机动车辆发生保险事故,保险公司可以以投保人或被保险人未履行如实告知义务而拒绝赔偿。

(2) 投保后应及时交纳保险费

投保人在保险合同成立后,应按照约定及时交付保险费并向保险公司索取发票,以保障自己的权益。

(3) 不重复或超额投保

根据《保险法》第五十六条规定:"重复保险的各保险人赔偿保险金的总和不得超过保险价值。除合同另有约定外,各保险人按照其保险金额与保险金额总和的比例承担赔偿保险金的责任。"也就是说,被保险人不会因重复保险而获得大于实际损失的赔偿。《保险法》第五十五条规定:"保险金额不得超过保险价值;超过保险价值的,超过部分无效,保险人应当退还相应的保险费。"

(4) 了解责任开始时间

我国保险实务中以约定起保日的零点为保险责任开始时间,以合同期满日的 24 点为保险责任的终止时间。因此,要弄清楚投保的时间概念。

(5) 认真核对投保单

投保人取得保险单后应认真核对其内容与投保单有关内容是否完全一致,如发现有不符或遗漏,应在规定时间内到保险公司办理变更或补充手续,以免在将来引起不必要的麻烦。

### 三、核保业务

**1. 核保的概念**

保险核保是保险人对每笔业务的风险进行辨认、评估、定价,并确认保单条件,以选择优质业务进行承保的一种行为。所以,核保对于控制经营风险,确保保险业务的健康发展有十分重要的作用,它是保险承保过程中的重要环节之一。

核保完毕后,核保人在投保单上签署意见,将投保单、核保意见一并转业务内勤据以缮制保险单证。对超出本级核保权限的,应报上级公司核保。

核保工作原则上采取两级核保体制。先由展业人员、保险经纪人、代理人进行初步核保;然后由核保人员复核决定是否承保、承保条件及保险费率等。

#### 2. 作出承保决策

（1）正常承保

对于属于标准风险类别的保险标的,保险公司按标准费率予以承保。

（2）优惠承保

对于属于优质风险类别的保险标的,保险公司按低于标准费率的优惠费率予以承保。

（3）有条件地承保

对于低于正常承保标准但又不构成拒保条件的保险标的,保险公司通过增加限制性条件或加收附加保费的方式予以承保。

（4）拒保

如果投保人投保条件明显低于保险人的承保标准,保险人就会拒绝承保。对于拒绝承保的保险标的,要及时向投保人发出拒保通知。

保险标的转让引起的拒赔

#### 3. 收取保费

交付保险费是投保人的基本义务,向投保人及时足额收取保险费是保险承保中的一个重要环节。为了防止保险事故发生后的纠纷,在签订保险合同中要对保险费交纳的相关事宜予以明确,包括保险费交纳的金额、交付时间,以及未按时交费的责任。

### 四、签发单证

#### 1. 打印单证

核保通过后,系统按预先设置的编制规则生成保险单号码。交强险和商业险必须分别出具保险单、保险标志、保险卡、发票。

（1）商业险:用现行印制的商业险单证打印保单、发票和保险卡。盖章后清分,保单业务联与发票业务联、投保单、投保资料一并装订归档,保单财务联与发票财务联交财务留存,保单正本与发票正本、保险卡一并交投保人。

（2）交强险:使用保监会监制的保险单、保险标志进行打印。盖章后清分,保单业务联与发票业务联、投保单、投保资料、机动车交通事故强制责任保险费率浮动告知单一并装订归档,保单财务联与发票财务联交财务留存,保单正本与发票正本、保险标志一并交投保人保存,保单公安交管留存联交由投保人在公安交管部门进行登记、检验等时交公安交管部门留存。

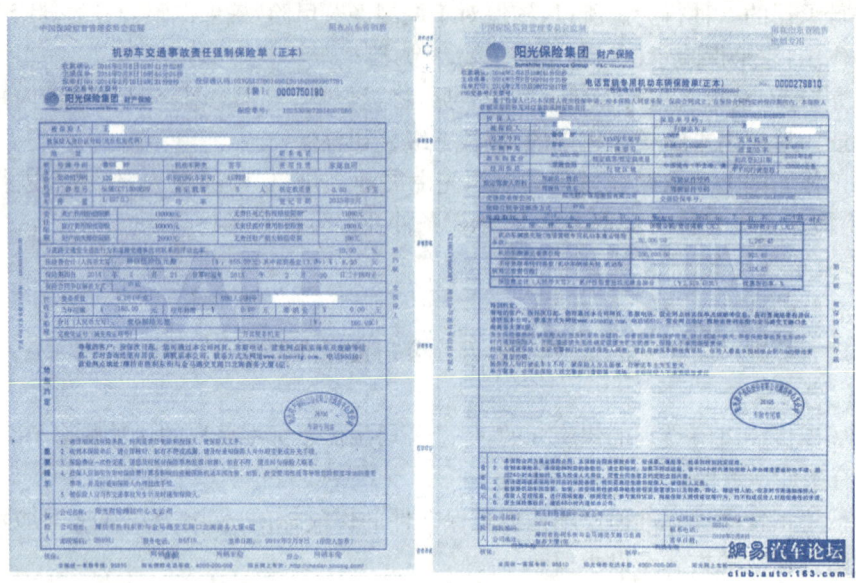

图 2-1 保险单

### 2. 交强险单证

交强险单证由保监会监制，全国统一式样。交强险单证分为交强险保险单、定额保险单和批单三个类别。除摩托车和农用拖拉机可使用定额保险单外，其他投保车辆必须使用交强险保险单。交强险保险单、定额保险单均由正本和副本组成。正本由投保人或被保险人留存，副本包括业务留存联、财务留存联和公安交管部门留存联。如图 2-1 所示。

### 3. 交强险标志

交强险标志是指根据法律、法规规定，由保险公司向投保人核发、证明其已经投保的标志。标志由保监会监制，全国统一式样，如图 2-2 所示。交强险标志分内置型和便携型两种。具有前挡风玻璃的投保车辆应使用内置型；不具有前挡风玻璃的投保车辆应使用便携型。

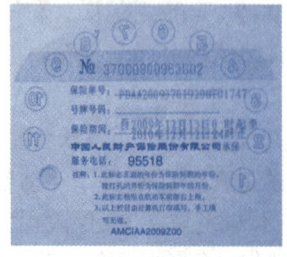

(a) 内置式保险标志　　　　　　(b) 便携式保险标志

图 2-2 交强险标志

课题二　保险承保

### 4. 商业险保险单

保险单是被保险人向保险人索赔保险事故损失的法律凭证,被保险人应妥善保存。商业险保险单由正本和副本组成。正本由投保人或被保险人留存;副本应包括业务留存联和财务留存联。所以,商业险保单与交强险保险单相比,缺少公安交管部门留存联,其余相同。

### 5. 保险卡

保险卡是投保人购买汽车保险的凭证,内容简单,便于随车携带,以方便车辆出险后被保险人能及时向保险公司报案。如图 2-3 所示为××财产保险股份有限公司机动车保险卡。

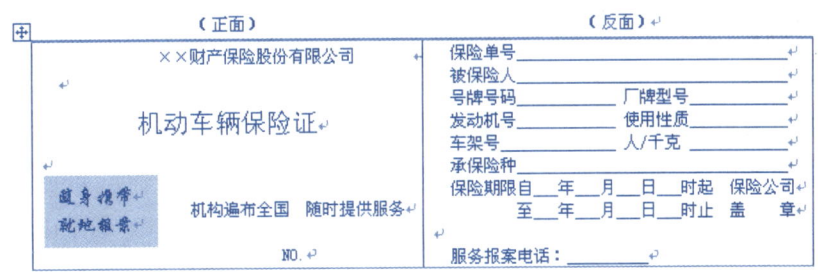

图 2-3　××财产保险股份有限公司机动车保险卡

## 五、批改

在保险单证签发后,对保险合同内容进行修改、补充或增删所进行的一系列作业称为批改,经批改所签发的一种书面证明称为批单。如图 2-4 所示。

对保险合同的任何修改均应使用批改形式完成。

保单批改的内容主要包括被保险人信息更改、车主信息更改、投保车辆信息更改、增加特别约定、变更约定驾驶人员、保险期限更改、险种增加或减少、车辆使用性质更改、车辆种类更改、保险金额(限额)增加或减少、行驶区域变更、免赔额变更、保险车辆危险程度增加或减少等等。

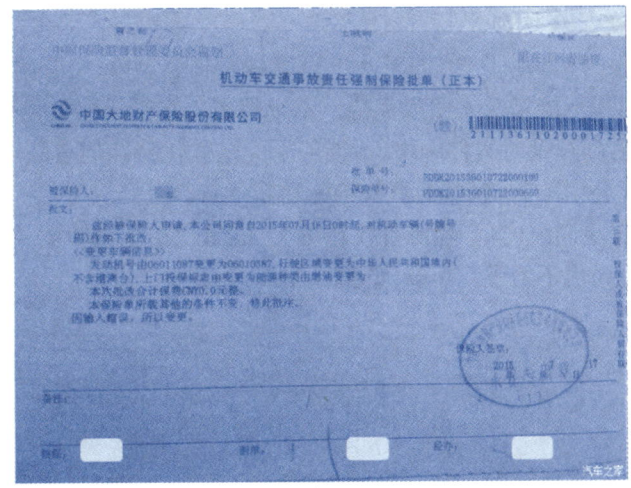

图 2-4　保险批单

### 六、续保

**1. 续保**

保险合同到期后,其效力会自然终止,被保险人利益将不再享受保险保障。为避免合同因到期而效力丧失,投保人一般会采取续保行为。

续保是指在原有的保险合同即将期满时,投保人向保险人提出继续投保的申请,保险人根据投保人的实际情况,对原有合同条件稍加修改而继续签约承保的行为。

续保业务中应遵循下列制度:

(1) 建立和完善续保档案。

发现有问题的客户,如决定续保,则要解决以下问题。

① 查清保险车辆的出险原因。

② 保险车辆会不会再次发生同类事故。

③ 增加特约条款,使被保险人采取预防措施。

(2) 续保通知制度。

(3) 续保检查制度。

(4) 核算续保率。

续保率的计算公式如下,即

$$续保率 = 本期续保车辆数 / 上期同期承保车辆数$$

续保是一项保险合同双方"双赢"的活动。

**2. 无赔款优待**

无赔款优待是保险公司为鼓励被保险人及其驾驶员严格遵守交通规则、安全行车而实行的一种办法。所谓无赔款优待,是指如果保险车辆在上一年保险期间内没有发生赔款,则被保险人在续保时可享受无赔款减收保险费。如果保险人投保车辆不止一辆,无赔款优待分别按单个车辆计算。

按照机动车辆保险条款的要求,保户享受无赔款优待的条件是:

(1) 保险车辆在上一年保险期限内无赔款,续保时可享受减收保险费优待,优待金额为本年度续保险种应交保险费的10%。

(2) 上年度投保的车辆损失险、机动车交通事故责任强制险(交强险)、附加险中任何一项发生赔款,续保均不能享受无赔款优待。不续保者不享受无赔款优待。

(3) 发生事故后到续保时案件未决,不能给予无赔款优待。但事故经交管部门处理后,保户没有责任,保险公司不需赔款,则可补给无赔款优待。

(4) 在上一年保险期限内,车辆所有权转移,也就是说在车辆转卖、转让、赠送他人的情况下续保时,保险公司也不给予无赔款优待。

课题二 保险承保

图 2-5 车险费率浮动告知单

### 七、退保

退保是指在保险合同没有完全履行时,经投保人向被保险人申请,保险人同意,解除双方由合同确定的法律关系,保险人按照《中华人民共和国保险法》及合同的约定退还保险单的现金价值。投保人于保险合同成立后,可以书面通知要求解除保险合同。保险公司在接到解除合同申请书之日起,接受退保申请,保险责任终止。

退保有以下几种条件。

(1) 一般条件

车辆保险退保应具备几个条件,一是车辆的保险单必须在有效期内。二是在保险单有效期内,该车辆没有向保险公司报案或索赔过可退保,从保险公司得到过赔偿的车辆不能退保,仅向保险公司报案而未得到赔偿的车辆也不能退保。

(2) 交强险允许退保的情况

根据《机动车交通事故责任强制保险条例(2012修订版)》规定,投保人只允许在以下 3 种情况下解除交强险合同:被保险机动车被依法注销登记的;被保险机动车办理停驶的;被保险机动车经公安机关证实丢失的。

(3) 商业险允许退保(或批减险种)的情况。除上述交强险允许退保的情况外,客户可根据其他实际情况退保。

(4) 由于经办人员操作失误,且无法通过批改处理导致的保单退保(或批减险种)情况。

退保金按日计算

### 2.1.3 汽车承保工作的流程

汽车承保的具体工作流程如下。

(1) 保险人向投保人介绍条款,履行明确说明义务。

(2) 协助投保人计算保险费,制定保险方案。

(3) 提醒投保人履行如实告知义务。

(4) 投保人填写投保单。

(5) 业务人员验车、验证,确保保险标的真实性。

(6) 将投保信息录入业务系统(系统产生投保单号),复核后利用网络提交核保人员核保。

(7) 核保人员根据公司核保规定,并通过网络将核保意见反馈给承保公司,核保通过时,业务人员收取保费、出具保险单,需要送单的由送单人员递送保险单及相关单证。

(8) 承保完成后,进行数据处理,客服人员进行客户回访。

汽车承保流程图如图2-6所示。

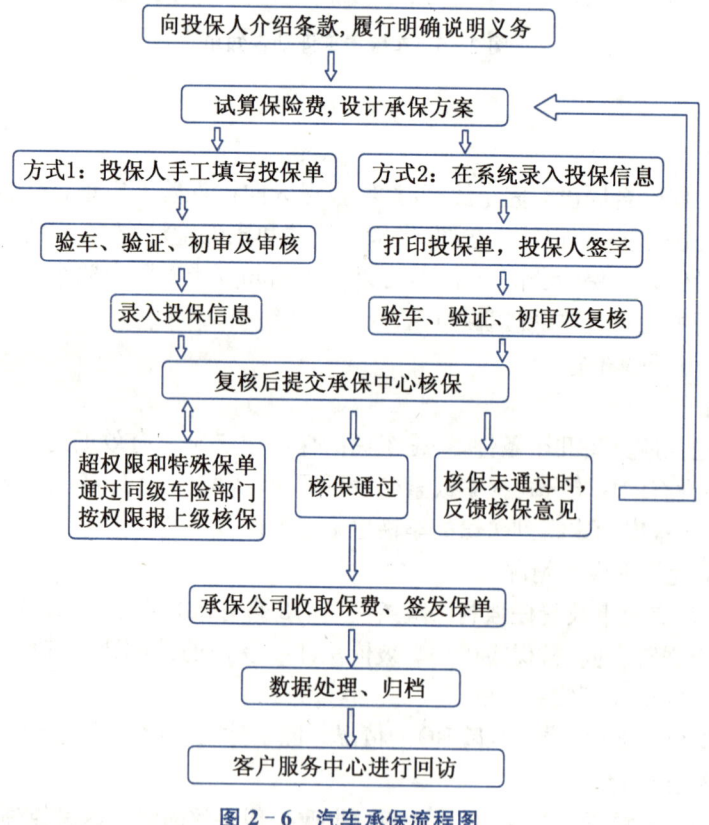

图2-6 汽车承保流程图

一、简述题
1. 汽车承保的含义是什么？包含哪些环节？
2. 简述汽车承保的工作流程。

二、案例分析
　　王女士是一位驾车新手却买了一辆宝马高档车，一年内发生小事故18次，在续保时遭到了保险公司的拒绝。高先生是一位老司机，自己的爱车6年未出过险，却也遭到保险公司"抛弃"。高档车投保难，低事故率旧车投保也难，它们来年只得"裸奔"？请分析说明保险公司的做法是否正确。

## 学习单元二　汽车保险合同与保险原则

**教学导入**

引导案例：标的车易主、没过户，出险后保险公司是否应赔偿事故损失？

翟某为自己的桑塔纳轿车购买了车辆损失险。后来，随着新车型的出现，他有了换车念头，而此时朋友郎某想购一辆二手车，双方商谈后确定成交。郎某向翟某支付购车款后，翟某将汽车钥匙给了郎某，让他先试开几日，然后再去车管部门办理过户手续。没想到，尚未来得及过户，郎某开车就发生碰撞，造成保险杠、大灯、转向灯、翼子板、发动机罩等损坏。事故发生后，郎某立即找到翟某，希望能帮忙找个地方修车。此时，翟某想到自己购买了车损险，遂向保险公司提出索赔。保险公司在了解了事情经过后认为，碰撞属于车损险责任范围，但由于翟某已将标的车辆转卖郎某，对车辆失去了保险利益，翟某未按保单要求通知保险公司并办理批改，保险合同已随之终止，对于车辆的损失，保险公司不予赔偿。翟某认为，虽然自己把车交给了郎某，但该车并未办理过户，不构成保单所说的"转卖"，自己仍是车主，发生损失后有权向保险公司主张赔偿。双方对此产生争议。请分析保险公司应否赔偿事故损失。

通过本单元的学习，我们将学习机动车保险的合同的概述、法律特点，合同的主体、客体、合同内容与表现形式等，以及汽车保险的四大基本原则的概念与内容。

### 2.2.1　汽车保险合同

#### 一、汽车保险合同的概念

保险合同是保险人与投保人双方经过要约和承诺程序，在自愿基础上订立的一种在法律上具有约束力的协议，即根据当事人双方约定，投保人向保险人缴纳保险费，保险人在保险标的遭受约定的事故时，承担经济补偿或给付保险金的一种经济行为。

保险合同按保险人承担的责任，可将其分为财产保险合同和人身保险合同。

财产保险合同是以财产及其有关利益为保险标的的保险合同；人身保险合同是以人的寿命和身体为保险标的的保险合同。财产保险合同与人身保险合同的最大区别在于各自的保险标的不同。

汽车保险合同是财产保险合同的一种，是指以汽车及其有关利益作为保险标的的保险合同。由于汽车保险业务在财产保险公司的所有业务中占据绝对地位，因而汽车保险合同是财产保险公司经营过程中的重要合同。

#### 二、汽车保险合同的法律特点

**1. 汽车保险合同是当事人双方的一种法律行为**

汽车保险合同是投保人提出保险要求，经保险人同意，并且双方意见一致才告成立。汽车保险合同是双方当事人在社会地位平等的基础上产生的一项经济活动,是双方当事人平等的一项民事法律行为。

### 2. 汽车保险合同是有偿合同

汽车保险合同的生效是以投保人交付保险费为条件,换句话说,就是以交付保险费为换取保险人承担危险的代价。

**案例:投保欠费,保险合同无效**

**案情介绍:**

1996年11月,内蒙古个体户孟某驾驶解放141大货车外出办事。由于车辆没有投保第三者责任险,而机动车辆第三者责任保险是内蒙古自治区政府规定的法定保险,根据规定,区域内的车辆必须参加第三者责任保险,所以中途被扣查。经过与人保科左中旗支公司(以下简称保险公司)协商,孟某同意投保第三者责任保险,保额10万元,需交纳保险费1890元。但当时孟某没有现金,就通过其亲属保险公司员工赵某协商,给保险公司出具了一张1890元的欠据,并保证回去后将此款及时交纳。经办人赵某当时就在欠据上注明,此保费在1996年11月25日以前交纳保险合同有效,过期不交保单作废。同时给孟某出具了保险单和收款凭证。

事后,孟某并没有在约定期内交纳保险费。1996年11月25日,保险公司用批单批注原保单作废,并于当日通知了孟某,并让其将作废保单退回,孟某一直以保单被车带走为由迟迟不退还作废保单。

1997年3月21日,孟某驾驶该车沿长吉北线行驶中发生交通事故,与一辆夏利车相撞,造成1人重伤,夏利车严重受损,合计损失金额5.3万元。事故发生后,孟某报告了当地交通部门,并通知保险公司,提出索赔申请。保险公司认定保单已经作废,不再与孟某有任何关系,没有受理赔案,拒绝赔偿。

孟某于1997年底将保险公司起诉至科左中旗法院,要求保险公司履行保险合同,赔偿5.3万元经济损失并承担全部诉讼费用。

**案例分析:**

科左中旗法院经过两次开庭,双方经过激烈的法庭辩论后,法院认定孟某与保险公司签订的保险合同为实践合同,由于孟某没有履行保险合同中应履行的义务,导致保险合同终止,孟某要求履行保险合同的诉讼请求理由不能成立,法院不予支持。依照《经济合同法》第七条第一款和《保险法》第十四条之规定,驳回孟某的诉讼请求,案件受理费用由孟某个人承担。

一审判决后,孟某不服,以"保险合同成立及保险公司应赔偿经济损失"为由,上诉至通辽市中级人民法院。法院经过法庭调查后,认为保险公司向孟某签发了保险单,保险合同即告成立,合同所约定的双方权利、义务应受法律保护,保险公司应赔偿合同规定的第三者责任保险损失。保险公司以约定交款期限否则保险合同作废的辩解理由,没有证据证明是在孟某同意的情况下填写的,对双方没有约束力,其辩解理由不能成立。同时因保险公司未按期理赔,应向孟某支付一定数额的银行利息。

二审法院于12月25日作出终审判决,撤销一审民事判决,由保险公司支付孟某第三者责任险损失、利息及部分诉讼费用,合计6.3万元。

从保险合同的性质来看,保险合同是双方有偿合同,双方要各自履行义务,特别是投保人有履行交纳保费的义务,这是保险合同生效的前提。保险合同也是有偿合同,即投保人要取得保险的经济保障必须支付相应的代价保险费,保险合同方能生效。同时,保险业要通过收取保险费来建立保险基金,进而开展正常的经营活动,否则将无法经营。特别是以欠据充当保费订立保险合同,本身就使保险人在合同双方的地位上处于被动和劣势,保费交纳与不交纳和事故发生后的赔偿与否完全由投保一方掌握,造成了合同履行的显失公平。

终审判决送达后,保险公司立即向哲盟检察分院进行申诉,检察机关及时审查了有关材料,认为:

(1) 保险费不能以欠条方式交纳。我国目前用以支付的手段主要有法定货币人民币票据以及可以转让的有价证券,本案中孟某出具的欠条恰恰证明其未交纳保险费。

(2) 保险合同属非附条件的经济合同,但保险人是否对保险事故进行理赔是附条件的,即保险人承担保险责任的前提是投保人交纳保险费,孟某没有履行交纳保险费义务,保险公司有权拒绝赔偿。同时,申诉人与被申诉人之间的保险合同虽已成立,但合同所附条件即"投保人交纳保险费"并未成立,依据《保险法》第十四条规定,该合同并未生效,对双方均无约束力。二审判决保险公司承担赔偿责任属适用法律不当,为了保证法律公正统一实施,根据《民事诉讼法》第十四条、一百八十五条规定,向内蒙古自治区人民检察院提请抗诉,并建议哲盟法院对判决暂缓执行。

1999年10月21日,自治区高级人民法院下发民事裁定书,指令哲盟中级人民法院另行组成合议庭进行再审,再审期间中止原判决执行。

### 3. 汽车保险合同是射幸合同

射幸合同是相对于"等价合同"而言的,通俗地讲,射幸合同是一种不等价合同,也就是说,由于汽车保险事故发生的频率及损失发生率的不确定性,倘若发生了汽车保险事故,对单个的被保险人而言,他获得的汽车保险赔款远远大于他所缴纳的保险费;倘若没有发生汽车保险事故,被保险人虽然付出了保险费,仍然不能得到保险赔款。但是从全体被保险人的整体来观察,保险费的总和总是与汽车保险赔款支出趋于一致。所以从汽车保险关系的整体上看,这种合同内容的有偿交换却是等价的。汽车保险合同的这种在特定条件下的等价与不等价特征,我们称之为汽车保险合同的射幸性。

### 4. 汽车保险合同是最大诚信合同

任何合同的订立,都应本着诚实、信用的原则。汽车保险合同自投保人正式向保险人提出签订合同的要约后,就必须将汽车保险合同中规定的要素如实告知保险人,这一点是所有投保汽车保险的投保人应当明白的规则。因为作为保险人的保险公司如果发现投保人对汽车本身的主要危险情况没有告知、隐瞒或者做错误告知,即便汽车保险合同已经生效,保险人也有权不负赔偿责任。汽车保险合同的诚信原则不仅是针对投保人而言的,也是针对保险人而言的。也就是说,汽车保险合同双方当事人都应共同遵守诚信原则。作为投保人,应当将汽车本身的情况,如是否是营运车,是否重复保险等情况如实告知保险人,或者如实回答保险公司提出的问题,不得隐瞒。而保险人也应将保险合同的内容及特别约定事项、免赔责任如实向投保人进行解释,不得误导或引诱投保人参加汽车保险。因此,最大诚信原则对投保人与保险人是同样适用的。

### 5. 汽车保险合同是对人的合同

在汽车保险中,保险车辆的过户、转让或者出售,必须事先通知保险人,经保险人同意并将保险单或保证凭证批改后方可有效,否则从保险车辆过户、转让、出售时起,保险责任即行终止。保险车辆的过户、转让、出售行为是其所有权的转移,必然带来被保险人的变更,而过户、转让或者出售汽车的原被保险人在其投保前已经履行了告知义务,承担了支付保险费等义务,保险人对其资信情况也有一定了解,如果被保险人的汽车发生所有权转移,势必导致保险人对新的车辆所有者的资信情况一无所知。众所周知,在汽车保险中保险事故的发生,除了客观自然因素外,还与投保人、被保险人的责任心及道德品质有关,倘若汽车新的所有者妄想以保险图取索赔,那么汽车保险事故就成为一种必然危险。因此保险车辆的所有权转移行为必须通知保险人,否则,保险人有据此解除保险合同关系的权利。

### 6. 汽车保险合同是双务合同

双务合同是指合同当事人双方互相承担义务、互相享有权利。投保人承担支付保险费义务,保险人承担约定事故出现后的赔款义务;投保人或被保险人在约定事故发生后有权向保险人索赔,而保险人也有权要求投保人缴纳保险费。

保险公司对客户资料的保密义务

保险人对免责条款尽说明义务

### 三、汽车保险合同的主体

所谓汽车保险合同的主体是指具有权利能力和行为能力的保险关系双方,包括当事人、关系人和社会中介组织三方面内容。与汽车保险合同订立直接发生关系的是保险合同的当事人,包括保险人和投保人;与汽车保险合同间接发生关系是合同的关系人,它仅指被保险人。由于在保险业务中涉及的面较广,通常存在社会中介组织,如保险代理人、经纪人、公估人等。

#### (一) 汽车保险合同的当事人

汽车保险合同的当事人包括保险人和投保人。所谓保险人,是指与投保人订立汽车保险合同,对于合同约定的可能发生的事故因其发生造成汽车本身损失及其他损失承担赔偿责任的财产保险公司。投保人是指与保险人(即保险公司)订立保险合同,并按照保险合同负有支付保险费义务的人。作为汽车保险合同当事人之一的保险人有权决定是否承保,有权要求投保人履行如实告知义务,有权代位追偿、处理赔偿后损余物资。同时也有按规定及时赔偿的义务。投保人必须对汽车具有可保利益,也就是说,汽车的损毁或失窃,都将影响投保人的利益。换句话讲,可保利益是指投保人对保险标的具有法律上承认的利益。同时,投保人要向保险人申请订立保险合同,并负有缴纳保险费义务。投保汽车保险应具备下列三个条件。

(1) 投保人是具有权利能力和行为能力的自然人或法人,反之,不能作为投保人。

(2) 投保人对汽车具有利害关系,存在可保利益。

(3) 投保人负有缴纳保险费的义务。

#### (二) 汽车保险合同的关系人

在财产保险合同中,合同的关系人仅仅指被保险人,而人身保险合同中的关系人除了被保险人外,还有受益人。通常被保险人是一个,而受益人可以为多个。汽车保险合同是财产保险合同的一种,应当具有财产保险合同的一般特征。因而,汽车保险合同的关系人是被保险人。所谓被保险人,是指其财产或者人身受保险合同保障,享有保险金请求权的人。

1. 被保险人的特征

(1) 被保险人是指因保险事故发生而遭受损失的人。在汽车保险合同中,被保险人是保险标的即保险车辆的所有人或具有利益的人。

(2) 被保险人是指享有赔偿请求权的人。因为被保险人是保险事故发生而遭受损失的人,所以享有赔偿请求的权利,投保人不享有赔偿请求的权利。

2. 投保人和被保险人的关系

(1) 投保人与被保险人的相等关系。在汽车保险中,投保人以自己的汽车投保,投保人同时也就是被保险人。

(2) 投保人与被保险人的不相等关系。投保人以他人的汽车投保,保险合同一经成立,投保人与被保险人分属两者。在这种情况下,要求投保人对于被保险人的财产损失具有直接的或间接的利益关系。

**分期付款购车车主如何正确投保**

#### (三) 中介组织

由于汽车保险在承保与理赔中涉及的面广,中间环节较多,因而在汽车保险合同成立及其理赔过程中存在众多的社会中介组织,如保险代理人、保险经纪人、保险公估人等。

### 四、汽车保险合同的客体

保险标的是指作为保险对象的财产及其有关利益或者人的寿命和身体,它是保险合同双方当事人权利与义务所指的对象。在财产保险合同中,保险标的是指财产本身或与财产相关的利益与责任;人身保险合同的保险标的是指人的生命或身体。汽车保险合同的保险标的是指汽车及其相关利益。

投保人与保险人订立汽车保险合同的主要目的不是保障保险标的不发生损失,而是保障汽车发生损失后的补偿。因此保险人保障的是被保险人对保险标的所具有的利益,即保险利益。保险利益是汽车保险合同的客体。汽车保险利益是指投保人对汽车所产生的实际或法律上的利益,这种利益丧失将使之蒙受经济损失。

#### (一) 汽车保险利益的特点

(1) 这种利益是投保人对汽车具有经济上的价值。

(2) 这种利益得到法律上所允许或承认。

课题二　保险承保

(3) 这种利益是能够用货币进行估价或约定。

### (二) 汽车保险利益的表现形式

汽车保险利益具体表现在财产利益、收益利益、责任利益与费用利益四个方面。

(1) 财产利益包括汽车的所有利益、占有利益、抵押利益、留置利益、担保利益及债权利益。

(2) 收益利益包括对汽车的期待利益、营运收入利益、租金利益等。

(3) 责任利益包括汽车的民事损害赔偿责任利益。

(4) 费用利益是指施救费用利益及救助费用利益等内容。

## 五、汽车保险合同的内容

汽车保险合同的内容主要用来规定保险关系双方当事人所享有的权利和承担的义务,它通过保险条款使这种权利义务具体化,包括基本条款和附加条款。

基本条款是汽车保险合同中不可缺少的条款,没有基本条款也就没有汽车保险合同。基本条款中包括以下内容:保险人名称和住所、投保人、被保险人名称和住所、保险标的、保险责任和责任免除、保险期限和保险责任开始时间、保险价值、保险金额、保险费、保险赔偿办法、违约责任和争议处理等内容。

附加条款是应投保人的要求而增加承保危险的条款,相当于扩大了承保范围,满足部分投保人的特殊要求。

## 六、汽车保险合同的形式

在汽车保险的具体实务工作中,汽车保险合同主要有以下几种形式。

### (一) 投保单

汽车保险投保单又称为"要保单"或者称为"投保申请书",是投保人申请保险的一种书面形式。通常,投保单由保险人事先设计并印就,上面列明了保险合同的具体内容,投保人只需在投保单上按列明的项目逐项填写即可。投保人填写好投保单后,保险人审核同意签章承保,这意味保险人接受了投保人的书面要约,汽车保险合同已告成立。

汽车投保单的主要内容包括:① 被保险人、投保人的名称;② 保险车辆的名称;③ 投保的险别;④ 保险金额;⑤ 保险期限等内容。上述投保单的内容经保险人签章后,保险合同即告成立,保险人按照约定的时间开始承担保险责任。在保险双方当事人约定时间后,保险人仍未签发保险单,投保单仍具法律效力。

### (二) 暂保单

暂保单是保险人出立正式保单以前签发的临时保险合同,用以证明保险人同意承保。暂保单的内容较为简单,仅包括保险标的、保险责任、保险金额以及保险关系当事人的权利义务等。

暂保单具有与正式保单同等的法律效力。同正式保单相比,暂保单的内容相对简单、保险期限短,可由保险人或兼业保险代理机构签发;而正式保单尽管法律效力与暂保单相同,但其内容较为复杂,保险期限通常为一年。保险单只能由保险人签发。

### (三) 保险单

保险单简称"保单",是保险人和投保人之间订立保险合同的正式书面凭证。它根据汽车投保人申请,在保险合同成立之后由保险人向投保人签发。保险单上列明了保险合同的所有内容,它是保险双方当事人确定权利、义务和在发生保险事故遭受经济损失后被保险人向保险人索赔的重要依据。

### (四) 保险凭证

保险凭证是保险人发给被保险人证明保险合同已经订立的一种凭证,它也是保险合同的一种存在形式。凡凭证没有记载的内容,均以同类险种的保险单为准,是一种简化的保险单。

在汽车保险业务中,保险人除签发保险单外,还需出立保险凭证,用以证明被保险人已经投保汽车损失险及第三者责任险,便于交通事故的处理。

### (五) 批单

批单是更改保险合同某些内容的更改说明书。在汽车保险业务的过程中,往往涉及车辆过户、转让、出售等变更车辆所有权的行为,因而也带来汽车保险单中的某些要素变更,如被保险人发生变更,或者保险金额、保险期限等内容变更,这些变更内容需要用某种形式将其记载下来,或者重新出具保险单。但是在实际业务中,这样的变更行为是非常频繁的,因而重新出具保险单往往成了一种烦琐的工作,批单的出现及广泛使用便成为顺理成章的事情。投保人或被保险人在保险有效期内如果需要对保单内容作部分更改,需向保险人提出申请,保险人如同意更改则批改的内容在保单或保险凭证上批注或附贴便条。凡经批改过的内容均以批单为准,批单是保险单中的一个重要组成部分。

### (六) 书面协议

保险人经与投保人协商同意,可将双方约定的承保内容及彼此的权利义务关系以书面协议形式明确下来。这种书面协议也是保险合同的一种形式。同正式保单相比,书面协议的内容不事先拟就,而是根据保险关系双方当事人协商一致的结果来签订,具有较大的灵活性和针对性,是一种不固定格式的保险单,但是它与保险单具有同等法律效力。

## 七、保险合同的解除

投保人与保险人订立保险合同或在保险合同执行过程中,如果出现了某些特定情况,保险人、投保人或被保险人有权解除保险合同关系。这些特定情况包含以下几方面内容。

(1) 投保人故意隐瞒事实,不履行如实告知义务的,或者因过失未履行如实告知义务,足以影响保险人决定是否同意承保或者提高保险费率的,保险人有权解除保险合同。投保人故意隐瞒事实,不履行如实告知义务,保险人不仅不承担保险合同解除之前的保险事故赔偿与给付责任,而且也不退还所交保险费。因过失造成未向保险人如实告知的,保险人同样不承担在保险合同解除前发生保险事故的赔偿与给付责任,但可以退还所交保险费。因为故意隐瞒与过失行为对投保人而言,其主观意愿有显著区别。

(2) 投保人或被保险人未按照合同约定履行其对保险标的的安全应尽的责任,保险人有权解除保险合同。

(3) 合同执行过程中,由于保险标的危险程度增加,被保险人应当及时通知保险人,否则,保险人有权解除保险合同。

(4) 保险责任开始前,也就是说保险合同成立前,投保人可以要求解除合同。但是投保人应当向保险人支付手续费,保险人应当退还保险费。保险责任开始后,投保人也可以要求解除保险合同。不过,投保人应当支付自保险责任开始之日起至合同解除之日止期间的保险费,保险人退还投保人剩余保险费。

除了上述几种情形外,保险人在保险合同成立后,不能解除保险合同,投保人可以解除保险合同。但是在货物运输保险合同和运输工具航程保险合同中,保险责任开始后,保险人、被保险人均不能解除保险合同。

### 八、《保险法》对汽车保险合同与保险业务的规定

汽车保险合同是保险合同的一种,《保险法》关于保险合同的一般规定,包括合同订立、变更、解除以及保险合同双方当事人的权利义务关系等基本内容对汽车保险合同的订立、变更等行为同样适用,这一点是毫无疑问的。不过,汽车保险业务活动毕竟与其他的具体险种合同行为存在差别,知道并掌握这些差别对于正确投保汽车保险具有十分重要的意义。

(1) 汽车的保险价值,可以由投保人和保险人约定并在保险合同中载明,也可以按照保险事故发生时汽车的实际价值确定。投保汽车保险时,车辆损失险的保险金额不能超过保险价值,超过保险价值的,超出部分无效;保险金额低于保险价值的,保险人按照保险金额与保险价值的比例承担赔偿责任。这就是说,汽车保险金额定得太高,超出了保险价值,多投保的那一部分投保人也不能多得;如果保险金额定得太低,投保人的损失将得不到足额补偿。

(2) 如果汽车的损毁因第三者造成的保险事故引起,保险人自向被保险人赔偿保险赔款之日起,在赔款金额范围内代位行使被保险人对第三者请求赔偿的权利。如果被保险人已经从第三者处取得损害赔偿的,保险人在赔偿保险赔款时,可以相应扣减被保险人从第三者处已取得的赔款金额。汽车的损毁是因第三者造成的事故引起,被保险人不能放弃对第三者的请求赔偿权利。如果放弃了这种请求赔偿权利,这种行为不仅无效,而且保险人不承担赔偿保险金责任,或者保险人可以相应扣减保险赔偿金。在汽车保险实际业务中,被保险人碍于情面,或者认为反正有保险公司的赔偿,轻率地放弃对事故责任方的索赔权,而导致保险人拒赔或引发保险纠纷的事例不胜枚举。因此,被保险人对《保险法》的内容不可等闲视之。

**案例:保险公司经办人擅改签单日期导致的保险合同纠纷的理赔**

**案情介绍:**

1996年6月10日,河南省某市的个体户朱某到某保险公司(以下简称保险公司)为自己的拖拉机投保了机动车辆保险,保险期限为一年,至1997年6月9日到期。因种种原因,朱某1997年6月24日才到该保险公司办理继续投保手续,保险期限仍为一年。该保险公司经办人为了使保险期限衔接,便把签单日期填为1997年6月9日,起保日期填为1997年6月10日,保险终止期限则填成了1998年6月9日。朱某拿着保单也未仔细验看。1998年6月17日,朱某投保的车辆发生事故,朱某立即赶到保险公司报案。保险公司以该份保单过期,保险责任已经终止为由不予受理。朱某认为保单仍在有效期限内,便提出要将签单日期及起保日期按实际情况改填。该保险公司的经办人以保险合同是经过协商一致,自愿订立的为理由而拒绝。朱某多次交涉未果,便起诉到了法院。

**案例分析:**

本案的关键在于认清保险合同于保险单证的关系及决定保险合同成立的条件。任何合

同按照《合同法》的规定都需要要约与承诺两个阶段,保险合同当然也不例外。按照合同的定义,要约即"希望和他人订立合同的意思表示",承诺是"受要约人同意要约的意思表示"。但是,有些合同除了要约与承诺的要求外,还必须有一些书面形式的要求。保险合同属于这种类型吗?《保险法》第十三条规定:"投保人提出保险要求,经保险人同意承保,并就合同的条款达成协议,保险合同成立。保险人应当及时向投保人签发保险单或者其他保险凭证,并在保险单或者其他保险凭证中载明当事人双方约定的合同内容。经投保人和保险人协商同意,也可以采取前款规定以外的其他书面协议形式订立保险合同。"从此可以看出,保险合同并非是法定的书面合同,保单的签发是合同一方(保险公司)的一项义务,而不是合同成立的条件。所以,在本案中保险单上载明的内容尽管可以作为一项重要的证据,但也只是一项证明而已。合同要反映的是合同订立时双方当事人的真实意思表示,所以只要有足够证据证明保单的内容与合同的内容不符,被保险人就可以获得赔偿。

另外,被保险人在合同订立过程中没有任何过错,错在保险公司的经办人员,所以也不能因为保险公司的过错而让被保险人遭受损失。

### 2.2.2　汽车保险原则

汽车保险原则是指贯穿于汽车保险之中的,人们在汽车保险活动中必须遵循的根本准则,它是制定、解释、执行和研究汽车保险的出发点和根据。汽车保险主要有最大诚信原则、保险利益原则、损失补偿原则、近因原则等四项基本原则。

**一、最大诚信原则**

**(一) 最大诚信原则的含义**

在民事活动中,各方面当事人都应当遵循诚实信用原则。我国《民法通则》第四条规定:"民事活动应当遵循自愿、公平、等价有偿、诚实信用的原则。"但是,在保险活动中对保险合同当事人的诚信要求比一般民事活动更为严格,即要求当事人具有"最大诚信"。

最大诚信原则的基本含义是:保险合同当事人双方在签订和履行保险合同时,必须以最大的诚意履行自己应尽的义务,互不欺骗和隐瞒,恪守合同的承诺和义务,否则保险合同无效。

最大诚信原则最初多用于限制投保方,因为保险标的掌握在投保方,保险人决定是否承保以及保险费率的高低取决于投保方的告知与保证。后来该原则也适用于保险人,因为保险合同大多属于附合合同,合同的格式、内容都由保险人拟定,保险费率是否合理、承保条件及赔偿方式是否合理均取决于保险人的诚意。最大诚信原则的具体内容包括:投保方的告知和保证义务,保险人的说明、弃权与禁止反言义务。

**(二) 最大诚信原则的内容**

1. 保险人的说明义务

保险人的说明义务,是指订立保险合同时,保险人应当向投保人解释合同条款的内容,特别是免责条款的义务。在保险人违反说明义务的主观条件下,并不要求存在过错,只要保险人未尽说明义务,就构成说明义务的违反。可以说,我国《保险法》对保险人的说明义务采取的是严格责任原则。为了保护投保人和被保险人的利益,我国《保险法》第十七条规定:"订立保险合同,采用保险人提供的格式条款的,保险人向投保人提供的投保单应当附格式条款,保险人应当向投保人说明合同的内容。对保险合同中免除保险人责任的条款,保险人在订立合同时应当在投保单、保险单或者其他保险凭证上作出足以引起投保人注意的提示,并对该条款的内容以书面或者口头形式向投保人作出明确说明;未作提示或者明确说明的,该条款不产生效力。"

### 2. 投保人的如实告知义务

告知,又称申报、披露,是指投保人在订立合同时,对保险人的询问所作的说明或者陈述,包括对事实的陈述,对将来事件或行为的陈述以及对他人陈述的转述。如实告知,是指投保人的陈述应当全面、真实、客观,不得隐瞒或故意不回答,也不得编造虚假情况来欺骗保险人。投保人不仅应当告知保险人其现实已知的情况,而且对于其尚未知悉但却应当知道的情况,投保人也有告知的义务。如果投保人因过失而未告知,也构成对如实告知义务的违反。

购买二手车后先办理过户再出行,保险应及时变更

广义的如实告知义务,不仅包括保险合同订立时投保人的如实告知义务,还包括保险期间保险标的危险增加时被保险人的通知义务以及保险事故发生时被保险人的通知义务。

我国《保险法》确定了询问告知原则。我国《保险法》第十六条规定:"订立保险合同,保险人就保险标的或者被保险人的有关情况提出询问的,投保人应当如实告知。"因此,投保人告知的范围以保险人询问的事项为限,且保险人询问的只能是与保险合同有关的事项。实践中,通常的做法是由保险人提出一定格式的询问表(被称为告知表,常与投保单合一),将投保人应如实告知的事项列于表中,让投保人一一填写,投保人依表上所问如实告知,但对保险人没有询问的事项不负有告知义务。投保人履行如实告知义务,不以书面告知为限,对于口头告知,保险人不得以投保人没有履行告知义务为由,主张解除合同。投保人和被保险人可以自己亲自履行如实告知义务,也可以通过其授权的代理人履行如实告知义务。

**案例:未履行告知义务,违反最大诚信原则,拒赔**

**案情介绍:**

1999年1月,江西某公司将184吨价值100万余元的棉浆粕向保险公司投保了水路货物运输综合保险,运输工具为"赣南昌货0236轮",航线注明为上海至南昌,交保险费1177.6元。同年1月13日18时30分,满载货物的"赣南昌货0236轮"航行至黄浦江106灯浮附近,为避免与他船碰撞,驾驶员采取倒行、右满舵等紧急避让措施,致使船舶打横,绑扎货物的绳索绷断,引起装载于舱面的54.7吨棉浆粕掉入江中漂失。漂失的棉浆粕价值人民币350 080元。事故发生后,货主向保险公司报案并递交了出险通知书,并将54.7吨上述货物损失按保险金额每吨6 400元(总计350 080元)向保险公司索赔,但保险公司以未履行告知义务为由,发出拒赔通知书。

**案例分析:**

因为在水路货物运输合同中,承运人装载甲板货需经托运人同意,而装载舱面货与甲板货具有同等风险,故承运人装载舱面货亦需征得托运人同意。在货物运输保险合同中,投保人对涉及保险人是否同意承保或是否应该提高保险费率的重大事项,应向保险人履行告知义务。投保人没有告知投保人有保证货物正常装载的义务。若投保的货物非正常装载,诸如装载舱面货属于应告知保险人的重大事项,不论投保人是否明知,由于托运人对货物是否正常装载具有决定权,投保人应该了解货物的装载情况。所以,被保险人未履行部分标的装载在舱面的这一告知义务,保险公司不承担赔偿责任,既合乎情理,又具有法律依据。

### 3. 投保人或被保险人的保证义务

保证,是最大诚信原则的一项重要内容。保证,又称担保,是指人们对某种事情的作为或不作为的允诺。保险合同中的保证,是指投保人和被保险人对保险人作出的一种关于为或不为的某种行为,或某种状态存在或不存在的担保。

保证是保险合同的基础,投保人或被保险人违反保证就会使保险合同失去存在的基础,保险人有权解除合同。保证的目的和作用在于控制风险。保证通常包括明示保证和默示保证。明示保证:明示保证是指保险合同中记载的保证事项,需要投保人明确作出承诺。默示保证:默示保证是指保证内容虽没有记载于保险合同之上,但由于法律规定或惯例要求投保人、被保险人必须保证的事项。我国《保险法》对于保证未作明文规定,在保险实务中有保证的做法,但无确认与承诺之分,一般都是承诺保证。

### 4. 弃权和禁止反言

弃权是指保险人放弃因投保人或被保险人违反告知或保证义务而产生的保险合同解除权。禁止反言,又称禁止抗辩,是指保险人一旦放弃自己的权利,将来不得反悔再向对方主张已经放弃的权利。例如,投保人在投保时,声明其投保的财产旁边存放有特别危险品,但保险人或其代理人既不拒保,也不提高保险费,以后保险财产因其旁边的特别危险品而造成损失的,保险人既不能解除合同,也不能拒赔。

### 5. 违反最大诚信原则的法律后果

在财产保险中,我国《保险法》第五十一条规定:"投保人、被保险人未按照约定履行其对保险标的的安全应尽责任的,保险人有权要求增加保险费或者解除合同。"第五十二条规定:"在合同有效期内,保险标的的危险程度显著增加的,被保险人应当按照合同约定及时通知保险人,保险人可以按照合同约定增加保险费或者解除合同。保险人解除合同的,应当将已收取的保险费,按照合同约定扣除自保险责任开始之日起至合同解除之日止应收的部分后,退还投保人。被保险人未履行前款规定的通知义务的,因保险标的的危险程度显著增加而发生的保险事故,保险人不承担赔偿保险金的责任。"

改装氙气灯没通知,不应拒赔

## 二、保险利益原则

### (一) 保险利益及其确立条件

#### 1. 保险利益

保险利益,也叫可保利益,是指投保人或被保险人对保险标的具有的法律上承认的利益。保险利益体现的是人与标的之间的损益关系。这种关系的最基本判断标准是保险标的的损失能否使投保人的利益受到损害。如果直接地表现为财产的减少或人身利益的受损失，或者表现为精神方面的重大不利影响，都可以认定为有保险利益；相反，则不存在保险利益问题。

2. 保险利益的确立条件

（1）必须是合法的利益

保险利益必须符合法律规定，符合社会公共秩序要求，为法律所认可并受到法律保护。如果投保人以非法律认可的利益投保，则保险合同无效。

（2）必须是经济上的利益

保险利益必须是可以用货币计算和估价的利益。保险不能补偿被保险人遭受的非经济上的损失。精神创伤、刑事处罚、政治上的打击等，虽与当事人有利害关系，但这种利害关系不是经济上的，不能构成保险利益。但人身保险的保险利益不纯粹以经济上的利益为限。

（3）必须是确定的利益

保险利益必须是已经确定的利益或者能够确定的利益。这包括两层含义：该利益能够以货币形式估价。如属于无价之宝而不能确定价格，保险人则难以承保。

该利益不是当事人主观估价的，而是事实上的或客观上的利益。所谓事实上的利益包括现有利益和期待利益。运费保险、利润损失保险均直接以预期利益作为保险标的。

### (二) 保险利益的认定

1. 人身保险利益的具体认定

人身保险按投保方式不同，一般可分为投保人以自己的生命或身体投保的人身保险和投保人以他人的生命或身体投保的人身保险两种。关于人身保险的保险利益，我国《保险法》第三十一条规定："投保人对下列人员具有保险利益：（一）本人；（二）配偶、子女、父母；（三）前项以外与投保人有抚养、赡养或者扶养关系的家庭其他成员、近亲属；（四）与投保人有劳动关系的劳动者。除前款规定外，被保险人同意投保人为其订立合同的，视为投保人对被保险人具有保险利益。"

2. 财产保险利益的具体认定

关于财产保险的保险利益，我国《保险法》没有明确规定范围。一般来说，下列人员在法律上享有财产保险的保险利益。

（1）财产所有权人对其所有的财产。

（2）抵押权人、质权人对抵押出质的财产。

（3）财产的经营管理人对其经营管理的财产。

（4）财产的保管人对其保管的财产。

（5）公民法人对其因侵权行为或合同而可能承担的民事责任。

（6）保险人对保险标的的保险责任。

（7）债权人对其现有的或期待的债权等。

财产保险的保险利益在保险合同订立时可以不存在，但在保险事故发生时则必须存在。因为只有保险事故发生时存在保险利益，投保人或被保险人才有实际损失发生，保险人才可以据此确定补偿的程度。

车辆挂靠投保需谨慎

**案例：机动车保险的保险利益**

**案情介绍：**

2003年8月20日，某保险公司沈阳分公司出具保险单，保险单上显示：被保险人、联系人、索赔权益人均是陈某，新车购置价是59万元，实际价值是27万元。投保险种为：车辆损失险、第三者责任险、全车盗抢险等。当天，陈某为机动车承保支付保险费8352元。

2004年6月15日，该车被盗，虽然报警，但该案一直未破。陈某找到保险公司，要求保险公司就车辆被盗理赔。保险公司经过调查，发现陈某不是车辆的所有权人，真正的所有权人是某商贸公司。由于陈某对车辆不具有保险利益，根据法律规定，保险合同无效。因此，保险公司拒绝赔偿。多番协商不成，陈某认为保险公司是在无端抵赖，于是一纸诉状告上法庭，要求法院判决保险公司支付保险赔偿金人民币27万元及其利息3500元。

针对保险公司称"车辆真正的所有权人是某商贸公司，与她毫无利益关系"的说法，陈某反驳说，该车实际是刘某所有，是刘某在2000年向某商贸公司购得，但是她曾借给刘某10万元人民币，虽然她不是所有者却是刘某的债权人，投保的目的也是对她的债权给予保障，因此她同样对该车具有保险利益，保险合同应依法认定有效。

保险公司则认为，刘某在法庭上称向某商贸公司购买车辆的转让协议丢失而无法提供，行驶证上的所有人却仍然是某商贸公司。因此，保险公司认为陈某所言无据。

**案例分析：**

保险单即是投保人与保险人之间订立的保险合同，根据《中华人民共和国保险法》的规定："投保人对保险标的应当具有保险利益。投保人对保险标的不具有保险利益的，保险合同无效。保险利益是指投保人对保险标的的具有的法律上承认的利益。"而依据陈某的陈述，该车的所有权不是她的，那么她对该车就没有保险利益，应认定保险合同无效。因合同无效，陈某就不能依据无效合同请求保险赔偿。因合同无效，保险公司无须赔付，只需将保险费返还给陈某即可。

### 三、损失补偿原则

#### （一）损失补偿原则的含义

损失补偿原则，是指保险事故发生使被保险人遭受损失时，保险人必须在保险责任范围内对被保险人所受的损失进行补偿。它包括两层含义：第一，被保险人只有受到约定的保险事故所造成的损失才能得到补偿。在保险期限内，即使发生保险事故，但如果被保险人没有遭受损失，就无权要求保险人赔偿。第二，补偿的量必须等于损失的量，即保险人的补偿恰好能使保险标的恢复到保险事故发生前的状况，被保险人不能获得多于或少于损失的补偿。损失补偿原则最直接地体现了保险的经济补偿职能。

损失补偿原则只适用于财产保险,人身保险合同不适用这一原则。在财产保险中,定值保险合同、重置价值保险等也不完全适用这一原则。

**案例:事故车辆定损后,车主应按实际发生的修理费用索赔**

**案情介绍:**

2007年郑州管城区的张女士驾驶的豫AC7现代汽车发生了交通事故。保险公司定损该车修理费为24 050元,张女士将其车辆送到修理厂修理,修理时张女士认为置换汽车部件耗时太长,而且也未必是原厂配件,只要求修理部对其车损害部分进行了修理。修理后,在张女士索赔时,保险公司声称,投保人报称的修理费用明显高于其修车实际花费的费用,因为张女士应该置换的汽车部件没有置换,拒绝赔付。张女士则认为,保险公司拒赔无依据,遂诉至法院。但其诉求未完全被支持,法院判决保险公司按照其实际发生费用11 044元进行理赔。

**案例分析:**

车辆保险合同属于补偿性保险合同,其宗旨是对投保人发生事故后遭受的损失进行补偿,降低风险。保险合同的性质决定了被保险人不会因为保险的赔付而有所受益。本案中,张女士在修理汽车过程中,违反《保险合同》和理赔程序的规定,应该置换的汽车部件不予以置换,也未将该情况及时通知保险公司,其行为在法律上属于单方变更保险合同条款,构成了对《保险合同》的违反。

损失补偿原则分析

### (二) 损失补偿的范围

损失补偿的范围是指保险人应对被保险人的哪些损失予以补偿。一般而言,主要包括:

(1) 保险事故发生时,保险标的的实际损失。在财产保险中,实际损失的计算通常以损失发生时受损财产的实际现金价值为准,但最高赔偿额以保险标的的保险金额为限。

(2) 合理费用。合理费用主要指施救费用和诉讼支出。我国《保险法》第五十七条规定:"保险事故发生时,被保险人应当尽力采取必要的措施,防止或者减少损失。保险事故发生后,被保险人为防止或者减少保险标的的损失所支付的必要的、合理的费用,由保险人承担;保险人所承担的费用数额在保险标的的损失赔偿金额以外另行计算,最高不超过保险金额的数额。"第六十六条又规定:"责任保险的被保险人因给第三者造成损害的保险事故而被提起仲裁或者诉讼的,被保险人支付的仲裁或者诉讼费用以及其他必要的、合理的费用,除合同另有约定外,由保险人承担。"

(3) 其他费用。其他费用主要指为了确定保险责任范围内的损失所支付的受损标的的检验、估价、出售等费用。

需要注意的是,保险标的本身的损失与费用的支出应分别计算,费用支出的最高赔偿额不得超出保险金额。

### (三) 损失补偿的方法

从保险实践来看,主要有以下几种补偿方法:

(1) 现金赔付。在大多数情况下,保险人都采取此种方法。无形财产保险,如责任保险、信用险、保证险等,只能采取现金赔付的方法。

(2) 修复。在有形财产保险中,当保险标的发生部分损失,保险人可委托有关修理部门对受损的保险标的物予以修复,费用由保险人负担。此方法多适用于汽车保险。

(3) 更换。当保险标的物因保险事故发生而遭受损失时,保险人可以对受损标的物部分或全部予以更换。该方法多适用于玻璃破碎险等。因考虑原标的物的折旧,保险人通常享有一定的折扣。

(4) 重置。重置即对被保险人毁损、灭失的标的物,保险人负责重新购置与原标的物等价的物品,以恢复被保险人的原财产状态。该方法一般适用于不动产或一般财产保险。但目前保险人很少采用此种方法。

### (四) 影响保险补偿的因素

#### 1. 实际损失

保险补偿以实际损失为限。当投保财产遭受保险责任范围内的损失时,不论保险合同约定的保险金额是多少,被保险人所能获得的保险赔偿不得超过其实际损失。

#### 2. 保险金额

保险金额是保险人承担赔偿责任的最高限额。保险人的赔偿金额在任何情况下均不能超过保险金额,只能低于或等于保险金额。例如,某幢建筑物按实际价值 100 万元投保,因火灾遭受全损,损失当时房价上涨,该建筑物的市价为 130 万元,这时虽然被保险人的实际损失是 130 万元,但由于保险金额是 100 万元,所以,保险人只能以保险金额为限,赔付 100 万元。

#### 3. 保险利益

保险利益是保险补偿的最高限度。保险赔款不得超过被保险人对遭受损失的财产所具有的保险利益,当被保险人的保险利益发生变更或减少时,保险补偿应以被保险人实际存在的保险利益为限。如上例,假设损失当时房价跌落,该建筑物的市价为 70 万元,则保险人只能按市价赔偿,因为此时被保险人的实际保险利益只有 70 万元。

#### 4. 直接损失

保险补偿只负责被保险人的直接经济损失,除合同另有约定外。例如,某宾馆投保了火灾险,后因火灾遭受财产损失和营业中断损失,财产损失为直接损失,营业中断损失为间接损失。保险人只赔偿财产损失,不赔偿营业中断损失,除非该宾馆同时加保了营业中断险。

### (五) 损失补偿原则的派生原则

从损失补偿原则派生出来的,还有代位原则,仅适用于财产保险而不适用于人身保险。代位原则包括代位追偿和物上代位两种形式。

#### 1. 代位追偿

代位追偿又称为权利代位,是指在财产保险中,由于第三者的过错致使保险标的发生保险责任范围内的损失,保险人按照保险合同的约定给付了保险金后,有权将自己置于被保险人的地位,获得被保险人有关该项损失的一切权利和补偿。

《保险法》明确规定:因第三者对保险标的的损害而造成保险事故的,保险人自向被保险人赔偿之日起,在权力范围内代位行使被保险人对第三者请求赔偿的权利。《中华人民共和国合同法》和《中华人民共和国财产保险条例》对代位追偿也作了类似的明确规定。

### 2. 物上代位

物上代位是指保险标的遭受风险损失后,一旦保险人履行了对被保险人的赔偿义务,即刻拥有对保险标的的所有权。

保险的目的是保障被保险人的利益不因保险风险损失的存在而丧失。因此,被保险人在获得对保险标的所具有的保险利益的补偿后,就达到了保险的目的,保险标的理应归保险人所有。若保险金额低于保险价值时,保险人应按照保险金额与保险价值的比例,取得受损保险标的的部分权利。

**案例:代位原则**

**案情介绍:**

2004年8月17日,老王给自己的汽车购买了车辆损失保险、第三者责任保险、车上人员责任保险、全车盗抢险,保险期限一年。10月7日,老王在开车回老家的路上,被老李的车追尾。经交警认定,老李负事故的全部责任。老王修车花费5 000元,并从保险公司索要了赔款,同时将向老李追偿的权利转移给保险公司。保险公司在代替老王向老李索要事故损失赔偿时,老李认为事故原因是由于自己驾驶技术不熟练,责任在自己,心中也感觉十分愧疚,于是马上拿出了6 000元,给了保险公司人员小赵。小赵将6 000元全部交回了保险公司。一段时间后,老王听说了此事,向保险公司要多余的1 000元钱,保险公司坚决不给。

2005年5月3日,老王的汽车被偷,老王马上向公安部门和保险公司报案,三个月后,车辆仍未找回,保险公司给予了老王全部赔款10万元。又一个月后,车辆被找回,老王不愿再要车,将车辆的权利转让给保险公司。保险公司对车辆进行拍卖时,竟拍出15万元的价格。老王听说了此事后,又向保险公司索要多出的5万元钱,保险公司还是坚决不给。

**案情分析:**

对第一种情况来说,保险公司应该将多于保险赔偿的1 000元给予老王。

首先,保险公司的代位追偿是以保险赔偿额度为限,超出部分保险公司就没有代位追偿权了。

其次,多出的1 000元是属于肇事者老李对受害者老王的补偿,这不属于保险赔偿,不违背保险补偿原则。

第三,如果老李给予保险公司的钱数低于保险赔偿额度,那么保险公司就差额部分继续享有代位追偿权。

第四,如果保险公司赔偿老王的赔款数不足以补偿老王的所有损失,那么老王还可以就自己的不足部分继续向老李要钱。

对第二种情况,保险公司不应给老王5万元钱。

因为物上代位是一种所有权的转移,所以老王对标的车已经没有了任何权利,车辆的所有权已经属于保险公司,所以保险公司处理车辆的收入完全属于保险公司,与老王无关。

### 四、近因原则

#### (一) 近因及近因原则

近因原则是判断保险事故与保险标的损失之间的因果关系,从而确定保险赔偿责任的一项基本原则。

所谓近因,并非指时间上最接近损失的原因,而是指促成损失结果的最直接的或起决定作用的原因。

近因原则的基本含义是:如果引起保险事故发生造成保险标的损失的近因属于保险责任,保险人承担损失赔偿责任;如果近因属于除外责任,保险人不负赔偿责任,即只有当承保危险是损失发生的近因时,保险人才负赔偿责任。

#### (二) 近因的认定方法

认定近因的关键是确定危险因素与损失之间的因果关系,认定的方法有顺推法和逆推法两种。

(1) 顺推法是从原因推断结果,即从最初的事件出发,按逻辑推理直到最终损失的发生,最初事件就是最后事件的原因。例如,大树遭雷击而折断,并压坏了房屋,房屋中的电器因房屋的倒塌而毁坏,那么电器损失的近因是雷击,而不是房屋的倒塌。

(2) 逆推法是从结果推断原因,即从损失开始,自后往前推,追溯到最初事件,没有中断,则最初事件就是近因。如上例中,电器毁坏是由于房屋的倒塌而引起的,房屋倒塌是由于大树的压迫,而大树是因为雷击而折断。在此系列事件中,因果相连,则雷击为近因。

**案例:发动机进水案的近因判定**

**案情介绍:**

2000年8月5日,袁某为自己的轿车购买了机动车辆保险,车辆损失险保险金额为19万元,保险期自2000年8月6日零时起至2001年8月5日24时止。2000年8月20日凌晨,市区下了一场倾盆大雨,大多数道路有积水现象。同日上午9时,袁某准备开车上班,见停放在其住宅区通道的上述保险车辆轮胎一半受水淹,且驾驶室中有浸水的痕迹,经简单擦抹后就上车点火启动,发动机发出发动声后熄火,尔后则无法启动。袁某即将车辆拖至某汽车维修公司,经该公司检查认为故障原因系发动机进气系统入水并被吸进燃烧室,活塞运转时,由于水不可压缩,进而导致连杆折断,缸体破损。袁某向保险公司报案后,因争议太大,保险公司没有赔偿损失,袁某遂诉至法院。该案在审理期间,经保险公司申请,法院委托市产品质量监督检验所对车辆受损原因进行鉴定。市产品质量监督检验所认为:①造成发动机缸体损坏的直接原因是进气口浸泡在水中或空气滤清器有余水,启动发动机,气缸吸入了水,导致连杆折断,从而打烂缸体。②事发时的可能:当天晚上下了大雨,该车停放的地方涨过水,使该车被雨水严重浸泡,进气管空气滤清器进水,当水退至车身地台以下,驾驶员启动汽车时,未先检查汽车进气管空气滤清器有无进水,使空气滤清器余水被吸入发动机气缸,造成连杆折断,缸体破损。袁某和保险公司对质监所的鉴定意见均无异议,只是对造成保险标的损失的近因及保险公司应否赔偿车辆损失的问题存在较大分歧。

**案例分析:**

发动机损坏的近因是启动发动机,它是直接导致保险车辆发动机缸体损坏的原因。依据是:暴雨和启动发动机这两个危险事故先后间断出现,前因与后因之间不具有关联性,后因既不是前因的合理延续,也不是前因自然延长的结果,后因是完全独立于前因之外的一个原因。根据近因原则,启动发动机是直接导致保险车辆发动机缸体损坏的原因,故为发动机缸体损坏的近因。

关于暴雨引发的车辆损失有两类:一类是发动机因进水而导致的金属零件生锈、机油污染等;另一类是发动机因转动时进水而导致的缸体、活塞、曲轴等的损坏。对第一类损失保险公司和客户一般没有任何争议,对第二类损失保险公司和客户经常有争议。此时就必须考虑近因原则。如果发动机进水后又启动导致的损失,一般认定近因为启动,因为保险公司认为作为车辆驾驶人员应该有用车的基本常识,知道发动机进了水又启动,必然会导致损失扩大,所以保险公司对此损失不予赔偿;而如果是汽车在暴雨中行驶时,由于积水进入发动机,导致发动机缸体、活塞、曲轴等损坏,则一般认定暴雨是近因,对所有损失保险公司都给予赔偿。

近因原则案例

### 一、简述题
1. 汽车保险合同涉及的主体有哪些?分别有哪些权利和义务?
2. 汽车保险合同由哪些部分组成?
3. 最大诚信原则的含义是什么?最大诚信原则的内容包括哪些?
4. 保险利益有哪些确立条件?
5. 代位追偿与物上代位的差别是什么?
6. 近因原则在保险实务中如何应用?

### 二、案例分析
1. 翟某为自己的桑塔纳轿车购买了车辆损失险。后来,随着新车型的出现,他有了换车念头,而此时朋友郎某想购一辆二手车,双方商谈后确定成交。郎某向翟某支付购车款后,翟某将汽车钥匙给了郎某,让他先试开几日,然后再去车管部门办理过户手续。没想到,尚未来得及过户,郎某开车就发生碰撞,造成保险杠、大灯、转向灯、翼子板、发动机罩等损坏。事故发生后,郎某立即找到翟某,希望能帮忙找个地方修车,此时,翟某想到自己购买了车损险,遂向保险公司提出索赔。保险公司在了解了事情经过后认为,碰撞属于车损险责任范围,但由于翟某已将标的车辆转卖郎某,对车辆失去了保险利益,翟某未按保单要求通知保险公司并办理批改,保险合同已随之终止,对于车辆的损失,保险公司不予赔偿。翟某认为,虽然自己把车交给了郎某,但该车并未办理过户,不构成保单所说的"转卖",自己仍是车主,发生损失后有权向保险公司主张赔偿。双方对此产生争议。

请分析保险公司应否赔偿事故损失。

2. 某个体户张某在保险公司为自己的大货车购买了一份机动车辆保险,保险期限为一年,并按期交齐了全部保险费。签订保险合同半年之后,其雇员李某驾驶投保的大货车在城乡接合部某路段发生交通事故,李某看到左右无人便离开了现场。交通事故处理部门在处理交通事故时,认定李某的离开现场是"破坏现场证据,使此道路交通事故责任无法认定,李某负事故全部责任"。经交通事故处理部门调解,作为车主的张某与受害人达成赔偿协议,赔偿83 000多元损失后,向承保的保险公司请求赔付,保险公司以机动车事故性质符合免责条款为由拒绝赔偿。

索赔遭拒后,张某向法院起诉。法院根据我国《保险法》第十八条之规定:"保险合同中规定有关保险人责任免除条款的,保险人在订立保险合同时应当向投保人明确说明,未明确说明的,该条款不产生效力",认为保险单位不能提出证据证明履行了"告知义务"。双方对"肇事逃逸免赔"理解不一,就可以推定保险单位没有向张某明确说明过,因此此项免责条款不能发生法律效力,保险单位应赔偿张某已经向受害人赔偿的96 000多元损失。

请对法院的判决进行分析。

课题二 保险承保

# 学习单元三 汽车保险费率的计算

2017年6月9日,中国保监会宣布,再次下调商业车险费率浮动系数下限,减轻消费者保费负担,这是继2015年以来我国第二轮商业车险费率改革。

改革后,4.3折的商业车险最低折扣率,将下调至3.8折。据了解,改革的最大受益者将是具有良好驾驶习惯和安全记录的车主,保费将可能下浮20%左右。

中央财经大学保险学院教授郝演苏:商业车险费率改革主要是从保护消费者利益出发,实现优秀的驾驶员享受更多的费率优惠,从而使整个车险市场得到净化。这种定价机制,对于商业保险公司和车主是双赢的。

在本章学习中,我们将从了解风险汽车保险理论价格的概念开始,了解汽车保险费率的规章办法,并学习如何对汽车保险费率进行确定以及计算。

## 2.3.1 汽车保险费率的确定原则和影响因素

### 一、汽车保险理论价格的基本概念

汽车保险产品的理论价格是指以汽车保险产品价格的内在因素为基础而形成的。汽车保险产品的理论价格由纯费率和附加费率两部分构成,也称作毛费率。

(1) 纯费率(技术费率)的确定,通常是在以往一定期限内的平均保险金额损失率的基础上再加上一定数量的风险附加费率构成的,即损失成本加稳定系数。由它计算出来的保费称为纯保费,它被用于补偿经济损失,用于将来赔付和其他用途的准备金。

其中:机动车辆平均保险金额损失率=一定时期保险赔款总和/一定时期保险金额总和。

(2) 附加费率是由各保险公司根据其自身的经营水平、税赋和预期利润水平确定的,我们常常提到的保险公司给代理商保险费返还和手续费都包括其中。

### 二、汽车保险精算

#### 1. 保险精算的目的

保险精算的主要目的就是要确定保险的纯费率,即通过对一定期限内的平均保险金额损失率进行统计和分析以实现科学地确定保险价格的目的。

保险精算的方法首先产生于人寿保险,在非寿险领域由于风险的不均衡特征,导致其在确定保险商品的价格时失效。但汽车保险例外,其保险业务具有满足保险精算的一些基本特征,即风险单位的差异较小,风险单位具有一定的数量集合,这些都比较符合保险精算的理论基础。

#### 2. 保险精算的内容

正确分析汽车保险业务在一定时期内的总体和宏观情况,综合各类保险自身特点以及各类被保险人具体情况,运用非寿险精算的方法科学地厘定费率,实现在所有险种范围内保费负担的合理性。但在具体厘定费率时,还需要进一步的细化分析,即对于不同特定类型的风险事故的损失率进行分析。

不同的保险标的、不同的保障内容、不同的保险险种、不同类型的被保险人,应该具有不同的保险费率,保险费率与具体风险因素形成合理的对价关系,即费率(或者保险费)与风险因素应形成科学的函数关系。

#### 3. 细化风险的意义

在车险的经营过程中,进一步细化风险具有直接的现实意义。一方面能够有针对性地向被保险人提出改善风险状况的建议,提高车险产品和服务的内涵;另一方面能够使保险人有针对性地对经营的风险进行选择,以确保经营的稳定和利润的最大化。

### 三、汽车保险费率的确定原则

根据保险价格理论,厘定保险费率的科学方法是依据不同保险对象的客观环境和主观条件形成的危险度,采用非寿险精算的方法进行确定。但是,非寿险精算是一个纯技术的范畴,在实际经营过程中,非寿险精算仅仅是提供一个确定费率的基本依据和方法,而保险人确定费率还应当遵循一些基本的原则。

#### 1. 公平合理原则

公平合理原则的核心是确保实现每一个被保险人的保费负担基本上是依据或者反映了保险标的的危险程度。这种公平合理的原则应在两个层面加以体现:

(1) 在保险人和被保险人之间

在保险人和被保险人之间体现公平合理的原则,是指保险人的总体收费应当符合保险价格确定的基本原理,尤其是在附加费率部分,不应让被保险人负担保险人不合理的经营成本和利润。

(2) 在不同的被保险人之间

在被保险人之间体现公平合理是指不同被保险人的保险标的的危险程度可能存在较大的差异,保险人对不同的被保险人收取的保险费应当反映这种差异。

由于保险商品存在一定的特殊性,要实现绝对的公平合理是不可能的,所以,公平合理只能是相对的,只是要求保险人在确定费率的过程中注意体现一种公平合理的倾向,力求实现费率确定的相对公平合理。

#### 2. 保证偿付原则

保证偿付原则的核心是确保保险人具有充分的偿付能力。汽车保险的最基本的功能是损失补偿,而损失补偿功能的实现是通过建立汽车保险基金来实现的。

汽车保险基金主要由开业资金和保险费两部分构成的。保险费是保险标的损失偿付的基本资金,所以,厘定的保险费率应保证保险公司具有相应的偿付能力,这是保险的基本职能决定的。保险费率过低,势必削弱保险公司的偿付能力,从而影响对被保险人的实际保障。

保证偿付能力是保险费率确定原则的关键,原因是保险公司是否具有足够的偿付能力,不仅仅影响到保险业的经营秩序和稳定,同时,也可能对广大的被保险人,乃至整个社会产生直接的影响。

**3. 相对稳定原则**

相对稳定原则是指保险费率厘定之后,应当在相当长的一段时间内保持稳定,不要轻易地变动。由于汽车保险业务存在保费总量大、单量多的特点,经常的费率变动势必增加保险公司的业务工作量,导致经营成本上升,同时也会给被保险人带来需要不断适应新费率的不便。

要实现保险费率相对稳定的原则,在确定保险费率时就应充分考虑各种可能影响费率的因素,建立科学的费率体系,更重要的是应对未来的趋势作出科学的预测,确保费率的适度超前,从而实现费率的相对稳定。

要求费率的确定具有一定的稳定性是相对的,一旦经营的外部环境发生了较大的变化,保险费率就必须进行相应的调整,以符合公平合理的原则。

**4. 促进防损原则**

防灾防损是汽车保险的一个重要功能。保险人在厘定保险费率的过程中应将防灾防损的费用列入成本,并将这部分费用用于防灾防损工作,在汽车保险业务中防灾防损功能显得尤为重要。一方面保险公司将积极参与汽车制造商对于汽车安全性能的改进工作,如每年都有一些大的保险公司资助汽车制造商进行测试汽车安全性能的碰撞试验。另一方面保险公司对于被保险人加强安全生产,进行防灾防损工作也会予以一定的支持,目的是调动被保险人主动加强风险管理和防灾防损工作的积极性。

### 四、影响汽车保险费的因素

**1. 车辆自身的因素**

(1) 厂牌车型

(2) 车辆种类

① 客车

座位数指车辆拥有的可供乘客乘坐的标准座位的数量,其反映的是车辆的客运能力。

座位数的多少直接关系到两方面的风险:首先,乘客责任的风险。一般情况下,座位数越多,运载的乘客数也越多,对于乘客的责任险而言,其风险就会加大。因此,在承保乘客责任险时,要充分考虑车辆的座位数量。其次,第三者责任的风险。座位数多的车辆,车体较大,方向也就越不好控制。因此在承保第三者责任险时,应予以适当考虑。

② 货车

货车主要是指那些用来运送货物的车辆,其货运能力主要以吨位数来衡量。目前国内货车主要分三类:

第一类:2 t 以下货车。

第二类:2~10 t 货车。

第三类:10 t 及其以上货车。

吨位数与座位数的特点较为相似,一个是针对人,一个是针对货物。因此,在承保车上货物责任险时,要充分考虑吨位数。

③ 专用车

专用车主要指具有专门用途的车辆,如油罐车、气罐车、液罐车、冷藏车、起重车、装卸车、工程车、监测车、邮电车、消防车、清洁车、医疗车、救护车等等。各种专用车由于具有特殊的使用性能,也就具有特殊的风险性。所以,在承保此类车时应考虑到其特殊性。

④ 摩托车

摩托车包括两轮摩托与三轮摩托。

摩托车操纵灵活,但是同时适应性和安全性较差,一旦发生事故造成损失的可能性也较大,所以在承保时要考虑到这一特点。

⑤ 拖拉机

拖拉机主要分三类,即手扶拖拉机、小车四轮拖拉机和大中拖拉机。

拖拉机的风险除与其设计、使用功能有关外,还与驾驶员的技术水平有关。

(3) 排气量

(4) 车龄

(5) 行驶区域

行驶区域分为省内行驶、国内行驶、出入国境三种。

(6) 使用性质

根据车辆的使用性质,国内目前将车辆分为营运车辆和非营运车辆。非营运车辆风险小于营运车辆风险。

(7) 所属性质

车辆的公有、私有可能与道德风险有关。

## 2. 地理环境风险因素

各地的气候、地形地貌等自然条件不同,风险也就不同。车辆所在地的路面状况等也对风险有很大影响。

## 3. 社会环境风险因素

(1) 法制环境

由于保险企业是一种经营风险的企业,其对被保险人承担着意外事故发生后的补偿责任,而车辆保险是一种高事故率、高频度补偿的保险业务。同时事故的原因、补偿的对象及补偿的依据均有相当大的差异。在这种情况下,如果法制比较健全,在事故发生后,责任的鉴定、补偿的处理就会有法可依,从而使保险人与被保险人的利益均受到比较全面的保障,否则便会产生很多法律纠纷,为社会带来许多不良影响。

(2) 治安情况

车辆保险有一个最明显的风险就是盗窃抢劫或抢夺风险,而这一风险同社会治安状况联系最为密切。

社会治安状况好的地方,盗窃、抢劫或抢夺的发生率就会很低。就华东地区整体而言,由于社会治安情况较好,所以车辆的盗窃、抢劫或抢夺的发生率较低。而华南地区由于社会治安情况较差,车辆的盗窃、抢劫或抢夺的发生率较高。

从目前我们统计分析的情况看,华南地区车险的赔付率较高,主要是由于社会治安情况较差导致车辆的盗窃、抢劫或抢夺现象严重所致。因此在这一地区承保盗窃、抢劫或抢夺责任时,应当采取一定的措施来控制该风险。

## 课题二　保险承保

**4. 驾驶人员风险因素**

驾驶员的年龄、性别、职业、驾驶的经验技术、婚姻状况、违章肇事记录、品行等是影响费率高低的重要因素。

**5. 汽车保险自身的因素**

是否续保、无赔款的优待、特约条款、免赔额的大小、险别与保险责任限额等对费率的影响都不同。

### 2.3.2　汽车保险费率的确定

#### 一、相关术语

**1. 汽车保险费率的概念**

（1）保险费率

依照保险金额计算保险费的比例，通常以千分率(‰)来表示。

（2）保险金额

简称保额，保险合同双方当事人约定的保险人于保险事故发生后应赔偿（给付）保险金的限额，是保险人计算保险费的基础。

（3）保险费

简称保费，是投保人参加保险时所交付给保险人的费用。保险费由保险金额、保险费率和保险期限构成。

**2. 汽车保险费的概念**

（1）标准保费

根据机动车保险费率表（不含《短期月费率表》）直接查出和计算得到的保费。

（2）应交保费

在标准保费的基础上，使用了车型系数和单车风险修正系数或车队费率浮动系数后的保费。

（3）实交保费

进行了续保保费调整（续优折扣）后的保费，是投保人实际需要向保险人支付的保险费，也就是签单保费。

#### 二、汽车保险费率确定模式

影响汽车保险索赔频率和索赔幅度的危险因子很多，而且影响的程度也各不相同，每一辆汽车的风险程度都是由其自身风险因子综合影响的结果。所以，科学的方法是通过全面综合地考虑这些风险因子后确定费率。

通常保险人在经营汽车保险的过程中将风险因子分为两类：一是与汽车相关的风险因子，主要包括汽车的种类、使用的情况和行驶的区域等；二是与驾驶人相关的风险因子，主要包括驾驶人的性格、年龄、婚姻状况、职业等。

机动车辆保险的费率模式划分为两大类。

**1. 从车费率模式**

从车费率模式是以被保险车辆的风险因子作为确定保险费率主要因素的费率确定

模式。

目前,我国采用的汽车保险的费率模式属于从车费率模式,影响费率的主要因素是与被保险车辆有关的风险因子。现行的机动车辆保险费率体系中影响费率的主要变量为车辆的使用性质、车辆生产地和车辆的种类。

(1) 根据车辆的使用性质可划分为营业性车辆与非营业性车辆。

(2) 根据车辆的生产地可划分为进口车辆与国产车辆。

(3) 根据车辆的种类可划分为车辆种类与吨位。

### 2. 从人费率模式

从人费率模式是以驾驶被保险车辆人员的风险因子作为确定保险费率主要因素的费率确定模式。

从人费率模式考虑的风险因子如下:

(1) 根据驾驶人的年龄划分

通常将驾驶人按年龄划分为三组:第一组是初学驾驶,性格不稳定,缺乏责任感的年轻人;第二组是具有一定驾驶经验,生理和心理条件均较为成熟,有家庭和社会责任感的中年人;第三组是与第二组情况基本相同,但年龄较大,反应较为迟钝的老年人。通常认为第一组驾驶人为高风险人群,第三组驾驶人为次高风险人群,第二组驾驶人为低风险人群。

(2) 根据驾驶人的性别划分

将驾驶人分为男性与女性。研究表明,女性群体的驾驶倾向较为谨慎,为此,相对于男性她们为低风险人群。

(3) 根据驾驶员的驾龄划分

驾龄的长短可以从一个侧面反映驾驶人员的驾驶经验,通常认为从初次领证后的1~3年为事故多发期。

(4) 根据安全记录划分

安全记录可以反映驾驶人的驾驶心理素质和对待风险的态度,经常发生交通事故的驾驶人可能存在某一方面的缺陷。

### 3. 商业险费率的改革

2016年与2017年,保监会对商业险费率进行了两次改革。新费率的结构中"基准纯风险保费"行业统一,同中国保险行业协会按不同区域统一制定,附加费用率由各家公司确定,但初期基本一致。费率调整系数只有4项,其中"无赔款优待系数"与"交通违法系数"两项是固定的,"自主核保系数"、"自主渠道系数"两项由保险公司自主决定,赋予保险公司更多调价权,理论上对同一辆车,不同公司可给出相差1.83倍的报价。同时取消了7折限令,电网销渠道不再给予85折额外优惠。

(1) 商业车险保费计算公式:

$$商业车险保费=基准保费*费率调整系数$$

$$基准保费=基准纯风险保费/(1-附加费用率)$$

费率调整系数=无赔款优待系数×交通违法系数×自主核保系数×自主渠道系数

费率调整系数是指根据对保险标的的风险判断,对保险基准保费进行上下浮动比率的调整,是保单折扣率的计算依据。

① 基准纯风险保费：行业一致，由中保协统一制定、颁布并定期更新；
② 附加费用率：由各保险公司自行申报，经保监会审批同意后方可使用；
③ 无赔款优待系数（NCD因子）：该项目仍然保留，但打破7折的限制，加大惩罚与奖励力度，保险费率与出险次数直接挂钩，通过平台统一查询据实使用（不得修改）；

无赔款优待系数如下表所示：

表2-1 车险改革无赔款优待系数与保费对比

| 出险情况 | 保险费率系数 | | 新车投保费5 000为例 | |
| --- | --- | --- | --- | --- |
| | 2016年前 | 2016年后 | 2016年前 | 2016年后 |
| 连续3年出险0次 | 0.70 | 0.60 | 3 500 | 3 000 |
| 连续2年出险0次 | 0.80 | 0.70 | 4 000 | 3 500 |
| 上一年出险0次 | 0.90 | 0.85 | 4 500 | 4 250 |
| 新车投保 | 1.00 | 1.00 | 5 000 | 5 000 |
| 上一年出险1次 | 1.00 | 1.00 | 5 000 | 5 000 |
| 上一年出险2次 | 1.00 | 1.25 | 5 000 | 6 250 |
| 上一年出险3次 | 1.10 | 1.50 | 5 500 | 7 500 |
| 上一年出险4次 | 1.20 | 1.75 | 6 000 | 8 750 |
| 上一年出险5次 | 1.30 | 2.00 | 6 500 | 10 000 |

④ 交通违法系数：目前有两种情况，对于平台已经与交通管理平台对接的地区，可以使用交通违法系数进行费率的浮动，交通违法系数由平台返回保险公司，保险公司据实使用，不得调整。对于平台未与交通管理平台对接的地区，交通违法系数由平台返回保险公司系数值1.0，保险公司不得调整。

⑤ 渠道系数：渠道系数的本质真实反映不同渠道在保险销售费用方面的差异，通过价格透明化挤压中介渠道不合理高手续费。渠道结构对业务发展能力、费率水平、费用率都会有重大影响，渠道策略至关重要。取消电网销专用产品，设置渠道系数，区间为[0.85,1.15]，随着改革的进一步深入，区间将进一步扩大，电网销的价格壁垒将被打破。

⑥ 自主核保系数：在渠道系数的基础上，引入自主核保系数，总体折扣区间为[0.85,1.15]，随着改革的进一步深入，区间将进一步扩大。自主核保反映不同类别客户赔付成本的细微差异，给予保险公司自主定价的风险选择空间。

2017年保监会进一步调整保险公司车险自主费率浮动下限：在北京等26个地区，将自主渠道系数浮动下限从0.85下调到0.75，自主核保系数保持不变，浮动下限仍为0.85；在天津等8个地区，将自主渠道系数和自主核保系数浮动下限均从0.85下调到0.75；在河南保监局辖区，将自主渠道系数浮动下限从0.85下调到0.75，自主核保系数浮动下限从0.85下调到0.80；在深圳保监局辖区，将自主渠道系数和自主核保系数浮动下限均从0.85下调到0.70。调整后全国车险保费可低至3.8折，部分地区具有良好驾驶习惯和安全记录的车主,可下浮至3.4折,全行业商业车险赔付率则有望提高3.6个百分点。

(2) 车型对定价的影响

对车损险保费定价,由按保额或新车购置价厘定转为按车型、车价、安全性和维修经济性等综合因素确定。且商业车险的定价机制则更多考虑风险因子,趋向于"一车一价"。重点突出"零整比"和高端品牌的保费变化。

① "零整比"对保费的影响

费率调整加入了"零整比"的概念。所谓"零整比"就是具体车型的配件价格之和与整车销售价格的比值,比如,都说奔驰的配件非常贵,反映到零整比,它的零整比至少是12∶1。新的条款设计促使普通品牌高配车的保费将会更加便宜。

② 高端品牌对保费的影响

在商业车险没有改革之前,车辆保费由车价价格决定。商业险改革后,如果一辆高端品牌的低配车和一辆普通品牌的高配车同样都是价值30万元,但由于高端品牌的车辆零部件价格昂贵,其保费相较而言要更贵一些。

③ "车型定价"

是相同新车购置价的车辆,不同车辆的安全系数也是不同的,面临的风险、出险的概率也不同,它们的维修成本存在巨大的差异。"车型定价"的本质是以车型作为风险分组维度,以"车型"作为定价的参考依据。保费不再与车价对应,从面解决"高保低赔"问题。

案例:

车型定价案例,本案例仅采用"车系因子"的方式,应用范围为家庭车+非营业客车。将4个车系,10万个车型按照赔付率分为5组,每组对应不同的费率因子,分别为:0.8、0.9、1.0、1.1、1.2。见表2-2所示。

表2-2 "车系因子"车型定价测算案例

| | 系数值 | 车系数 | 车型数 | 保单数占比 | 新车购置价(万) | 出险率 | 代表车型平均零整比 | 赔付率 |
|---|---|---|---|---|---|---|---|---|
| 本次测算 | 1.2 | 77 | 5 091 | 8.7% | 22.05 | 68.4% | 142.4% | 102.2% |
| | 1.1 | 60 | 4 861 | 12.9% | 17.65 | 65.9% | 121.1% | 77.9% |
| | 1.0 | 194 | 18 222 | 58.3% | 14.21 | 58.6% | 108.3% | 64.9% |
| | 0.9 | 35 | 4 285 | 12.1% | 13.01 | 45.4% | 90.7% | 50.0% |
| | 0.8 | 34 | 6 125 | 5.2% | 18.32 | 35.5% | 77.7% | 36.3% |
| 其他数据量较少的车系 | 1.0 | 3 670 | 70 317 | 2.8% | 24.72 | 57.9% | — | 61.7% |
| 合计 | 1.0 | 4 070 | 108 901 | 100% | 15.70 | 54.7% | 114.2% | 68.2% |

(3) 最低保费与最低折扣

根据新的折扣系数并结合车型系数的差异,最低保费及折扣如下:

最低保费可以为现行标准保费的0.306,即0.6(无赔款优待系数)×0.85(自主核保系数)×0.75(渠道系数)×0.8(车型系数);

最低费率折扣可降至 0.382 5 折,即 0.6(无赔款优待系数)×0.75(自主核保系数)× 0.85(渠道系数)。

(4) 规则更明确

虽然保险费的折扣空间放开,但规则更明确。

① 中国汽车保险行业协会(简称中保协)统一制定基准纯风险保费,各家公司确定附加费用率和两个自主使用的费率调整系数,但需报批。

② 中保协负责定期测算、发布基准纯风险保费,逐步扩大自主费率调整系数,附加费用率的浮动范围。

③ 扩大保险公司商业车险自主定价权,完善健全车险费率市场化形成的管理机制。

### 2.3.3 汽车保险费的计算

**一、交强险保费的计算方法**

**1. 标准保费**

按车辆的使用性质分类,在交强险费率表中直接查找,见表 2-3。

**2. 实交保费**

实交保费计算公式如下:

实交保费＝标准保费×(1＋与道路交通事故相联系的浮动比率 A)

其中,与道路交通事故相联系的浮动比率 A 见表 2-4。

表 2-3　2012 交强险基础费率表(部分)

| 汽车种类 | 车辆明细分类 | 保费(元) |
| --- | --- | --- |
| 一、家庭自用车 | 1. 家庭自用汽车 6 座以下 | 950 |
| | 2. 家庭自用汽车 6 座及以上 | 1 100 |
| 二、非营业客车 | 3. 企业非营业汽车 6 座以下 | 1 000 |
| | 4. 企业非营业汽车 6~10 座 | 1 130 |
| | 5. 企业非营业汽车 10~20 座 | 1 220 |
| | 6. 企业非营业汽车 20 座以上 | 1 270 |
| | 7. 机关非营业汽车 6 座以下 | 950 |
| | 8. 机关非营业汽车 6~10 座 | 1 070 |
| | 9. 机关非营业汽车 10~20 座 | 1 140 |
| | 10. 机关非营业汽车 20 座以上 | 1 320 |

表 2-4 交强险费率浮动因素及比率表

| | 浮动因素 | | 浮动比率 |
|---|---|---|---|
| 与道路交通事故相联系的浮动比率 A | A1 | 上一个年度未发生有责任道路交通事故 | －10％ |
| | A2 | 上两个年度未发生有责任道路交通事故 | －20％ |
| | A3 | 上三个及以上年度未发生有责任道路交通事故 | －30％ |
| | A4 | 上一个年度发生一次有责任不涉及死亡的道路交通事故 | 0 |
| | A5 | 上一个年度发生两次及两次以上有责任道路交通事故 | 10％ |
| | A6 | 上一个年度发生有责任道路交通死亡事故 | 30％ |

## 二、商业险保费的计算方法

### 1. 商业险保费的计算总公式

商业车险保费＝标准保费×费率调整系数

（1）标准保费＝基准纯风险保费/(1－附加费用率)

其中,基准纯风险保费为投保各主险与附加险基准纯风险保费之和。附加费用率是固定的值,暂定为 35％,(1－附加费用率)则为 65％。

基准纯风险保费:

① 第三者责任保险、车上人员责任保险、全车盗抢险、玻璃单独破碎险

基准纯风险保费,由中保协直接制定,可直接查表得出。详见下文:机动车综合商业保险示范产品基准纯风险保费表(试点地区)。

② 车损险

车损险基准纯风险保费,查找表格得出的机动车及特种车基准纯风险保费＋(协商实际价值－车辆参考实际价值)×全损概率

a. 协商实际价值:即保额。b. 车辆参考实际价值:系统"基本信息"页面带出的数据,由车险信息平台给出。c. 全损概率:0.09％。

备注:如附加险的保费计算基础为机动车损失保险基准纯风险保费的,都是指计算过后得出的车损险基准纯风险保费,其实就是系统中显示的车损险的标准保费。

### 释　义

【车险信息平台】车险信息平台全称为车险行业信息集中平台,是集交强险、商业险承保、理赔功能为一体的综合性车险信息平台,由各财险公司共同出资统一建立的全国平台。从商业价值看,行业车险信息集中平台规范了车险经营市场,防止恶意竞争,避免单方对政策和实务的理解错误,同时规避道德风险;从行业价值方面看,以车辆信息为主链,可以综合汇总保险业的车险、公安交警部门、地税部门、交通运输部门、卫生部门,以及政府信息办等相关系统中与车辆相关的数据信息;通过整合信息资源,集中信息数据,提供信息服务。

（2）费率调整系数＝无赔款优待系数×自主核保系数×自主渠道系数

目前各保险公司执行的折扣基本相同,三年未出险 0.433 5,两年未出险 0.505 8,一年未出险 0.614 1,新车保户 0.722 5,上一年出险一次 0.722 5,上一年出险两次 0.903 1,上一年出险三次 1.083 8,上一年出险四次 1.264 4,上一年出险五次,保险公司基本不再续保。

随着改革的不断深入,折扣率会更低。2017年7月11日起,辽宁省执行如表2-5所示的折扣系数。

2017年6月9日,保监会宣布了7月份将要执行的商业车险第二次费率改革新政,下调商业车险费率浮动系数下限后,最低折扣率将进一步下调至0.3825,部分地区低至0.3375(即具有良好驾驶习惯和安全记录的车主在一家经营稳健的保险公司投保,保费可能下浮20%左右)。

表2-5 不同出险对应NCD系数对比图(辽宁地区)

| 出险情况 | 费改后NDC | 自主核保 | 自主渠道 | 费改后折扣系数 |
| --- | --- | --- | --- | --- |
| 连续3年0次 | 0.6 | 0.85 | 0.75 | 0.3825 |
| 连续2年0次 | 0.7 | 0.85 | 0.75 | 0.4462 |
| 上年0次 | 0.85 | 0.85 | 0.75 | 0.5418 |
| 新车 | 1.0 | 0.95 | 0.85 | 0.7225 |
| 1次 | 1.0 | 0.85 | 0.75 | 0.6375 |
| 2次 | 1.25 | 0.85 | 0.75 | 0.7968 |
| 3次 | 1.5 | 0.85 | 0.75 | 0.9562 |
| 4次 | 1.75 | 0.85 | 0.75 | 1.1156 |
| 5次+ | 2.0 | 0.85 | 0.75 | 1.275 |

### 三、机动车各险种计算举例

**1. 机动车损失保险保费计算(举例)**

以下表例说明机动车损失保险基准纯风险保费的查询方法(以山东地区为例):

表2-6 机动车损失保险基准纯风险保费(山东地区)

| 车辆使用性质 | 车辆种类 | 车型名称 | 车型编码 | 机动车损失保险基准纯风险保费 | | | |
| --- | --- | --- | --- | --- | --- | --- | --- |
| | | | | 车辆使用年限 | | | |
| | | | | 1年以下 | 1～2年 | 2～6年 | 6年以上 |
| 家庭自用汽车 | 6座以下 | 北京现代BH7141MY舒适型 | BBJKROUC001 | 1 054 | 1 005 | 992 | 1 026 |
| 家庭自用汽车 | 6～10座以下 | 五菱LZW6376NF | BSQDZHUA0114 | 610 | 581 | 575 | 594 |
| 家庭自用汽车 | 10座以上 | 金杯SY6543US3BH | BJBDRDUA0237 | 1 082 | 1 032 | 1 019 | 1 053 |

例:如山东地区一辆车龄为4年的"北京现代BH7141MY舒适型"投保车辆损失保险,根据山东地区基准纯风险保费表查询该车对应的机动车损失保险基准纯风险保费为

992元。投保时该车实际价值为4.9万元,客户要求投保保额6万元。

(1) 该车损险基准纯风险保费＝查找表格得出的机动车及特种车车损险基准纯风险保费＋(协商实际价值－车辆参考实际价值)×全损概率

即车损险基准纯风险保费＝992＋(60 000－49 000)×0.09％＝1 002元。

(2) 显示在系统上的车损险标准保费＝车损险基准纯风险保费÷(1－附加费用率)

2. 三者险、车上人员责任险、全车盗抢险保费计算(举例)

以下表例说明三者险、车上人员险、全车盗抢险、玻璃单独破碎险的基准纯风险保费的查询方法及在车险信息平台上计算的标准保费和应交保费。(以广西地区为例)

表2-7 机动车综合商业保险示范产品基准纯风险保费(广西地区)(一)

| 车辆使用性质 | 车辆种类 | 第三者责任保险 | | | | | | |
|---|---|---|---|---|---|---|---|---|
| | | 5万 | 10万 | 15万 | 20万 | 30万 | 50万 | 100万 |
| 家庭自用汽车 | 6座以下 | 429.00 | 620.10 | 707.20 | 768.30 | 867.75 | 1 041.30 | 1 355.90 |
| | 6～10座 | 470.60 | 663.65 | 750.10 | 807.95 | 905.45 | 1 077.70 | 1 403.35 |
| | 10座以上 | 470.60 | 663.65 | 750.10 | 807.95 | 905.45 | 1 077.70 | 1 403.35 |
| 企业非营业客车 | 6座以下 | 492.70 | 693.55 | 783.90 | 845.65 | 946.40 | 1 127.10 | 1 467.70 |
| | 6～10座 | 505.05 | 718.90 | 815.00 | 881.40 | 990.60 | 1 182.35 | 1 540.50 |
| | 10～20座 | 549.90 | 784.55 | 890.50 | 964.60 | 1 084.85 | 1 296.75 | 1 689.35 |
| | 20座以上 | 556.40 | 820.30 | 941.85 | 1 030.25 | 1 169.35 | 1 411.80 | 1 838.85 |
| 党政机关、事业团体非营业客车 | 6座以下 | 456.95 | 643.50 | 727.35 | 784.55 | 878.15 | 1 045.85 | 1 361.75 |
| | 6～10座 | 437.45 | 616.55 | 696.80 | 750.75 | 841.75 | 1 001.65 | 1 303.90 |
| | 10～20座 | 521.95 | 734.50 | 830.70 | 895.70 | 1 003.60 | 1 194.70 | 1 555.45 |
| | 20座以上 | 609.70 | 858.65 | 971.10 | 1 047.15 | 1 172.60 | 1 396.20 | 1 818.05 |
| 非营业货车 | 2吨以下 | 520.00 | 731.90 | 828.10 | 892.45 | 999.70 | 1 190.15 | 1 550.25 |
| | 2～5吨 | 703.30 | 1 016.60 | 1 158.95 | 1 260.35 | 1 423.50 | 1 708.20 | 2 224.95 |
| | 5～10吨 | 812.50 | 1 158.95 | 1 314.95 | 1 424.15 | 1 600.30 | 1 912.95 | 2 490.80 |
| | 10吨以上 | 1 069.90 | 1 507.35 | 1 704.30 | 1 837.55 | 2 057.90 | 2 450.50 | 3 190.20 |
| | 低速载货汽车 | 441.35 | 622.05 | 703.95 | 758.55 | 848.90 | 1 012.05 | 1 317.55 |

表2-8 机动车综合商业保险示范产品基准纯风险保费(广西地区)(二)

| 车辆使用性质 | 车辆种类 | 车上人员责任保险 | | 全车盗抢保险 | | 玻璃单独破碎险 | |
|---|---|---|---|---|---|---|---|
| | | 驾驶人 | 乘客 | 基础纯风险保费 | 纯风险费率 | 国产玻璃 | 进口玻璃 |
| 家庭自用汽车 | 6座以下 | 0.266 5％ | 0.169 0％ | 78.00 | 0.273 0％ | 0.123 5％ | 0.208 0％ |
| | 6～10座 | 0.253 5％ | 0.162 5％ | 91.00 | 0.286 0％ | 0.123 5％ | 0.201 5％ |
| | 10座以上 | 0.253 5％ | 0.162 5％ | 91.00 | 0.286 0％ | 0.149 5％ | 0.240 5％ |

课题二 保险承保

(续表)

| 车辆使用性质 | 车辆种类 | 车上人员责任保险 | | 全车盗抢保险 | | 玻璃单独玻碎险 | |
| --- | --- | --- | --- | --- | --- | --- | --- |
| | | 驾驶人 | 乘客 | 基础纯风险保费 | 纯风险费率 | 国产玻璃 | 进口玻璃 |
| 企业非营业客车 | 6座以下 | 0.266 5% | 0.162 5% | 78.00 | 0.253 5% | 0.097 5% | 0.169 0% |
| | 6～10座 | 0.247 0% | 0.149 5% | 84.50 | 0.299 0% | 0.091 0% | 0.169 0% |
| | 10～20座 | 0.253 5% | 0.149 5% | 84.50 | 0.292 5% | 0.104 0% | 0.188 5% |
| | 20座以上 | 0.260 0% | 0.156 0% | 91.00 | 0.351 0% | 0.104 0% | 0.201 5% |
| 党政机关、事业团体非营业客车 | 6座以下 | 0.253 5% | 0.156 0% | 71.50 | 0.247 0% | 0.097 5% | 0.169 0% |
| | 6～10座 | 0.234 0% | 0.143 0% | 78.00 | 0.299 0% | 0.091 0% | 0.169 0% |
| | 10～20座 | 0.240 5% | 0.143 0% | 78.00 | 0.279 5% | 0.104 0% | 0.188 5% |
| | 20座以下 | 0.253 5% | 0.156 0% | 84.50 | 0.325 0% | 0.104 0% | 0.201 5% |
| 非营业货车 | 2吨以下 | 0.299 0% | 0.182 0% | 84.50 | 0.325 0% | 0.078 0% | 0.123 5% |
| | 2～5吨 | 0.299 0% | 0.182 0% | 84.50 | 0.325 0% | 0.078 0% | 0.123 5% |
| | 5～10吨 | 0.299 0% | 0.182 0% | 84.50 | 0.325 0% | 0.078 0% | 0.123 5% |
| | 10吨以上 | 0.299 0% | 0.182 0% | 84.50 | 0.325 0% | 0.078 0% | 0.123 5% |
| | 低速载货汽车 | 0.299 0% | 0.182 0% | 84.50 | 0.325 0% | 0.078 0% | 0.123 5% |

表2-9 车险信息平台上查询的机动车综合商业保险标准保费

(1) 三者险应交保费计算举例

三者险应交保费＝三者险标准保费×费率调整系数；

三者险标准保费＝三者险基准纯风险保费÷(1－附加费用率)，(1－附加费用率)取值0.65；

查表基准纯风险保费，6座以下家庭自用车如果投保三者20万，对应基准纯风险保费为768.3元。则三者险的标准保费为768.3÷0.65＝1 182元。保险公司的费率调整系数为0.722 5，则三者险的应交保费为1182×0.722 5＝854元。

(2) 车上人员责任险应交保费计算举例

车上人员责任险应交保费＝车上人员责任险标准保费×费率调整系数；

车上人员责任险标准保费＝保险金额×费率÷(1－附加费用率)，(1－附加费用率)取值0.65；

查表车上人员险费率，乘客座0.169 0%，驾驶座0.266 5%，6座以下家庭自用车投保驾驶座5万元，四个乘客座各2万元，一共8万元，对应乘客座标准保费＝80 000×0.169%÷0.65＝208元，对应驾驶座标准保费＝50 000×0.266 5%÷0.65＝205元。保险公司的费率调整系数为0.722 5，则乘客座的应交保费为208×0.722 5＝150.28元，则驾驶座的应交保费为205×0.722 5＝148.11元。

(3) 全车盗抢险应交保费计算举例

全车盗抢险应交保费＝全车盗抢险标准保费×费率调整系数；

全车盗抢险标准保费＝[基础纯风险保费＋车辆的实际价值×纯风险费率]÷(1－附加费用率)，(1－附加费用率)取值0.65；

查表全车盗抢险费率，6座以下家庭自用车基础纯风险保费78元，纯风险费率0.273 0%，车辆实际价值为94 855元，全车盗抢险标准保费＝(78＋94 855×0.273 0%)÷0.65＝518.39元，保险公司的费率调整系数为0.722 5，则全车盗抢险应交保费为518.39×0.722 5＝374.54元。

3. 附加险保费

(1) 玻璃单独破碎险、指定修理厂险、发动机涉水险、车身划痕险、无法找到第三方特约险

对于车损险下的附加险，以上几种险的保险金额根据车型由信息平台给出，不同的车型保险金额不同，再根据费率表，计算出保费。

(2) 自燃损失险

自燃损失险的保险金额为车辆的实际价值，参考全车盗抢险计算公式。

(3) 不计免赔险保费计算举例

此附加险保费计算公式如下：

$$\begin{pmatrix}盗抢险与自燃险\\除外的险种所对应的\end{pmatrix}不计免赔险保费＝\begin{matrix}适用本条款的\\所有险种应收保费\end{matrix}×15\%$$

$$盗抢险与自燃险所对应的不计免赔险保费＝应收保费×20\%$$

表 2-10　可投保不计免赔险的险种名称

| 险别 | 可投保不计免赔率险的附加险 |
|---|---|
| 主险 | 机动车损失险 |
| | 三者险 |
| | 车上人员责任险 |
| | 全车盗抢险 |
| 附加险 | 自燃损失险 |
| | 新增加设备损失险 |
| | 车身划痕损失险 |
| | 发动机涉水损失险 |
| | 车上货物责任险 |
| | 精神损害抚慰金责任险 |

### 2.3.4　汽车保险费率规章

**一、车辆使用性质**

1. 私人生活用车

个人或家庭所有并用于非经营的客车。私人生活用车应同时具备以下三个条件：

(1) 车辆所有权为个人或家庭所有，以任何法人、其他组织名义购买的车辆均不在本范围内；

(2) 车辆用途为无盈利的、非经营的、方便日常生活的代步工具；

(3) 车型仅限于客车。

2. 行政用车

党政机关、社会团体、企事业单位及其他组织所有并用于日常行政事务的车辆。行政用车应同时具备以下三个条件：

(1) 车辆所有权为法人或其他组织所有；

(2) 车辆仅作为方便日常行政工作的一种代步工具；

(3) 车辆本身载客、载货行为不以营利为目的。

3. 生产用车

企业、个人或家庭所有并用于完成商业性传递或保证自身经营活动正常运作的车辆。生产用车应同时具备以下三个条件：

(1) 车辆所有权为各类企业、个人及家庭；

(2) 车辆的使用限于以下三方面：

① 运送工商业生产所需的原材料、辅助材料、半成品或产成品；

② 运送自身农业生产所需工具、材料及产品；

③ 完成主业所从事的业务活动，但不包括营运车辆及租赁车辆的用途；

(3) 车辆使用不直接收取运费。

4. 营运车辆

由交通运输管理部门核发营运证书的用于从事客运、货运或客货两运的车辆。营运车辆应同时具备以下三个条件：

(1) 保险车辆须有交通管理部门核发的营运证书；
(2) 车辆用于国家允许的客运、货运或客货两运业务；
(3) 业务活动的目的为收取运费。

5. 租赁车辆

拥有国家管理部门核发的租赁许可证的单位所有并用于向他人租赁以收取租赁费用为目的的车辆。租赁车辆应同时具备以下三个条件：

(1) 投保人须有管理部门核发的租赁业务经营许可证；
(2) 车辆用于向他人租赁；
(3) 业务活动的目的为收取租赁费。

## 二、车辆类型

1. 客车
2. 货车
3. 农用车
4. 集装箱车
5. 挂车
6. 特种车

(1) 包括油罐车、气罐车、液罐车、水泥罐车、冷藏车等,适用于各类装载油料、气体、液体、水泥搅拌设备的专用罐车,或适用于装有冷冻或加温设备的箱式车辆；

(2) 包括起重车、装卸车、工程车,适用于各种有起重、装卸、升降等工程设备或功能的专用车辆；

(3) 包括救护车、电视转播车、监测车、消防车、清洁车及医疗车,适用于车内固定装有专用仪器设备,从事专业工作的监测、消防、清洁、医疗、救护、电视转播、雷达、X光检查等车辆；

(4) 专指运钞车,适用于各银行、财务公司、押运公司所有的、具有专业防护装置,专用于运送纸币、货币、纸币专用纸及其他与货币相关物品的车辆。

7. 其他车辆

## 三、国产、进口车辆划分标准

1. 进口车辆

满足以下任一条件的车辆为进口车辆：

(1) 整车进口的一切机动车辆；
(2) 主要零配件由国外进口,国内组装的车辆；
(3) 合资企业生产的16座以上(含16座)的客车；
(4) 下列车辆品牌和车型：北京切诺基V6、广州本田、上海别克、上海帕萨特、湖北雷

诺、长春奥迪系列、天津丰田；

(5) 其他合资企业生产的国产化率低于70%的机动车辆。

### 2. 国产车辆

国产车辆是指除进口车辆以外的机动车辆。

## 四、车龄及使用年限

### 1. 车龄

车龄是指保险车辆已使用的年限，不足一年者不计算。车龄从车辆出厂后向车辆管理部门初次登记之日起计算。

### 2. 规定使用年限

规定使用年限是指根据国家有关车辆报废标准，车辆能够使用的期限。其中：

(1) 规定使用年限为15年的车型有：9座（含9座）以下非营运载客汽车（包括轿车、越野车）；

(2) 规定使用年限为10年的车型有：旅游载客汽车和9座以上非营运载客汽车；

(3) 规定使用年限为8年的车型有：轻、微型载货汽车（含越野型）、带拖挂的载货汽车、矿山作业专用车及各类出租汽车。

### 3. 已使用年限相对值

车辆已使用年限相对值的计算公式如下：

$$已使用年限相对值 = 车龄/规定使用年限$$

**案例：** 某出租汽车于2000年1月1日初次登记上牌，2002年6月1日时，其已使用年限相对值为：

车龄/规定使用年限 $= 2年/8年 = 0.25$。

## 五、新车购置价及实际价值

### 1. 新车购置价

新车购置价指保险合同签订时，合同签订地购置同类型新车（含车辆购置税）的价格。

### 2. 实际价值

实际价值是指与保险车辆同类型车辆市场新车购置价减去该车已使用年限折旧金额后的价格，折旧率按国家有关规定执行，折旧按每满一年扣除一年计算，不足一年的部分，不计折旧。计算公式如下：

$$实际价值 = 新车购置价 \times (1 - 已使用年限 \times 车辆年折旧率)$$

## 一、简述题

1. 什么是汽车保险的理论价格？包括哪几部分？
2. 汽车保险费率的确定原则有哪些？

3. 汽车保险费率有哪几种模式？
4. 汽车险保费的计算公式是什么？保费调整系数有几部分构成？
5. 说明汽车保险费率、汽车保险金额、汽车保险费三个基本概念以及内在联系。
6. NCD 系数是什么？如何规定？
7. 保费的折扣系数最低多少？
8. 什么是车型定价？

## 二、案例分析

针对老旧车型保险公司有以下规定：

（一）老旧车禁止承保车损险、盗抢险、自燃险。

（二）老旧车需投保车损险、盗抢险、自燃险的，经办人员须填写《车险特殊业务报备表》，获批后方可承保。

（三）车损险、盗抢险、自燃险保额为系统默认参考实际价值（新车购置价的 20%），不允许在参考实际价值基础上调保额。原有车损险限额特别约定废止。

表 2－11 老旧车年限规定

| 车辆种类 | 老旧车年限 | | | | | |
| --- | --- | --- | --- | --- | --- | --- |
| | 家庭自用 | 非营业 | 营业 | | 特种车 | |
| | | | 出租 | 其他 | 矿山专用车 | 其他车辆 |
| 9 座以下客车 | 11 | 11 | 6 | 7 | 6 | 7 |
| 10 座以上客车 | 7 | 7 | 6 | 7 | | |
| 微型载货汽车 | | 7 | 6 | 6 | | |
| 带拖挂的载货汽车 | | 7 | 6 | 6 | | |
| 低速货车和三轮汽车 | | 6 | 5 | 5 | | |
| 其他车辆 | | 7 | 6 | 7 | | |

请根据上述表述，分析上牌已经 12 年的日产天籁轿车都能投保什么险种，保额大约是多少？

课题二 保险承保

# 学习单元四 查验核保

张某于2000年7月26日购买一辆新丰田豪华吉普,于次日向当地某保险公司投保基本险附加全车盗抢险,盗抢险保额85万元,保险公司仅对车拍照后就予以承保。9月28日张某报案称车失窃。

保险公司认为该车至失窃时未上牌,《机动车辆保险条款》第5条11款规定:除本保险合同另有书面约定外,发生保险事故时保险车辆没有公安交通管理部门核发的行驶证和号牌,或未按规定检验或检验不合格,均属于除外责任。被保险人则认为,自己在投保时并无不实告知,保险公司在知道该车是新车未上牌的情况下收取了基本险和盗抢险保费,并出具了保单正本和保费收据,保险合同有效,保险公司应赔付。双方产生纠纷,协商未果,诉诸法院。法院受理后裁决保险公司败诉,赔偿盗抢险损失。

此案给保险人的启示是:必须完善核保验车和出单程序。此外,把好车险核保进口关,特别是加保盗窃险的车辆核保,一要制订具体核保规则,二要防止验车流于形式,在验车环节的风险控制上下工夫,防止道德风险。

在本章学习中,我们将从了解核保的含义、意义和原则开始,介绍核保的方式、流程,以及核保工作的主要内容,了解核保工作对汽车保险工作的重要性。

## 2.4.1 核保的基本内容

### 一、核保的含义

核保是保险经营过程中十分重要的环节。保险公司除了要大量承揽业务以外,还要保证业务的质量,否则就会出现经营风险,使公司赔付率上升,严重的还会影响公司的偿付能力,不仅影响公司正常对经营者和保险人的权益,甚至给社会带来危害。建立核保制度对于保证承保业务的质量和公司的健康发展起着举足轻重的作用。所以,控制保险公司经营风险、确保保险业务,各保险公司均十分注重对核保工作的管理。

核保是指保险公司的专业技术人员对投保人的申请进行风险评估,决定是否接受这一风险,并在决定接受风险的情况下确定承保的条件,包括使用的条款和附加条款、确定费率和免赔额等。

核保活动包括选择被保险人,对危险活动进行分类,决定适当的承保范围,确定适当的费率或价格,为展业人员和客户提供服务等几个方面。

保险核保是保险人对每笔业务的风险进行辨认、评估、定价,并确认保单条件,以选择优质业务进行承保的一种行为,就是对可保风险进行可行性核保和评估。所以,核保对于控制经营风险,确保保险业务的健康发展有十分重要的作用,它是保险承保过程中的重要环节之一。

展业人员通过核保对标的风险状况有客观的认识和了解,并向被保险人或投保人说明其应负的如实告知义务,对有明显欺诈倾向的投保人予以警惕和拒保;同时围绕标的价值和风险状况展开评估调查工作,以确定是否承保和可保的费率条件;严格执行条款,不得任意放宽承保条件、扩大保额、降低费率;为了防止道德风险,对高风险标的和高额投保的标的尤其要严格核保和评估,必要时加费承保或拒保,尽量降低发生欺诈风险的可能性。核保完毕后,核保人在投保单上签署意见,将投保单、核保意见一并转业务内勤据以缮制保险单证。对超出本级核保权限的,应报上级公司核保。

核保贯穿从受理投保到保单终止的车险业务流程的始终,是业务流程的核心,是保险公司经营管理的重点。

### 二、核保的意义

**1. 防止逆选择,排除经营中的道德风险**

在保险公司的经营过程中始终存在一个信息问题,即信息的不完整、不精确和不对称。也就是说,投保人比较了解或能较精确估计其自身风险,而保险人却难以做到这一点。尽管最大诚信原则要求投保人在投保时应履行充分告知的义务,但是,事实上始终存在信息的不完整和不精确的问题,而这可能导致投保人或被保险人的道德风险和逆选择,给保险公司经营带来巨大的潜在的风险。

保险公司建立核保制度,由资深人员运用专业技术和经验对投保标的进行风险评估,可以最大限度地解决信息不对称和逆选择的问题,排除道德风险,防止逆选择。

**2. 确保业务质量,实现经营稳定**

保险公司是经营风险的特殊行业,其经营状况良好与否,既关系到保险公司经营的稳定,也关系到整个社会的稳定。保险公司要实现经营的稳健,关键一个环节就是控制承保业务的质量。但是,随着国内保险市场供应主体的增多,保险市场竞争日趋激烈,保险公司在不断扩大业务的同时,经营风险也在不断增大。其主要表现为:(1)为了拓展业务而急剧扩充业务人员,这些新的工作人员业务素质有限,无法认识和控制承保的质量;(2)保险公司为了扩大保险市场的占有率,稳定与保户的业务关系,放松了拓展业务方面的管理;(3)保险公司为了拓展新的业务领域,开发了一些不成熟的新险种,签署了一些未经过详细论证的保险协议,增加了风险因素。

核保制度则可以使保险公司防范、避免和解决经营风险现象的发生,强化对经营风险的管理,通过建立核保制度,将展业与承保相对分离,实行专业化管理,严格把好承保关。

哪几种情况容易拒保

**3. 扩大保险业务规模,与国际惯例接轨**

我国加入 WTO 以后,国外的保险中介机构正逐步进入中国保险市场。同时,我国保险的中介力量也在不断壮大,现已成为推动保险业务的重要力量。在看到保险中介组织对于

课题二 保险承保

扩大业务的积极作用的同时,也应注意到其可能带来的负面影响。由于保险中介组织经营目的和价值取向的差异以及人员的良莠不齐,保险公司在充分利用保险中介机构进行业务开展的同时,也应对保险中介组织的业务加强管理,核保制度是对中介业务质量控制的重要手段,建立和完善保险中介市场的必要前提条件。

4. 实现经营目标,确保持续发展

在市场经济条件下,企业发展的重要条件是对市场进行分析,并在此基础上确定企业的经营方针和策略,包括对企业的市场定位和选择特定的业务和客户群。同样在我国保险市场的发展过程中,保险公司要在市场上争取和赢得主动,就必须确定自己的市场营销方针和政策,包括选择特定的业务和客户作为自己发展的主要对象,确定对各类风险承保的态度,制定承保业务的原则、条款和费率等。而这些市场营销方针和政策实现的主要手段是核保制度,通过核保制度对风险选择和控制,保险公司能够有效地实现其既定的目标,并保持业务的持续发展。

### 三、核保的工作原则

1. 保证长期的承保利润

进行核保工作时,能够全面、细致、严格地对标的进行核保,争取对优质的业务进行承保,保证公司的经营效益,同时要避免片面追求承保数量,忽略业务质量的短期行为,这将影响公司的经营目的和方向,不利于公司的长远发展。

2. 提供优质的保险服务

通过核保工作,提供全方位和多层次的保险服务,保持客户的数量及长期的客户关系,能够为客户设计优化的保险方案,充分满足客户的需要,并不断完善以适应客户保险新的要求。同时,公正对待每一位客户,承保条件和费率对所有的客户一视同仁。

3. 争取市场的领先地位

根据市场的变化,及时调整公司业务规章,保持在市场的竞争力。通过不断提高承保技术,拓展新的业务领域,努力保持市场的领先优势或争取市场的领先地位。

4. 谨慎运用公司的承保能力

全面、细致、严格地对业务进行核保,争取最好的承保条件,保证公司实现长期承保利润。避免片面追求承保数量的短期行为,防止赔付率的畸形上升,影响公司的稳定经营。但是,在实际核保过程中,对于具体业务也应掌握分寸、把握尺度,防止核保过严。核保过严,虽然对风险控制有利,但是将增加业务费用、抵消展业部门的工作、降低公司的承保业务量和市场份额、影响保险费的收入,进而影响保险基金的积累。所以,在核保工作中,应该全面考虑、统筹兼顾,不能为发展业务而放弃风险控制。

5. 实施规范的管理

在核保过程中,核保人员要遵守国家法律、法规,遵守行业规章和市场准则,严格按照公司制度,在权限范围内开展核保工作。

6. 有效利用再保险支持

以确保公司利润为原则,最大限度地利用再保险,而不是片面依赖于再保险支持。严格核保,确定自留额以便合理分散风险,争取实现最大的利润及最小的风险代价。

### 2.4.2 核保的运作

**一、核保机构设置模式**

1. 分级设置模式

根据内部机构设置情况、人员配备情况、开展业务需要、业务技术要求等设立数级核保组织。比如人保公司在各省分公司内设立三级核保组织,即省分公司、地市分公司(营业部)、县支公司(营业部)。这是我国普遍采用的一种模式。

2. 个案分派模式

根据投保金额、投保类型、投保申请的地理位置或递交投保申请的代理人分派个案,核保师可根据自己的专业、特长专门从事某一类型的个案,有利于提高效率。

3. 核保中心模式

即在一定的区域范围内设立一个核保中心,通过网络技术,对辖区内的业务实行远程核保。这种模式的优点是:一方面所有经营机构均可得到核保中心的技术支持,最大限度地实现技术和优势共享;另一方面核保中心可对各机构的经营行为实行有效控制和管理。

核保中心将成为今后保险公司核保的一个重要模式,网络技术的发展也为集中核保提供了有利的条件。

**二、核保人员的等级和权限**

目前一般分三个等级,根据核保人员的不同等级,授予不同的权限。

一级核保人主要负责审核特殊风险业务,包括高价值车辆的核保、特殊车型业务的核保、车队业务的核保、投保人特别要求业务的核保,以及下级核保人员无力核保的业务。同时,还应及时解决其管辖范围内出现的有关核保技术方面的问题,如果自己无法解决应及时向上级核保部门反映。

二级核保人主要负责审核非标准业务,包括不属于三级核保人业务范围的非标准业务,即在核保手册中没有明确指示核保条件的业务,主要是指在日常工作中可能出现的承保条件方面的问题,如保险金额、赔偿限额、免赔额等有特殊要求的业务。

三级核保人主要负责对常规业务的核保,即按照核保手册的有关规定对投保单的各个要素进行形式上的审核,亦称投保单核保。

**三、核保的依据**

核保手册,即核保指南,是将公司对于机动车辆保险核保工作的原则、方针和政策,机动车辆保险业务中涉及的条款、费率以及相关的规定,核保工作中的程序和权限规定,可能遇到的各种问题及其处理的方法,用书面文件的方式予以明确。

核保手册是核保工作的主要依据。通过核保手册,核保人员能按统一标准和程序进行核保,可实现核保工作的标准化、规范化和程序化。

**四、核保运作基本流程**

核保工作原则上采取两级核保体制。先由保险展业人员(包括业务员、代理人、经纪人)

在展业的过程中进行初步审核,然后将初步接受的业务交由专业核保人员根据各级核保权限进行审核,超过本级核保权限的,报上级公司核保,进而决定是否承保、承保条件以及保险费率等。图2-4所示为车险业务核保工作流程。

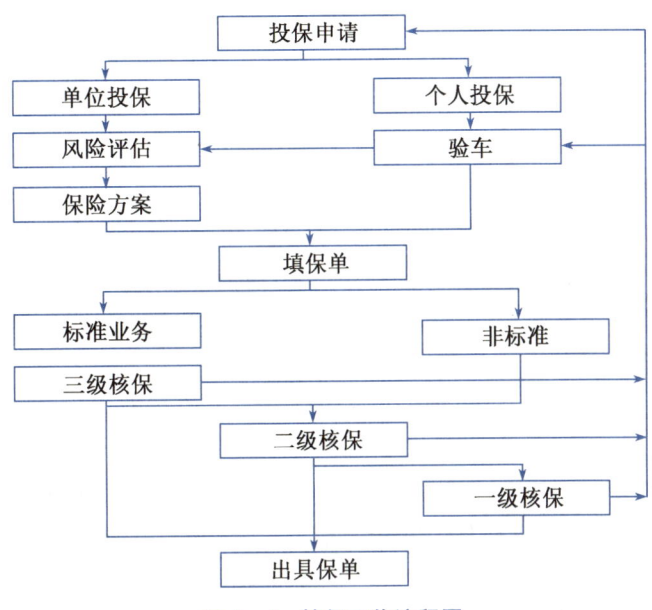

图2-4 核保工作流程图

### 1. 本级核保

本级核保的基本内容包括:

(1) 审核保险单是否按照规定内容与要求填写,有无错漏;审核保险价值与保险金额是否合理。

(2) 审核业务人员或代理人是否验证和验车,是否按照要求向投保人履行了告知义务,对特别约定的事项是否在特约栏内注明。

(3) 审核费率标准和计收保险费是否正确。

(4) 对高保额和投保盗抢险的车辆,审核有关证件、实际情况是否与投保单填写一致,是否按照规定拓印牌照存档。

(5) 对事故率高、风险集中的投保单位提出限制性承保条件。

(6) 对费率表中没有列明的高档、专用或特种车辆,视风险情况提出费率确定的意见。

(7) 审核其他相关情况。核保完毕后,核保人应在投保单上签署意见。对超出本级核保权限的,应上报上级公司核保。

### 2. 上级核保

上级公司接到请示公司的核保申请以后,应有重点地开展核保工作。

(1) 根据掌握的情况考虑可否接受投保人投保。

(2) 接受投保的险种、保险金额、赔偿限额是否需要限制或调整。

(3) 接受投保是否需要增加特别的约定。

(4) 协议投保的内容是否准确、完善,是否符合保险监管部门的有关规定。

上级公司核保完毕后,应签署明确的意见并立即返回请示公司。

核保工作结束后,核保人将投保单、核保意见一并转业务内勤。对于同意承保的,业务内勤根据投保单缮制保险单证。

### 五、核保的具体方式

核保的具体方式应当根据公司的组织结构和经营情况进行选择和确定,通常将核保的方式分为标准业务核保和非标准业务核保、计算机智能核保和人工核保、集中核保和远程核保、事先核保和事后核保等。

#### 1. 标准业务核保和非标准业务核保

标准业务是指常规风险的业务,通常由三级核保人完成标准业务的核保工作。

非标准业务是指风险较大的业务,如保险价值浮动超过核保手册规定范围的业务、特殊车型业务、军车和外地车业务、高档车盗抢险业务等,由二级或者一级核保人进行核保。

#### 2. 计算机智能核保和人工核保

计算机核保可大大缓解人工核保的压力,提高效率和准确性,减少核保过程中的人为负面因素。

计算机不可能解决所有核保问题,对一些非程序化的、非常规业务的核保,仍离不开人员的参与。计算机智能核保与人工核保需要共存。

#### 3. 集中核保和远程核保

集中核保可有效解决统一标准和规范业务的问题,实现技术和经验最大限度的共享。其困难是经营网点分散,缺乏便捷和高效的沟通渠道。

远程核保就是建立区域性的核保中心,利用互联网等现代通信技术,对辖区内的所有业务进行集中核保。该方式的优点是,不仅可以利用核保中心人员技术的优势,还可利用中心庞大的数据库,实现资源共享,同时,还有利于对经营过程中的管理疏忽及道德风险实行有效防范。

#### 4. 事先核保和事后核保

事先核保是指投保人提出申请后,核保人员在接受承保之前对投保人及标的的风险进行评估和分析,决定是否承保。

事后核保是保险人承保后发觉保险标的风险超出核保标准规定而对保险合同做出淘汰的选择。

事后核保的结果表现为:继续承保;保险合同期满后不再续保;发现被保险人有错误申报的重要事实或欺诈行为后解除合同;行使合同的终止权终止合同效力等。

### 六、核保的主要内容

核保工作包括事前风险选择和事后风险选择两个方面。

#### 1. 事前风险选择

事前风险选择是在展业的风险选择基础上,对可承保的标的进一步分析、审核,确定是否接受承保及其条件。

(1) 投保人资格

对投保人资格进行审核的核心是认定投保人对保险标的拥有保险利益,汽车保险业务中主要是通过核对行驶证来完成的。目前,我国对于车辆的管理是采用"二合一"的方式,即将行驶证作为机动车辆的行驶资格认定凭证,同时作为机动车辆所有权的证明。

机动车辆保险实务中经常会遇到机动车辆名义所有人与实际所有人不符的情况。

名义所有人是指购买车辆,或者是进口车辆的当事人,是行驶证上的车主。由于种种原因,名义所有人并不占有车辆,而将车辆实际所有权(永久性使用权)转移给实际所有人,由实际所有人占有和使用,而这种转移没有或者无法得到车辆管理部门的认可。

对于这种情况应当具体分析。如果机动车辆的实际所有人是合法取得使用权的,并且名义所有人和实际所有人双方已经明确转让权益,即明确在车辆保险项下由车辆的实际所有人负责履行被保险人的义务,同时享有相应的权利,那么认可实际所有人具有投保人的资格。

(2) 投保人或被保险人的基本情况

投保人或被保险人的基本情况主要是针对车队业务而言的。保险公司通过了解企业的性质、是否设有安全管理部门、经营方式、主要运行线路等,可以分析投保人或被保险人对车辆管理的技术和经验,比如

① 是否有专门的安全管理部门。
② 是专业运输公司还是企事业机关单位。
③ 运输公司的业务性质,是以客运还是货运为主。
④ 车辆主要的行驶区域,当地、省内还是全国或跨境。
⑤ 车辆日常行驶距离,是短距离、中长距离还是长距离。
⑥ 运输公司的管理模式,是集中经营管理还是承包经营等。

通过对投保人或者被保险人基本情况的了解,可以及时发现其可能存在的经营风险,便于采取必要的措施降低和控制风险,做到科学经营。

(3) 投保人或被保险人的信誉

近年来,在汽车保险领域中出现了大量的保险欺诈现象,一些不法分子利用虚构保险利益、制造保险事故、伪造事故现场、扩大事故损失等手段进行诈骗活动。此外,目前我国还缺少完善的诚信信息体系,保险人无法获得投保人、被保险人的基本信息,如果保险人疏于管理和有效控制,则会由于投保人、被保险人的不良信誉而造成无法收回的应收账款,增加保险人的经营成本。因此,对投保人或被保险人的信誉调查和评估逐步成为汽车保险核保工作的重要内容之一。

评估投保人或被保险人信誉的一个重要手段是对其以往损失和赔付情况进行了解,那些没有合理原因却经常"跳槽"更换保险公司的被保险人,往往存在道德风险。

(4) 保险标的

车辆损失险及其附加险的保险标的是车辆本身。车辆本身的风险一般体现在如下几个方面。

首先是车辆本身的安全性能。有的车辆由于设计或者工艺、销售方面的原因,安全性能较差,致使这类车辆的事故率较高。其次是车辆零配件的价格水准。有的车型在当地市场较为罕见,零配件供应较为困难且价格较高。还有一些车辆本身的价格并不高,但是,其"配件与车价比"(指车辆碰撞易损坏件价格与该车型车辆的销售价格比)却高出其他同类车型。第三是一些高档车辆和跑车。一方面,高档车辆的维修费用通常较高,而跑车一般由年轻人

或喜欢开快车的人驾驶,因此风险较大;另一方面高档车辆的盗窃风险相对较高。

对于上述这些风险,保险公司通常是限制或拒绝承保,或者采取一些特殊的核保方法。如对投保盗抢险的二手高档车辆,采用"验车承保"的方式,即对车辆进行实际的检验,包括了解车辆的使用和管理情况,复印行驶证、购置车辆的完税费凭证,拓印发动机与车架号码。对于一些高档车辆还应当建立车辆档案。

(5) 保险金额

保险金额的确定涉及保险公司及被保险人的利益,往往是保险双方争议的焦点,因此保险金额的确定是汽车保险核保中的一个重要内容。

目前,各保险公司的保险条款均明确汽车保险的保险单为"不定值保单",这较好地解决了以往经营中存在的问题。但是,保险金额的问题并没有完全解决,其原因是在实际工作中,尤其是在理赔的过程中要完全按照保险价值与保险金额的关系进行理算,从技术和实务上均存在一定的难度。另一方面,因为我国的保险市场还不是十分规范,不正当竞争的现象仍然存在,如果没有一个相对统一的标准,很容易产生认识和实际工作中的混乱,给规范市场工作造成不利影响。解决这个问题较为有效的办法是由当地的保险行业公会牵头制定一个当地车辆的市场指导价,各保险公司按照公布的指导价或者在指导价的基础上确定保险金额,这样可以在一定程度上规范和统一市场,并起到积极和进步的作用。

这就是说,在具体的核保工作中,应当根据当地保险行业公会颁布的,或者公司制定的汽车市场指导价格确定保险金额。对投保人要求按照低于这一价格投保的,应当尽量劝说并将理赔时可能出现的问题进行说明和解释;对于投保人坚持己见的,应当向投保人说明后果并要求其对于自己的要求进行确认,同时在保险单的批注栏上注明。

虽然制定汽车市场指导价的方法解决了长期以来汽车保险经营中存在的确定和统一保险金额的问题,但是这种方式并不完美,在保险事故造成全损和推定全损的情况下,理赔中仍然存在着不公平的因素。

(6) 保险费

核保人员对于保险费的审核主要分为费率适用的审核和计算的审核。核保人员主要是根据投保人、被保险人的不同风险程度来选择恰当的费率及调整因子。计算结果审核目前一般由计算机的智能化功能来完成。

(7) 附加条款

主险和标准条款提供的是适应汽车风险共性的保障,但是作为风险的个体是有其特性的。一个完善的保险方案不仅解决共性的问题,更重要的是解决个性问题,附加条款适用于风险的个性问题。特殊性往往意味着高风险,所以,在对附加条款的适用问题上更应当注意对风险的特别评估和分析,谨慎接受和制定条件。

2. 事后风险选择

事后风险选择则是淘汰超出可保风险范围的保险标的,例如,保险合同期满后不再接受续保;注销欠交保险费的保险合同;中途终止有欺诈行为的保险合同等。

一、简述题
1. 核保的意义是什么?
2. 核保工作应该遵循哪些原则?
3. 核保的具体方式有哪些?
4. 请说出核保的内容。

二、案例分析

某保险公司承保戴某的货车,车辆发生事故后,保险公司才知与戴某签合同前,车子刚被有关部门注销档案。保险公司认为合同为无效合同,无须赔付。

2008年11月5日清晨,戴某的雇员张某驾驶货车由厦门前往福州。途中,货车车头右侧碰撞在主车道上行走的陈某,陈某当场死亡。事后,高速公路警方作出事故认定书,认定双方负同等责任。

去年3月,陈某家人将肇事司机、车主和某保险公司一同告上法庭,索赔70余万元。

法院开庭审理时,陈某家人认为,肇事货车已经于2008年2月注销,不具备上路资格,车辆安全性能存在严重问题,以及司机张某在驾驶过程中注意不够,这些因素是造成事故的主要原因。

戴某辩称,陈某在其车辆发生故障后没有按规定设置警告标志开启危险报警闪光灯,且违反规定,走入主车道,因此受害人对事故应承担主要责任。

某保险公司辩称,肇事车辆在投保时,车主故意不履行如实告知义务,承保货车档案在承保前已注销,因此该车不具备上路行驶资格。投保人违反法律法规强制性规定,不具备法律认可和保护的利益,车辆交强险和商业险已经失去意义。因此,保险公司与戴某之间的保险合同属无效合同,保险公司不承担赔偿或者给付保险金的责任。

经庭审,法院确认张某、陈某对事故负同等责任。根据道路交通法相关规定,非机动车驾驶人、行人负事故同等责任的,机动车一方承担60%的赔偿责任。因此,张某承担60%的责任,受害人承担40%的责任。经核算各项费用共56万余元,其中肇事方承担60%即33万余元。同时,法院认定保险公司应承担赔付责任,遂判定保险公司赔付死者家属各项费用10万余元,戴某赔偿20余万元。

法院为何裁定保险公司应承担赔付责任?

## 学习单元五　缮制与签发保险单证

汽车保险业务的特点之一是保险合同的数量较大,且应用的单证种类较多,所以,单证的管理工作显得十分重要。在以往的经营过程中曾经出现了一些单证方面的问题,包括出现过假冒的保险单证,给我国保险业的健康发展带来了负面和消极的影响。为此,应当重视和加强对保险单证的管理。中国保监会根据保险市场的情况,从1999年起对全国的机动车辆保险单证实行统一监制的模式,这种模式对于规范市场、防止违规和不法经营起到了积极的作用,为保险公司强化对保险单证的管理提供了有利的条件。

在本章学习中,我们将从了解单证的概念开始,介绍出具单证以及单证的清分与归档的具体内容,强化缮制与签发单证在汽车保险工作中的重要性。

### 2.5.1　出具单证

**一、单证的概念**

在汽车保险中主要有以下几种单证。

1. 投保单

投保单是投保人申请投保保险的一种书面凭证。投保单通常由保险公司提供,由投保人填写并签字或盖章后生效,保险公司根据投保人填写好的投保单内容出具保险单正本。

2. 保险单

保险单也叫保险单正本,是保险公司与投保人订立保险合同的书面证明。保险单由保险公司出具,主要载明保险公司与被保险人之间的权利、义务关系。它是被保险人向保险公司进行索赔的凭证。

3. 保险卡

保险卡是由保险公司签发给保户的、记载保险单正本中的主要内容、供保户随身携带的卡片式的简单凭证。

4. 批单

批单是为变更保险合同内容,保险公司出具给被保险人的补充性的书面证明。

5. 保险发票

保险发票是保险费付讫的凭证。

**二、缮制单证**

缮制单证就是在接受业务后,填制保险单或发放保险凭证以及办理批单手续。

保险单或保险凭证是载明保险合同关系双方当事人的权利与义务的书面凭证,是被保险人向保险人索赔和保险人处理赔款事项的主要依据。因此,缮制单证是承保工作的重要环节,其质量的好坏直接关系到保险合同当事人双方的义务和权利能否正常履行与实现。

1. 业务内勤接到投保单及其附表以后,根据核保人员签署的意见,即可开展缮制保险单工作。保险单原则上应由计算机出具,暂无计算机设备而只能由手工出具的营业单位,必须得到上级公司的书面同意。

2. 用计算机制单的,将投保单有关内容输入到保险单对应栏目内,在保险单"被保险人"和"厂牌型号"栏内登录统一规定的代码。录入完毕并检查无误后,打印出保险单。

3. 手工填写的保险单必须是保监会统一监制的保险单,保险单上的印制流水号码即为保险单号码。将投保单的有关内容填写在保险单对应栏内,要求字迹清晰、单面整洁。如有涂改,涂改处必须有制单人签章,但涂改不能超过三处。制单完毕后,制单人应在"制单"处签章。

4. 特约条款和附加条款应印在或贴在保险单里正本背面,加贴的条款应加盖骑缝章。应注意责任免除、被保险人义务和免赔等规定的印刷字体应该与其他内容的字体不同,以提醒被保险人注意阅读。

5. 保险单缮制完毕后,制单人应将保险单、投保单及其附表一起送复核人员复核。

### 三、缮制单证的注意事项

1. 经核保人员签署同意意见、收取保险费后,出单人员即可打印保险单、保险标志、保险证等保险单证。

2. 通过电脑系统打印交强保险单、保险标志、商业保险单、保险证时,必须先输入所用单证的印刷流水号码,系统自动检查制单人员是否有权使用此张单证。有权使用则开始打印,并在单证管理系统中自动将该张保险单标识为"已使用",自动销号。无权使用的禁止打印。

3. 保险单打印错误,包括打印后需要重新修改、打印格式错位等需要再次打印保险单时,必须将上一次打印时使用的监制单证印刷流水号进行"作废"登记后,方可以再次打印新的保险单证。

4. 保险单打印完毕后,出单人员在保险单上加盖业务专用章。

5. 除定额保险单外,《机动车保险证》一车一证。投保交强险的车辆,每车打印保险标志。保险证、保险标志均应通过业务处理系统打印。

6. 多车投保业务处理。打印保险单时,可以根据投保人的要求一车一单打印,打印方式与单台车承保相同,也可按保险单加附表的方式打印。

### 四、复核单证

单证复核是业务承保工作的一道重要程序,也是确保承保质量的关键环节,因此,必须配备具有较高政治素质和业务素质的人员担此重任。复核时,应注意审查投保单、验险报告、保险单、批单、明细表及其他各种单证是否齐全,内容是否完整且符合要求,字迹是否清楚,计算是否正确,并与原始凭证相对照,力求无差错。一切复核无误后,负责人、复核员要签名并加盖公章,然后对外发送。

### 五、开具保费收据

保险单经审核无误后,转财务人员据此打印或用复写纸套写"保险费收据"一式三联。保费收据上的收款金额应与保单上总保费一致。如果分期交费,则按实际收费数填写,同时必须在保险单上载明分期交费的日期与金额。

分期交付保费应从严掌握。各分公司应制定分期交付保费的条件与管理权限,首期交付保费的比例不得低于应交保费的 20%,分期交付的次数应控制在四次以内。分期交费应在特别约定栏内注明违约处理办法,建立专项登记簿,以便及时催收。应交保险费到期前应通知被保险人按时交付,过期限仍未交付的,则以书面方式通知被保险人,并从实际交付保险费责任期满的次日零时起中止保险合同。对于应收保险费的管理,应符合保险会计原则和监管规定。

分期交付保险费不适用车辆第三者责任险。

### 六、收取保费

收费员经复核保险单无误后,向投保人核收保险费,并在保险单"会计"处和保险费收据的"收款人"处签章,在保险费收据上加盖财务专用章。只有被保险人按照约定交纳了保险费,该保险单才能产生效力。

### 七、签发保险单证

机动车辆保险单统一实行一车一单,投保人交费后,业务人员必须在保险单上注明公司名称、详细地址、邮政编码及电话,并加盖保险公司业务专用章。然后,根据保险单填具《机动车辆保险证》。无论是主、挂车一起投保还是挂车单独投保,挂车都须单独出具有独立保险单号码的保险单。主、挂车一起投保可按多车承保方式处理,给予一个合同号,以方便调阅。挂车填制保险单时,"发动机号码"栏统一填写"无"。

《机动车辆保险证》应与保险单同时签发,要做到一车一证,及时发送,不得委托保户自填。根据保险单填写汽车保险证并加盖业务专用章,所填内容应与保险单有关内容一致。险种一栏填写投保险种的代码,电话一栏必须填写公司报案电话,项目须填写清楚、齐全,所填内容不得涂改。空白保险证应妥善保管,不得预盖业务专用章。目前,对于保险证智能化问题正在专题研究,保险证功能的拓展对提高保险服务质量有着积极的意义。

签发单证时,交由被保险人收执保存的单证有保险单证正本、保险费收据(保户留存联)、汽车保险证。对已经同时投保车损险、第三者责任险、车上人员责任险、不计免赔特约保险的投保人签发保险事故伤员抢救费用担保卡,并做好登记。

### 八、保险单证的补录

手工出具的汽车保险单、提车暂保单和其他定额保单,必须按照所填内容录入到保险公司的计算机车险业务数据库中,补录内容必须完整准确,补录时间不能超过出单后的第 10 个工作日。

单证补录前应经专人审核、检查,并由专人输录,业务外勤或经办人不得自行补录,补录内容必须完整正确。

## 2.5.2 单证的清分与归档

### 一、单证的清分

对投保单及其附表、保险单及其附表、保险费收据、保险证,应由业务人员清理归类。投保单的附表要贴在投保单的背面,保险单及其附表需要加盖骑缝章。清分时,应按照以下送达的部门清分。

#### 1. 财务部门留有的单证

保险费收据(会计留存联)、保险单副本。

#### 2. 业务部门留存的单证

保险单副本、投保单及其附表、保险费收据(业务留存联)。留存业务部门的单证应由专人保管并及时整理、装订、归档。每套承保单包含保险费收据、保险单副本、投保单及其附表。

其他表单的整理按照保险单(包括作废的保险单)流水号码顺序装订成册,并在规定时间内移交档案部门归档。

### 二、单证的归档

#### 1. 登记

业务部门应建立承保登记簿,将承保情况逐笔登记,并编制承保日报表。

#### 2. 归档

留存业务部门的单证,应按下述要求整理、装订、归档。

(1) 每一套承保单证的整理排列顺序为:保费收据、保险单副本、投保单及其附表。

(2) 按保险单号码顺序排列(包括作废的保险单)装订成册,封面及装订要按档案规定办理,并标明档案保存期限。保单装订排列顺序有两种常用方法:一是按照保监会对有关监制单证管理规定,按统一印刷流水号顺序装订。作废的保险单应盖作废章,并同其他有效单证联号装订。二是按保险单使用打印号(又称"保险单号")顺序装订。这两种装订各有优势,但近年来,因对承保单证实行保监会监制后,在单证管理上要求就更高了,按出单日期或保险单生效日期顺序装订是不合格的。

(3) 各种有效单证应指定专人妥为保管,不得遗失,并按规定时间移交档案室管理。

(4) 保险监制单证的使用与管理应符合中国保监会颁发的《机动车辆保险监制单证管理规定》和总公司的有关文件要求。

### 三、单证的管理

保险单证的管理贯穿于印制、领用和销毁三个环节,在管理的过程中应当注意各个环节的相互衔接,强化有关人员的责任,切实加强对保险单证的管理工作。

#### 1. 单证的印制

单证的印制是单证管理的初始和基础,应当注意加强对单证印制的管理。目前,保险单是采用中国保监会统一监制的模式,所以,各家保险公司没有保险单的印制问题。对于其他单证的印制管理,首先,应选择一个具有一定的技术和管理水平的印刷厂,要求印刷厂按照有价单证印刷的管理方式对承印的保险单证进行印刷管理,防止单证从印刷厂流失。其次,对于付印的清样应认真核对,防止出现错误。同时,应对单证进行统一的编号,以便对单证进行集中管理。最后,在印制之后应进行严格的验收和交接,已经验收合格的单证应立即移交单证仓库。

2. 单证的领用

应建立保险单证的领用制度,单证的领用制度包括领用单证的审批、领用单证的登记、单证的核销和单证的回收。领用单证的审批制度是指经营单位在领用单证时,应按照一定的程序申请和审批,单证仓库的管理人员按照审批发放单证。领用单证的登记制度是指单证仓库应建立严格的进出仓制度,建立登记簿,以便对单证的发放进行管理。在登记簿上对每一次领用的单证的名称、数量、号码和经办人等信息进行记录。单证的核销制度是指对验收进入仓库的单证的编号进行统一管理,对领用的单证进行核销,跟踪相应编号的保险单的去向,并配合业务管理部门对单证的使用进行管理。单证的回收制度是指对作废的单证必须进行回收。单证作废的情况有两种:一种是在使用过程中,缮制单证时出现错误,造成单证作废;另一种是单证的改版造成单证作废。

3. 单证的销毁

应加强对回收的作废单证的管理,防止这些空白的单证流入非法的渠道。对作废的单证应进行集中销毁,并对销毁的单证进行登记和记录。

## 四、统计报告

保险人应根据有关规定和业务需要对机动车辆保险的情况及各项数据,分类进行日统计、月统计和年统计,亦可根据本地区的实际情况进行各种专项统计。编制后形成的统计资料,应认真分析研究,妥善保存,以利于今后改进工作时对照考查。必要的统计资料应上报或下发。

**简述题**

1. 汽车保险单证主要有哪些?
2. 请说明出具单证的步骤。

# 课题二 汽车保险理赔

## 课题载体

有三个不同客户的车辆发生交通事故(一个单方交通事故;一个是多方交通事故;一个是非交通事故),客户报案,提出索赔申请,你作为一名汽车保险理赔人员如何按照保险理赔原则与理赔流程进行接受报案、案件调度、现场查勘、事故定损、赔款理算、核赔支付等理赔业务。

## 课题任务对应知识

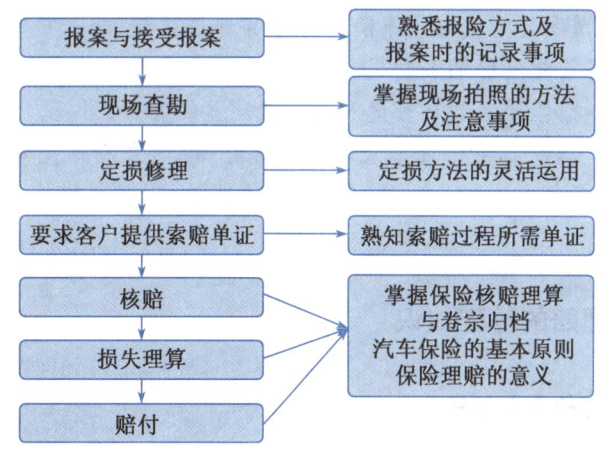

## 学习目标

| 知识目标 | 能力目标 |
| --- | --- |
| 1. 理解汽车保险理赔的原则。<br>2. 掌握汽车保险理赔的要求。<br>3. 熟练掌握汽车保险理赔的程序。<br>4. 熟练掌握现场查勘的主要内容与技巧。<br>5. 掌握事故定损与核赔的原则与内容。<br>6. 掌握赔款理算的方法。 | 1. 能够进行事故的现场查勘,掌握现场摄影技术和绘制现场草图的方法。<br>2. 能确定事故损失和进行理算赔款。<br>3. 能够正确填写报案记录与现场查勘记录。<br>4. 能够确定理赔欺诈案件的管理范围与权限。 |

# 学习单元一　车险理赔流程与岗位设置

《中国保监会关于综合治理车险理赔难的工作方案》：近年来，随着我国经济快速发展，人民生活水平不断提高，机动车保有量迅速增加，机动车保险业务也随之快速发展，承保数量和覆盖面迅速扩展，理赔案件数量急骤增长。财产保险业理赔服务能力和服务质量已不能适应车险业务快速发展的要求，难以满足社会各界不断增长的需要。车险理赔服务质量不高导致理赔难问题，不但损害了投保人和被保险人的合法权益，破坏了保险业的社会形象，而且已成为制约财产保险业可持续发展的瓶颈。落实2012年全国保险监管工作会议关于"抓服务、严监管、防风险、促发展"的总体要求，提升车险理赔服务质量，保护投保人、被保险人的合法权益。

工作目标：通过综合治理，争取用3年左右的时间，一是使财产保险公司理赔服务意识明显增强，理赔服务基础建设明显加强，服务体系进一步健全，服务规范化和便捷程度明显提升，服务创新取得新成效；二是行业规范、统一的车险理赔服务制度、服务流程和服务标准初步形成，以信息化、透明化为基础的车险理赔服务评价机制、公开机制和监督机制初步建立；三是车险理赔服务质量监管的制度机制不断健全；四是保险消费者对车险理赔服务投诉明显减少，社会公众对车险服务的认可度和满意度明显提高。

通过本单元的学习，我们将学习车险理赔的基础知识，包括车险理赔的意义与工作原则、特点等，还要具体了解车险公司理赔流程与岗位设置，不同流程节点上的工作职责与工作要点。

## 3.1.1　车险理赔的基础知识

### 一、汽车保险理赔的含义与意义

理赔与索赔是相对应的，是保险公司履行义务和保险受益人行使权利的具体表现。汽车理赔是指保险车辆在发生保险责任范围内的损失后，保险人依汽车保险合同的约定解决赔偿问题的过程。索赔是指保险受益人在保险事故发生后，根据保险合同的规定，请求保险人履行义务的行为。

汽车保险理赔是汽车保险经营的重要环节。其意义在于：通过理赔，被保险人所享受的保险利益得到实现；保险人为客户提供的服务，为社会再生产过程提供保障；保险承保的质量得到检验；增强人们的法律意识；保险经济效益得到充分体现。保险的基本职能是补偿，而补偿是通过理赔工作来实现的。根据我国保险业的经营方针，理赔工作的意义和作用主要体现在以下几个方面。

#### （一）保障社会再生产的顺利运行

在社会再生产过程中，各生产部门之间保持合理的比例关系，是社会再生产过程连续进行的必要条件。理赔工作不仅能使受损单位和个人获得经济补偿,更重要的是通过保险理赔促进社会经济的稳步发展,为社会创造更多的财富。

### (二)保障被保险人的合法权益

保险理赔是保险人履行保险合同、进行经济补偿的具体体现。投保人和保险人签订保险合同,缴付保险费,其出发点就是为了规避被保险人所面临的或潜在的风险,以期在风险降临时获得经济补偿。因此,当风险事故发生时,被保险人就应该享有获得经济补偿的权利,而这种权利的获得,是保险人通过理赔工作实现的。

### (三)提高防灾防损工作质量

防灾防损工作是在损失来临之前,对标的自身和周围环境进行全方位的分析后,为规避风险、降低风险发生系数而采取的一系列措施。理赔工作属于事后的一种补救工作,可以通过事后的补救工作总结事故原因,掌握事故发生的规律,改善防灾防损工作不足,从而提高防灾防损工作质量。

### (四)提高承保质量

保险公司在保险事故发生前,对承保手续是否齐全、保险金额是否恰当、费率是否合理、各标的的风险状况高低与否都缺乏一定的依据,影响到承保费率的确定,但通过理赔,就可以发现各标的的风险状况,根据其风险状况决定是否承保和确定费率,改善承保品质,提高承保质量,保证保险公司的经济效益。

## 二、汽车保险理赔工作的基本原则

汽车理赔工作涉及面广,情况比较复杂。在赔偿处理过程中,特别是在对汽车事故进行查勘工作过程中,必须提出应有的要求和坚持一定的原则。

### (一)树立为保户服务的指导思想　坚持实事求是原则

在整个理赔工作过程中,体现了保险的经济补偿职能作用。当发生汽车保险事故后,保险人要急被保险人之所急,千方百计避免扩大损失,尽量减轻因灾害事故造成的影响,及时安排事故车辆修复,并保证基本恢复车辆的原有技术性能,使其尽快投入生产运营。及时处理赔案、支付赔款,以保证运输生产单位生产、经营的持续进行和人民生活的安定。在现场查勘、事故车辆修复定损以及赔案处理方面,要坚持实事求是的原则。在尊重客观事实的基础上,具体问题具体分析,既严格按条款办事,又结合实际情况进行适当灵活处理,使各方都比较满意。

### (二)坚持重合同、守信用、依法办事的原则

保险人是否履行合同,就看其是否严格履行经济补偿义务。因此,保险方在处理赔案时,必须加强法制观念,严格按条款办事,该赔的一定要赔,而且要按照赔偿标准及规定赔足。不属于保险责任范围的损失不滥赔,同时还要向被保险人讲明道理,拒赔部分要讲事实、重证据。要依法办事,坚持重合同、诚实信用,只有这样,才能树立保险的信誉,扩大保险的积极影响。

### (三)坚持保险利益原则

保险利益原则是保险合同的重要原则之一,其关系到投保人的资格确定,并且直接关系到哪些人享有请求赔偿权。如果投保人或者被保险人在保险合同订立和履行的过程中没有保险利益,那么,所订立的合同就成了无效合同,换句话说,标的的完好和损失不会影响到投

保人或者被保险人的任何利益,因此在发生风险事故时造成标的损失,投保人或者被保险人都不可能获得赔偿。

### (四)惯行实际现金价值原则

国际保险业中,保险赔偿的责任一般仅以保险标的损失时的实际现金价值为限。在我国,履行保险赔偿责任的方式有重置、修复、现金等多种方式,但是无论从哪种方式上看,归根结底还是通过现金来支付赔偿。而且,在实际工作中,往往会遇到一些因时空变化而根本无法重置和修复的标的,保险关系人只能通过协商的现金价值去解决赔偿问题。所以在保险赔偿中,要尽可能地用"实际现金价值"原则去解决保险赔偿责任问题,以保证保险业长期、稳定经营。

### (五)坚决贯彻"八字"理赔原则

"主动、迅速、准确、合理"是保险理赔人员在长期的工作实践中总结出的经验,是保险理赔工作优质服务的最基本要求。

#### 1. 主动

主动体现在对发生的车险赔案,既有理赔服务的主动,又有案件跟踪的主动。

(1) 接到客户报案后,要主动向保户提示事故处理的注意事项和保险公司的理赔流程,把客服工作主动做在前面,是大众关爱和友情告知的结合。

(2) 对发生的车险赔案,不管难易都要抓紧时间,主动了解情况,认真对待,为以后赔案的处理打好基础,加快理赔工作进度。

#### 2. 迅速

迅速体现在接到保户报案后,快速作出反应,体现在理赔流程的每一个环节中。

(1) 及时登录保户报案内容,尽可能掌握事故原始信息,为事故的后续处理保存资料。

(2) 及时根据保户所报事故状况,协作或指导保护施救。

(3) 及时出勤查勘定损,防止损失扩大。

(4) 及时理算、结案、赔付。

#### 3. 准确

准确体现在对事故责任及保险责任的把握和事故损失的核定。

(1) 对保户发生的车险事故,在法规的框架内,依据公司的条款认定保险责任。

(2) 在案卷的缮制中,认真负责地审核保户所交的索赔单证。

(3) 对事故损失的核定,做到不惜赔、不多赔。

#### 4. 合理

合理体现在对车险赔案的处理中要公正、合理,一切以法律、法规、条款、制度为依据。

(1) 在赔案的处理中,不接受因外界的个人、单位的授意或任何形式的干扰而影响赔案的正常处理。

(2) 在赔案的处理中,不授意或要求外界的个人、单位作出偏袒保险公司的决定,而影响赔案的正常处理。

(3) 对赔案的最终处理,要经得起法律、法规、公司条款、制度、市场的检验与评估。

(4) 在道路交通事故处理的法律、法规还不健全和明朗的背景下,在个案的处理时会有难以界定的情况发生,对此要合理解决。

(5) 在市场经营还不规范的条件下,对个案损失的核定与处理要合理,要为绝大多数企业所能接受。

理赔工作的"八字"原则是辨证的统一体,不可偏废。如果片面追求速度,不深入调查了解,不对具体情况作具体分析,盲目结论,或者计算不准确,草率处理,则可能会发生错案,甚至引起法律诉讼纠纷。当然,如果只追求准确、合理,忽视速度,不讲工作效率,赔案久拖不决,则可造成极坏的社会影响,损害保险公司的形象。总的要求是从实际出发,为保户着想,既要讲速度,又要讲质量。

### 三、汽车保险理赔工作的特点

#### (一) 被保险人的公众性

我国的汽车保险的被保险人曾经是以单位、企业为主,但随着个人拥有车辆数量的增加,被保险人中单一车主的比例将逐渐增加。这些被保险人的特点是他们购买保险具有较大的被动色彩,加上文化、知识和修养的局限,他们对保险、交通事故处理、车辆维修等知之甚少。另一方面,由于利益的驱动,检验和理算人员在理赔过程中与其在交流存在较大的障碍。

#### (二) 损失率高且损失幅度较小

汽车保险的另一个特征是保险事故虽然损失金额一般不大,但事故发生的频率高。保险公司在经营过程中需要投入的精力和费用较大,有的事故金额不大,但是,仍然涉及对被保险人的服务质量问题,保险公司同样应予以足够的重视。另一方面,从个案的角度看,赔偿的金额不大,但是,积少成多也将对保险公司的经营产生重要影响。

#### (三) 标的流动性大

由于汽车的功能特点,决定了车险具有相当大的流动性。车辆发生事故的地点和时间不确定,要求保险公司必须拥有一个运作良好的服务体系来支持理赔服务,主体是一个全天候的报案受理机制和庞大而高效的检验网络。

#### (四) 受制于修理厂的程度较大

在汽车保险的理赔中扮演重要角色的是修理厂,修理厂的修理价格、工期和质量均直接影响汽车保险的服务。因为,大多数被保险人在发生事故之后均认为由于有了保险,保险公司就必须负责将车辆修复,所以,在车辆交给修理厂之后就很少过问,一旦因车辆修理质量和工期,甚至价格等出现问题,均将保险公司和修理厂一并指责。而事实上,保险公司在保险合同项下承担的仅仅是经济补偿义务,对于事故车辆的修理以及相关的事宜并没有负责义务。

#### (五) 道德风险普遍

在财产保险业务中汽车保险是道德风险的"重灾区"。汽车保险具有标的流动性强、户籍管理中存在缺陷、保险信息不对称等特点,以及汽车保险条款不完善,相关的法律环境不健全及汽车保险经营中的特点和管理中存在的一些问题和漏洞,给了不法之徒可乘之机,汽车保险欺诈案件时有发生。

### 3.1.2 车险理赔的工作流程

#### 一、车险理赔一般赔案的理赔流程图

车险理赔一般赔案内理赔流程图如图 3-1 所示。

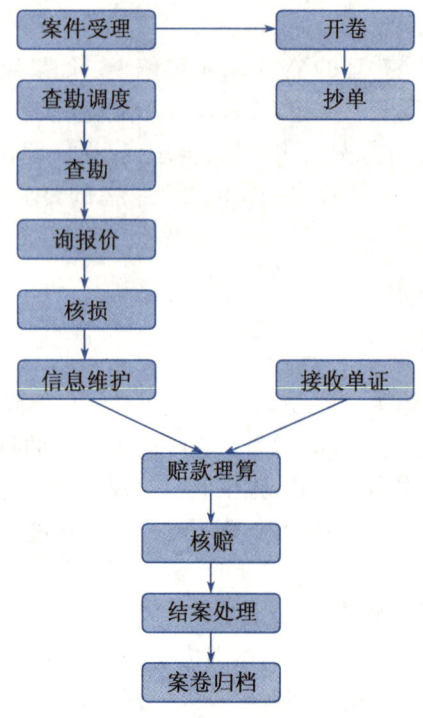

图 3-1 车险理赔的一般流程

### 二、车险理赔工作流程

车险理赔的工作流程主要包括接受报案、查勘调查、定损核损、理算、核赔、结案赔付、追偿和残值处理、案卷归档。

各流程简单定义为:

(一)接受报案:指对被保险人申报的出险案情信息进行完整记录的过程。

(二)查勘调查:指为了了解事故的真实性,明确保险责任和事故损失,查勘定损人员进行现场拍照绘制图片,调查出险情况,组织施救的过程。

(三)定损核损:指根据机动车辆保险条款规定及市场价格水平,在授权范围内对损失项目和损失费用进行审定的过程。

(四)理算:指根据客户递交的索赔单证,依照国家有关法规及机动车辆保险条款的规定,对赔款进行计算的过程。

(五)核赔:指依照国家有关法规及机动车辆保险条款的规定,对保险责任、损失费用、赔款计算进行审定的过程。

(六)结案赔付:指保险人对于被保险人的赔偿请求做出核定,确定属于保险责任的,与被保险人达成有关赔偿金额的协议并履行赔付责任的过程。

(七)追偿:指由于第三责任方的过失造成的事故,经被保险人要求,保险人赔偿后取得权益转让,并向第三责任方索取赔偿的过程。

(八)案卷管理:指结案赔付后,根据保险公司案卷管理规定,进行单证清分、案卷装订、案卷归档的过程。

## 3.1.3 车险理赔的岗位设置

### 一、理赔工作部门设置

人保车险中理赔工作部门设置主要为经理室、接报案中心、理赔查勘、赔款理算四个部门。

### 二、流程对应工作职责与岗位设置

流程各环节的处理要点及处理时效要求,见表3-1各岗位设置与描述。

表3-1 各岗位设置与描述

| 流程 | 工作职责描述 | 注意要点(时效) | 岗位执行人 |
| --- | --- | --- | --- |
| 接报案立案 | 1. 客户可以通过来电、来人方式报案。各机构公开报案热线,建议配有录音功能,作为纠纷处理的依据。<br>2. 坐席员接到报案,根据报案人提供信息,查询保单信息,并完成主要信息的核对。<br>3. 对无法查到保单的报案,通过无保单登记录入系统,等完善保单信息后转成正常赔案。<br>4. 详细询问事故信息,并同步录入系统。<br>5. 确认立案,生成赔案编号。<br>6. 打印并清分《报案登记表》。<br>7. 根据案件情况判断是否属于责任范围。如明显不属索赔范围的,当场告知客户,并流转至理算部门进行注销拒赔处理。<br>8. 受理双代受托案件,并登录《双代登记簿》。<br>9. 及时跟踪无保单赔案的状态。 | 1. 客户报案由接报案岗位人员受理,其他岗位人员不得私自接受客户报案。<br>2. 赔案编号以立案机构为单位,由小到大顺序生成。<br>3. 所有报案必须全部输入系统并完成立案,包括正常案、无保单案和注销案,不允许手工登记,以保证结案率和未决统计的准确性。<br>4. 立案后应立即打印《报案登记表》,开卷地非立案地的机构,最迟第二工作日上午完成打印。<br>5. 需清分的案单最迟第二工作日上午交相关人员。<br>6. 无保单赔案和正常赔案分两个序列号。<br>7. 立案必须即时完成。 | 接报案岗 |
| 立 卷 | 1. 根据《报案登记表》及报案登记清单开立卷宗。<br>2. 将案单归入卷宗。<br>3. 将卷宗分年度放置,顺序排列。 | 1. 赔案号不连续,但必须由小到大顺序排列。<br>2. 第二工作日必须完成立卷工作。<br>3. 对双代受托案件不需立卷。 | 综合内勤岗 |
| 抄 单 | 1. 接报案人员及时完成系统理赔抄单工作。<br>2. 定期打印加急抄单清单,对加急抄单进行催讨。 | 1. 理赔抄单必须在第二工作日内完成。<br>2. 理赔抄单系统会自动记录抄单日期。 | 接报案岗 |
| | 1. 对业务机构提供的抄单,完成单证库的点击工作。<br>2. 将抄单归入卷宗。 | 1. 业务抄单必须由内勤人工点击记录。<br>2. 业务抄单必须是电脑件,且签章齐全。 | 综合内勤岗 |

(续表)

| 流程 | 工作职责描述 | 注意要点(时效) | 岗位执行人 |
| --- | --- | --- | --- |
| | 1. 赔案立案后,对需查勘的案件,接报案人员应及时通知查勘调度人员调派外勤查勘。<br>2. 需查勘的双代案件,接报案人员应及时通知查勘调度人员。 | 1. 需查勘的,接报案人5分钟内通知查勘调度人。 | 接报案岗 |
| 调 派 | 1. 对需查勘的案件,查勘调度必须通知查勘外勤进行查勘工作。<br>2. 在业务系统查勘下发中记录查勘人员姓名。<br>3. 需委托的,调度应填具《代理查勘委托书》,联系受托机构,并在系统中完成记录。<br>4. 对委托其他区域查勘的案件,应集中放置,收到记录进行核销,未收到的进行跟踪联络。 | 1. 调度收到案件的10分钟内完成查勘人物任务的派发,及查勘人姓名的记录。<br>2. 委托其他区域查勘的案件,10分钟内完成传真工作,并电话确认,同时完成系统记录。 | 查勘调度岗 |
| 查 勘 | 1. 查勘定损人接受查勘任务后,立即与报案人电话联系,告知预计到达时间及相应注意事项。<br>2. 查勘人以最短时间赶到现场。<br>3. 查勘人应核对现场或痕迹,以确保事故真实性;应核查保险信息,以确保在保险责任范围内。<br>4. 对损坏情况拍照记录。<br>5. 有疑问的案件及时进行调查取证。<br>6. 对损失情况出具估价单。<br>7. 查勘人将出险通知书交被保险人或其委托人,并告知其索赔所需的单证。<br>8. 对需询报价的案件,填写《配件询价单》交配件报价岗。<br>9. 超过定损权限的案件,按指定上报路线操作,须填报《超定损权限案件申报表》报核损岗。<br>10. 对双代受托案件,应向客户收取300元代查勘费用,并出具收据。<br>11. 对需回勤的案件,保持联系,确保回勤。<br>12. 完成查勘理赔记录,完成照片打印或冲印,并粘贴。 | 1. 查勘人接受查勘任务10分钟内完成与客户的联系。<br>2. 对现场查勘案件,应提醒客户尽量保护好现场。<br>3. 同等条件下,优先查勘第一现场案件。<br>4. 有疑问或注销拒赔可能的案件,应先调查取证,必须掌握第一手证据方能处理。切忌贸然答复客户。<br>5. 需询报价的案件,最迟在第二工作日上午向内勤提交申请。<br>6. 超权限案件,最迟在第二工作日上午向上级报告。<br>7. 查勘理赔记录最迟在案件完成定损后的第二个工作日内勤。<br>8. 双代费用应及时上缴,并妥善保管代查勘费收据。 | 查勘定损岗 |

课题三 汽车保险理赔

(续表)

| 流程 | 工作职责描述 | 注意要点(时效) | 岗位执行人 |
| --- | --- | --- | --- |
| 人伤提前介入 | 1. 对人伤案件,医疗审核岗收到报案登记表后,应及时与报案人联系,了解案情,告知赔偿标准并指导其处理。<br>2. 对损失进行预估,缮制人伤案件联系记录。 | 1. 医疗审核岗应在收到案单当天完成第一次联系。 | 医疗审核岗 |
| 询报价 | 1. 配件报价人应尽快完成报价工作。<br>2. 通知查勘定损人报价结果。 | 1. 初次询价必须在收到当天完成。<br>2. 常见车型应在一个工作日内完成。 | 配件报价岗 |
| 核损 | 1. 复核定损人员定损项目、金额及责任认定。<br>2. 对超权限案件进行上报。 | 1. 复核定损结果应在两个工作日内完成。<br>2. 超权限案件,最迟在第二工作日上午向上级报告。 | 核损岗 |
| 查勘信息跟踪维护 | 1. 综合内勤收到查勘人、医疗审核人上交及异地转交的理赔联系记录,根据本地、异地案件区别处理。<br>① 将本地案件的车物定损结果及人伤预估金额录入理赔系统查勘登记。<br>② 将本地案件收到日期录入理赔系统单证登记。<br>③ 将本地案件的理赔联系记录归入对应的卷宗。<br>④ 将无保单登记案件的理赔联系记录交岗位主管集中处理。<br>⑤ 受到双代受托案件的理赔联系记录,应在《双代案件登记簿》进行核销,并尽快转交委托地区客服。 | 1. 清分、点击、归档、转交、核销、邮寄等工作必须在一个工作日内完成。 | 综合内勤岗 |
| | 1. 调度收到委托其他区域案件的查勘报告,应将其与委托书、案单配对,并及时转交综合内勤。<br>2. 定期打印异地及双代查勘案件清单,并及时跟踪。 | 1. 总调度每周跟踪双代及异地案件情况,包括委托和受托情况。 | 查勘调度岗 |
| | 岗位主管收到无保单案件查勘报告,应尽快联系被保险人,取得正确保单号进行后续处理。 | 内勤岗位主管是无保单登记库的维护责任人,须定期跟踪及核销无保单登记案件。 | 岗位主管岗 |

(续表)

| 流程 | 工作职责描述 | 注意要点(时效) | 岗位执行人 |
|---|---|---|---|
| 接收单证下发 | 1. 接收客户递交的索赔单证,复核单证是否齐全有效。<br>2. 开具索赔单证交接单。<br>3. 在理赔系统内记录单证齐全状态。<br>4. 将索赔单证归入相对应的卷宗。<br>5. 核对抄单情况。<br>① 有抄单的,在理赔系统中记录理算人信息,可进行理算。<br>② 无抄单的,需与业务机构联系,了解原因,并跟踪督促抄单节奏。 | 1. 接收、开单、点击应在收取单证的即时完成。<br>2. 入卷、下发、催抄单应在当天完成。<br>3. 无抄单的卷宗,建议单独放置,以便跟踪催讨。 | 单证接收岗 |
| 理算 | 1. 审核被保险人提供材料的有效性和准确性。<br>2. 对有疑问的案件进行核查。<br>3. 审核外勤定损的合理性。<br>4. 与被保险人沟通,并确认理算结果。<br>5. 完成理算报告,并在系统中生成并打印赔款计算书及批单。 | 1. 在设定金额内,符合现场理赔条件的,应在15分钟内完成。<br>2. 正常案件在两个工作日内完成。 | 赔款理算岗 |
| 核赔 | 1. 复核被保险人提供材料的有效性和准确性。<br>2. 复核理算人员的计算依据、方法和结果。<br>3. 复核赔款计算书的正确性。<br>4. 权限内案件,在系统中完成核赔处理。<br>5. 超权限案件,进行上报。 | 1. 在设定金额内,符合现场理赔条件的,应在15分钟内完成。<br>2. 正常案件在两个工作日内完成。<br>3. 超权限案件,应在两个工作日内完成申报。 | 核赔岗 |
| | 1. 核赔通过案件,在系统中完成核赔处理。 | | 上级核赔岗 |
| 结案 | 1. 完成理赔系统结案和日结工作。<br>2. 打印日结单。<br>3. 清分计算书及日结单,交财务划款。 | 1. 日结及与财务的交接,应在一个工作日内完成。 | |
| 案卷管理 | 1. 承担卷宗及单证的暂保管责任。<br>2. 已决案、未决案分地方、分年度放置,按赔案编号由小到大顺序排列。<br>3. 在保管期间,对调阅案件,办好借阅手续。<br>4. 定期完成移交公司档案中心的工作,并保留移交清单。 | 1. 承担好管理责任,保证不遗失不缺漏。<br>2. 借阅手续要完善,原则上只允许上级管理机构和相关内部人员借阅。<br>3. 移交清单需移交双方当事人签字认可。 | 综合内勤岗 |

课题三　汽车保险理赔

(续表)

| 流程 | 工作职责描述 | 注意要点(时效) | 岗位执行人 |
| --- | --- | --- | --- |
| 催　案 | 1. 定期在系统内搜索尚未进行预处理的案件,并打印待处理案件清单。<br>2. 根据清单显示,逐一与被保险人联系,了解案件处理进度,指导其处理。<br>3. 将每次处理的过程和结果,录入理赔系统。 | 1. 定期循环催案,一般第三工作日催第一工作日及前的案件。 | 综合内勤岗 |

### 3.1.4　几种典型的故障保险索赔流程

#### 一、丢车索赔

丢车后一经发现,先向公安局报案,也许他们能把车找回来,再向保险公司报案索赔,车找不回来他们会赔偿损失。

向公安局报案要在24小时内,不可抗因素(指人力不可抗拒的力量,如丢车时没及时发现;发现丢车后由于地震等重大自然灾害或社会动乱不能及时报案等)除外。向保险公司报案要在48小时之内,否则保险公司拒赔,不可抗因素同样除外。不能亲自前去的也可打电话或发传真报案,然后再补办报案手续。

(一) 丢车索赔程序

1. 报案

带保险单、行驶证、驾驶证,在保险公司理赔部填写《车辆出险登记表》、《出险通知书》、《权益转让书》,和一张盗抢险索赔所需手续清单。

2. 等三个月

保险公司报案后,耐心等三个月。因为公安部门需三个月后才能确认车已经丢失并给开《丢失证明》,有《丢失证明》后保险公司才能赔偿。

3. 开丢失证明

丢车满三个月后,写一份关于丢车情况的报告,并拿一份填好了的《权益转让书》交给丢车地的公安分局,由分局开丢车情况证明。之后,带丢车情况报告、填好的《权益转让书》和分局开的丢车证明去市公安局相关部门,由其开出一份正式的《丢失证明》供索赔使用。

4. 开停驶证明

带上市公安局相关部门出具的《丢失证明》,到公路局开一份车辆停驶证明,供保险索赔时使用。

5. 递交索赔单证

《出险通知书》、保险单、行驶证、购车发票、购置费缴费凭证和收据、《权益转让书》、《丢失证明》、汽车钥匙、停驶证明、车主证件、养路费收据、赔款结算单,以上单证中,如有随车丢失的需到原单位去补办。《丢失证明》和停驶证明必须提供,否则保险公司不予赔偿。行驶证、购置费凭证、购车发票、车钥匙,每缺少一项可能会增加5%的免赔率。

### 6. 领赔款

递交完索赔单证后,接到保险公司的领赔款通知,带身份证和《车辆出险登记表》领赔款。

### (二) 丢车索赔所需单证

1. 《出险通知书》:保险公司提供,保户填写。车主是单位的需盖章,是个人则需签字。
2. 保险单:原件。
3. 行驶证:原件。
4. 购车发票:原件。
5. 购置费缴费凭证和收据:原件。
6. 《权益转让书》:保险公司提供。车主是单位的需盖章,是个人的则需签字。
7. 丢失证明:北京由市公安局二处提供。
8. 停驶证明:公路局提供。
9. 车主证件:车主是单位的需营业执照,是个人的需身份证。
10. 赔款结算单:保险公司提供。车主是单位的需盖章,是个人则需签字。

其中,丢失证明、停驶证明必须提供,否则保险公司不予赔偿。

## 二、撞车事故索赔

### (一) 撞车事故索赔程序

#### 1. 明确责任

若肯定负责任,则向保险公司报案;若肯定不负责任,则不必报案。因为这将决定您明年续保时能不能得到安返。

#### 2. 报案

(1) 带保险单、行驶证、驾驶证,开您的及对方的车到您的保险公司。

(2) 在理赔部填写《车辆出险登记表》、《出险通知书》。

#### 3. 定损

带《车辆出险登记表》找理赔部定损员以确定修理项目和费用,并给您一张定损单。注意,不要遗漏修理项目,修理费不能定得太低。

#### 4. 修车

(1) 将车、定损单一起交修理厂。修理厂按定损单修车,并给您一张提车单作提车证明。

(2) 车修好后,凭提车单支付修理费后提车,并向修理厂索要修车发票、托修单、施工单、材料单(均须盖修理厂公章)。

#### 5. 开事故证明

修完车后,带对方车的修车发票和对方车主一起去交通队结案。结案后,您得到一张事故证明(盖交通队公章),并拿回自己被扣证件。

#### 6. 递交单证

《出险通知书》、定损单、修车发票、托修单、施工单、材料单、事故证明、赔款结算单,均交保险公司理赔部。

课题三 汽车保险理赔

**7. 领赔款**

递交索赔单证后,接到保险公司领赔款通知,带身份证和《车辆出险登记表》领赔款。

### (二) 撞车索赔所需单证

1. 《出险通知书》:保险公司提供,保户填写。车主是单位的需盖章,是个人则需签字。
2. 托修单:保险公司提供,修理厂填写并盖章。车主是单位的需盖章,是个人则需签字。
3. 定损单:保险公司提供并填写,修理厂使用后交回保险公司。
4. 修车发票:修理厂提供。
5. 施工单:修理厂提供、填写并盖章。
6. 材料单:修理厂提供、填写并盖章。
7. 事故证明:交通队或安委会提供并盖章。
8. 《赔款通知书》:保险公司提供。车主是单位的需盖章,是个人则需签字。

### (三) 撞车事故的交通责任区分对索赔的影响

**1. 负全部责任**

要承担自己车和对方车的全部损失,要负责给对方修车。索赔时,把双方的车送到您的保险公司定损、修理。修完车后,拿着对方车的修车发票去交通队结案,还要开出一份事故证明,把事故证明和修车手续送到您的保险公司,等领回赔款。

**2. 负主要责任**

要承担双方车辆损失之和的70%。索赔时,把双方的车送到双方的保险公司定损,然后去您的保险公司指定的修理厂修双方的车。让修理厂把修车手续做成两份,自己一份,交对方车主一份。凡是双方责任(主要、同等、次要)都要由双方保险公司定损,由责任大的一方的保险公司指定修理厂修车。

**3. 负同等责任**

要承担双方各车辆损失之和的50%。如果双方没有异议,交通队一般会判各修各的车。索赔时,方法和负主要责任索赔差不多。如果是各修各的车,您可以按负全部责任的方法去索赔,只是最后要把交通队的事故证明交给您的保险公司。

**4. 负次要责任**

承担双方车辆损失之和的30%,报案、定损的方法与负主要责任相同。不同的是,您的车将由对方的保险公司指定修理厂修理,还要向对方车主索要一份修车手续,连同事故证明一起交给您的保险公司。

**5. 无责任**

双方车的全部损失由对方承担,交通队也不会扣无责任方的分、罚您的款。您完全不必向保险公司报案,明年续保时,您还可以从保险公司得到10%的安返。

### 三、汽车撞人索赔

立即停车,查看伤情,向交通队报案,保护出事现场,等候交警处理。若对方伤势轻微,可等交通队来人后再做处理;如果对方伤势严重,应立即送医院治疗抢救。出事后尽量不要移动现场,因为交通法规规定:擅自移动现场者应负事故的全部责任;如果情况特殊必须移动时,应当在现场标明车辆与行人在出事时的位置。在交通队处理完现场、安顿好受伤人员后,再抽时间向保险公司报案,只要在事发后的48小时内向保险公司报案就可以了。

### (一)索赔程序

**1. 报案**

(1)带保险单、行驶证、驾驶证开您的车到保险公司。

(2)在理赔部填写《车辆出险登记表》、《出险通知书》。

**2. 交通队结案并开具事故证明**

(1)分清双方的责任。

(2)审查对方要求赔偿的项目。

(3)赔偿对方损失同时一定要索要有关单证,因为没有这些单证保险公司是不予赔付的。

医疗费:需医院出具的诊断证明、药费收据。

误工费:需有医院出具的需要休息养病的证明、对方工作单位出具的误工证明。

交通费:需要提供车票。

残疾补助费:需要提供残疾证明。

死亡补偿费:需要提供死亡证明。

(4)向交通队索要事故证明和经济赔偿执行凭证。事故证明要求写清双方所负责任和赔偿方式,经济赔偿执行凭证要求写清具体赔偿项目和赔偿金额。

**3. 递交索赔单证**

《出险通知书》、诊断证明、医药费发票、误工证明、事故证明、赔偿执行凭证、《赔款通知书》均应交保险公司。

**4. 领赔款**

递交索赔单证后,接到保险公司的领赔款通知后,带身份证和《车辆出险登记表》领赔款。

### (二)撞人索赔所需的单证

1.《出险通知书》:保险公司提供,保户填写。车主是单位的需盖章,是个人则需签字。

2. 诊断证明:医院提供并盖章。

3. 医药费发票:医院提供并盖章。

4. 误工证明:受伤者所在单位提供并盖章,写明其误工时间及月工资。

5. 事故证明:交通队或安委会提供并盖章,证明双方应付责任。

6. 赔偿执行凭证:交通队或安委会提供并盖章,证明赔款已付给受伤者。

7. 赔款结算单:保险公司提供。车主是单位的需盖章,是个人则需签字。

## 四、司机和乘客出险索赔

### (一)司机和乘客出险索赔程序

1. 送院治疗

2. 及时报案

(1)带保险单、行驶证、驾驶证向保险公司报案(48小时内)。

(2) 在理赔部填写《车辆出险登记表》、《出险通知书》。

**3. 递交单证**

将《出险通知书》、诊断证明、医药费收据、事故证明、受伤人员身份证(复印件)、赔款结算单统统交保险公司理赔部。

**4. 领取赔款**

接到保险公司的领赔款通知后,带身份证和《车辆出险登记表》领赔款。

### (二) 司机和乘客出险索赔所需单证

1.《出险通知书》:保险公司提供,保户填写。车主是单位的需盖章,是个人则需签字。

2. 诊断证明:医院提供并盖章。

3. 医药费收据:医院提供并盖章。

4. 事故证明:交通队或安委会提供并盖章,证明应付责任。

5. 赔款结算单:保险公司提供。车主是单位的需盖章,是个人则需签字。

## 五、自燃的索赔

### (一) 自燃索赔程序

**1. 报案**

(1) 带保险单、行驶证、驾驶证开车到保险公司,若车已不能开,则要保护好现场。

(2) 在理赔部填写《车辆出险登记表》、《出险通知书》。

**2. 定损**

带《车辆出险登记表》找理赔部定损人员,把其中的一联给他们。如果车辆损失属于自燃损失险的赔偿范围,保险公司的定损人员将确定修理项目和修理费用,并给您一张定损单,要留意以下两点。

(1) 不要遗漏修理项目。

(2) 修理费不能定得太低,以防修车时不够用。

**3. 修车**

(1) 送车并拿上定损单,一并交汽车修理厂。汽车修理厂会给您一张提车单作为提车证明。

(2) 提车。修好后,凭提车单付修理费后提车,并向修理厂索要修车发票、托修单、施工单、材料单。(均须盖修理厂公章)

**4. 交单证**

《出险通知书》、定损单、修车发票、托修单、施工单、材料单、赔款结算单,交保险公司理赔部。

**5. 领赔款**

交完单证,接到保险公司领赔款通知,带身份证和《车辆出险登记表》领赔款。

### (二) 汽车自燃索赔所需的单证

1.《出险通知书》:保险公司提供,保户填写。车主是单位的需盖章,是个人则需签字。

2. 托修单:保险公司提供,修理厂填写并盖章。车主是单位的需盖章,是个人则需签字。

3. 定损单:保险公司提供并填写,汽车修理厂使用后交保险公司。

4. 修车发票:汽车修理厂提供。

5. 施工单:汽车修理厂提供、填写并盖章。

6. 材料单:汽车修理厂提供、填写并盖章。

7. 赔款结算单:保险公司提供。车主是单位的需盖章,是个人则需签字。

### 六、汽车挡风玻璃损坏的索赔

#### (一) 汽车挡风玻璃损坏的索赔程序

**1. 报案**

(1) 带保险单、行驶证、驾驶证,开您的车到保险公司。

(2) 在理赔部填写《车辆出险登记表》、《出险通知书》。

**2. 定损**

带《车辆出险登记表》找理赔部定损人员,由他们确定更换挡风玻璃的费用。定损后,会给您一张定损单,您要留意:修理费不能定得太低,以防更换挡风玻璃时不够用。

**3. 换玻璃**

(1) 送车并带上定损单,把它和车一起交给修理厂。修理厂会给您一张提车单作为提车证明。

(2) 交费提车。玻璃换好后,凭提车单支付修理费后提车。并向修理厂索要下列单证:修车发票和托修单。(均须盖上修理厂公章)

**4. 开事故证明**

若损失不大,可任意找人写一个第三方证明;若损失很大,索赔时保险公司有可能向您要交通队或安委会出具的事故证明。

**5. 递交单证**

《出险通知书》、定损单、修车发票、托修单、第三方证明、《赔款通知书》,应交给保险公司理赔部。

**6. 领赔款**

递交单证后,接到保险公司领赔款通知,带身份证和《车辆出险登记表》领赔款。

#### (二) 汽车挡风玻璃索赔所需单证

1. 《出险通知书》:保险公司提供,保户填写。车主是单位的需盖章,是个人则需签字。

2. 托修单:保险公司提供,修理厂填写并盖章。车主是单位的需盖章,是个人则需签字。

3. 定损单:保险公司提供并填写,修理厂使用后交保险公司。

4. 修车发票:修理厂提供。

5. 第三方证明:任意第三方提供。

6. 《赔款通知书》:保险公司提供。车主是单位的需盖章,是个人则需签字。

### 七、撞墙事故索赔

当车撞墙树木、水泥墩、栏杆、电线杆等物体时,你可以申请索赔。

#### (一) 撞墙事故索赔程序

**1. 报案**

(1) 带保险单、行驶证、驾驶证,开您的车到保险公司。

(2) 在理赔部填写《车辆出险登记表》、《出险通知书》。

课题三 汽车保险理赔

**2. 定损**

带《车辆出险登记表》找理赔部定损人员以确定修理项目和费用。定损后,会给您一张定损单。您要留意:不要遗漏修理项目;修理费不能定得太低。

**3. 修车**

(1) 把车、定损单一起交汽车修理厂。修理厂按定损单修车,并给您一张提车单作提车证明。

(2) 车修好后,凭提车单支付修理费后提车,并向修理厂索要修车发票、委托修理单、施工单、材料单。(均须盖修理厂公章)

**4. 开事故证明**

撞墙事故属单方责任事故,任意找人写第三方证明即可。

**5. 递交单证**

将《出险通知书》、定损单、修车发票、委托修理单、施工单、材料单、第三方证明、赔款结算单统统交保险公司理赔部。

**6. 领赔款**

递交索赔单证后,接到保险公司领赔款通知,带身份证和《车辆出险登记表》领赔款。

### (二) 撞墙索赔所需单证

1.《出险通知书》:保险公司提供,保户填写。车主是单位的需盖章,是个人则需签字。

2. 委托修理单:保险公司提供,汽车修理厂填写并盖章。车主是单位的需盖章,是个人则需签字。

3. 定损单:保险公司提供并填写,汽车修理厂使用后交回保险公司。

4. 修车发票:汽车修理厂提供。

5. 施工单:汽车修理厂提供、填写并盖章。

6. 材料单:汽车修理厂提供、填写并盖章。

7. 第三方证明:保险公司提供。车主是单位的需盖章,是个人则需签字。

8.《赔款结算书》:由保险公司提供。车主是单位的需盖章,是个人则需签字。

以上事故理赔所需单证如表 3-2 所示。

表 3-2 事故理赔所需单证汇总

| 理赔资料 | 单方事故 | 多方事故<br>(无人伤) | 简单人伤 | 获取渠道 |
| --- | --- | --- | --- | --- |
| 索赔申请、估价单 | ※ | ※ | ※ | 查勘时提供 |
| 行驶证、驾驶证、身份证 | ※ | ※ | ※ | 被保险人 |
| 修理发票 | ※ | ※ | ※ | 修理厂 |
| 银行账号 | ※ | ※ | ※ | 被保险人 |
| 赔款收据 | ※ | ※ | ※ | 查勘时提供 |
| 责任认定书、调解书 |  | ※ | ※ | 交警部门 |
| 伤者身份证、就医资料 |  |  | ※ | 伤者治疗医院 |
| 已赔偿凭证 |  |  | ※ | 获赔偿方 |
| 误工等补助费用、资料 |  |  | ※ | 获赔偿方 |

注意:双方无人伤简单事故处理时,如对方无责,还需提供无责方交强险保单复印件

**课堂训练:** 采用角色扮演法,模拟双方剐蹭、无人伤的交通事故案例,进行现场报案与索赔。

## 一、简述题

1. 车险理赔的流程是什么?
2. 车险理赔的工作特点是什么?
3. 车险理赔的工作原则与要求有哪些?
4. 车险理赔的岗位设置情况是怎样的?
5. 现场查勘的工作要点有哪些?
6. 有人伤的撞车事故怎样索赔?

## 二、案例分析

1. 当车辆与行人发生交通事故后,你应该如何正确处理?
2. 当你的车辆被人刮擦后,不知道肇事车辆,你应该如何报案?
3. 当你不小心撞到小区护栏,你应该如何向保险公司索赔?

## 学习单元二　接受报案

出现交通事故后首先要做的是及时报案。出了交通事故除了向交通管理部门报案外,还要及时向保险公司报案。一方面让保险公司知道投保人出了交通事故,另一方面也可以向保险公司咨询如何处理、保护现场,保险公司会教车友如何向对方索要事故证明等。

出现交通事故后不应该出现两个极端:(1)在发生交通事故后私了,也就是说怕麻烦,觉得去理赔就是浪费时间,宁愿把这些时间浪费在和对方车主争执上。结果是耽搁了理赔的时间,往往是两头得不到赔偿,苦水只能往肚子里咽。所以当发生交通事故时,最好不要私了,更不能忍气吞声;(2)哪怕很小刮擦都要去保险公司理赔。这样做既浪费时间,又增加了自己的理赔率,因为保险公司每年根据车主的出险率有一定的费率折扣。

在本单元学习中,我们将学习接受报案的基本工作职责与内容,以及具体工作的技巧。

### 3.2.1　接受报案的工作流程

**一、接报案工作流程图**

一般接报案的操作流程如图3-2所示。

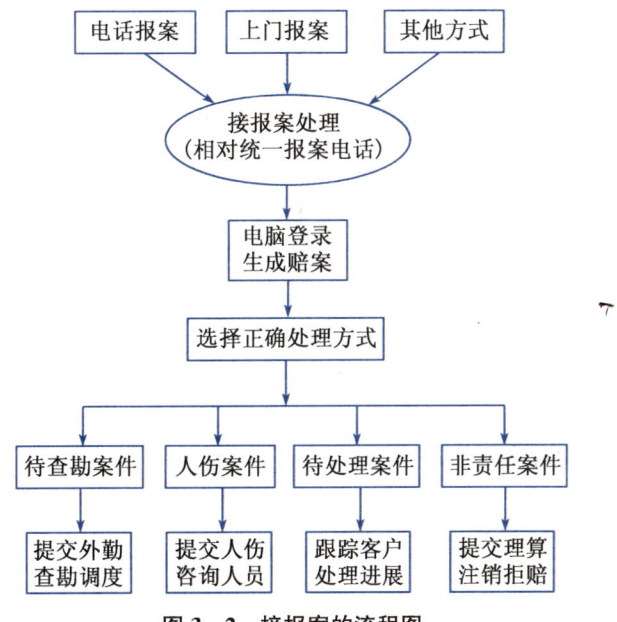

图3-2　接报案的流程图

### 二、职责描述

接报案工作由"接报案中心"负责。具有独立核赔权的公司应设立"接报案中心",并提供专线接报案电话,客户报案或公司员工帮助客户报案均通过"接报案中心"的专线电话进行。有条件的公司通过"电话同步录音功能"将接报案全过程录音备查。

### 三、报案记录

报案记录工作主要有以下几项内容。

1. 询问案情。
2. 查询出险车辆承保、理赔情况(包括商业机动车保险和机动车交通事故责任强制保险)。
3. 生成相应的报案记录。
4. 确定案件类型(本地自赔案、省内通赔案件和省间通赔案件)。

#### (一)询问案情

主要询问以下信息。

1. 报案信息。报案人姓名、报案人联系电话、报案人手机;联系人姓名、联系人电话、联系人手机;报案日期、报案时间、出险日期、出险时间、出险原因等。其中在系统中带"＊"为必填字段。报案日期默认为系统当前时间并不可更改。

2. 出险信息。出险地点、本车责任、是否交强险责任、事故经过、事故涉及的损失等。其中,事故涉及的损失按"本车车损"、"本车车上财产损失"、"本车车上人员伤亡"、"第三者车辆损失"、"第三者人员伤亡"、"第三者车上财产损失"、"第三者其他财产损失"、"其他"的分类方式进行询问。涉及挂车交强险和商业第三者责任险赔付的案件,注意做好挂车报案信息和涉及损失的记录。

3. 保险车辆的有关信息。保单号码、被保险人名称、号牌号码、牌照底色和厂牌型号等。确定报案人提供的保单信息与此次报案系统带出的保单信息一致。涉及主车和挂车事故的案件,同时了解挂车有关信息。

4. 第三方车辆信息及驾驶人员信息。对于涉及第三方车辆的事故,应询问第三方车辆的车型、号牌号码、牌照底色以及保险情况(提醒报案人查看第三方车辆是否投保了交强险)等信息。如果第三方车辆也是本公司承保且在事故中负有一定责任,则一并登记,进行报案互碰关联处理。

5. 记录事故处理结果。

#### (二)查询承保信息

根据报案人提供的保单号码、号牌号码、牌照底色、车型、发动机号等关键信息,查询出险车辆的承保情况和批改情况。特别注意承保险别、保险期间以及是否通过可选免赔额特约条款约定了免赔额。涉及挂车的事故注意查询挂车的承保情况。无承保记录的,按无保单报案处理。

查询条件:可根据投保区域、出险日期、承保机构以及单条件、多条件查询保单信息。

投保区域包括:本地保单、临时保单、省内通赔、省间通赔。

单条件查询的内容包括:保单号、车牌号、被保险人、车架号、发动机号。

多条件查询的内容包括：车牌号、车架号、发动机号、VIN号、号牌颜色、车辆类型。（注：单条件查询和多条件查询为单选项，不能同时查询）

**（三）查询历史出险、赔付信息**

查询出险车辆的历史出险、报案信息（包括作为第三者车辆的出险信息），核实是否存在重复报案。

对两次事故出险时间相近的案件，应认真进行核查，并将有关情况通知查勘人员进一步调查。

**（四）确定"分派处理"类型**

对属于保险责任范围内的事故和不能确定拒赔的案件，根据具体情况明确下列"分派处理"方式。

（1）人伤处理：需要立即处理的人身伤亡案件。

（2）财损处理：需要立即查勘定损的物损案件。

（3）人伤/财损处理：需要立即处理的既有人身伤亡，又有物损的案件。

（4）待处理：暂时无法立即查勘定损的单纯物损案件。

**（五）"通赔"案件转报案**

接到外地承保公司要求查勘定损在本地出险车辆的"通赔"案件时，填写《机动车辆保险理赔双代登记簿》，按照双代案件操作流程进行。

**（六）告知客户索赔程序及相关注意事项**

（1）发生机动车之间的碰撞事故的，应告知客户先通过交强险进行赔偿处理，超过交强险责任限额的部分，由商业保险进行赔偿。符合交强险"互碰自赔"条件的案件应引导客户按照第二部分第二节《交强险"互碰自赔"案件》规定进行处理。

（2）如当事人采取自行协商方式处理交通事故，应告知双方在事故现场或现场附近等待查勘人员，或在规定时间内共同将车开至指定地点定损。

（3）对于涉及人员伤亡或事故损失超过交强险责任限额的，应提示报案人立即通知公安交通管理部门。

（4）对于通过可选免赔额特约条款约定了免赔额的，如果客户估计的损失金额低于约定的绝对免赔额，应对客户进行如下提示：

① 损失金额低于绝对免赔额的保险人不负责赔偿。

② 索赔后会引起下一保险期间费率的上涨。

如客户同意放弃索赔，应在报案处理界面上"处理结果"一栏中注明"因绝对免赔额客户同意放弃索赔"，并在报案系统中将报案记录注销，不进行查勘调度。

（5）对于超出保险期限，明显不属于保险责任的情况，应向客户明确说明，在报案处理界面上"处理结果"一栏中注明拒赔或不予受理的理由，并在报案系统中将报案记录注销，不进行查勘调度。

**（七）现场查勘调度**

对需查勘定损或处理人身伤亡的案件，"接报案中心"应迅速通知查勘调度员，并将《机动车辆保险报案登记表》送至查勘调度员，或通过计算机网络将出险报案信息传递给查勘调度员。

### 四、报案注销

根据《未决赔案管理规定》,符合报案注销条件的,按照规定的报案注销流程上报审批后,由有报案注销权限的操作人员在业务处理系统中进行处理。

报案注销必须满足以下条件之一:

1. 重复报案。
2. 不属于保险责任。
3. 属于保险责任,但客户放弃索赔。
4. 无效报案(客户报错案、专线人员录入错误、产品线部门出错保单等)。

因第 1 项和第 3 项原因注销,要有电话录音和客户书面申请或查勘人员的书面处理意见;因第 2 项原因注销,要有电话录音或查勘人员的书面处理意见;因第 4 项原因注销,要有责任人关于发生无效报案的书面说明。

## 3.2.2 填写报案记录

请采用角色扮演的方式,进行车险事故报案与立案,填写报案记录单,如下表 3-3 所示。

表 3-3 机动车辆保险报案记录(代抄单)

保险单号: 报案编号:

| 被保险人: | | 号牌号码: | | 号牌底色:蓝 |
| --- | --- | --- | --- | --- |
| 厂牌型号: | | 报案方式:电话报案 | | |
| 报案人: | 报案时间: | 联系人: | | 联系电话: |
| 出险时间: | | 出险原因: | | 是否是第一现场报案: |
| 出险地点: | | 驾驶人员名称: | | 准驾车型: |
| 驾驶证初次领证日期: | | 驾驶证号码: | | |
| 处理部门:99 | | 承保公司:怀宁支公司业务一部 | | 客户类别:单位 |
| VIN 码: | | 发动机号: | | 车架号: |
| 被保险人单位性质: | | 车辆初次登记日期: | | 已使用年限: |
| 新车购置价: | | 车辆使用性质: | | 核定载客　　　人<br>核定载质量　　　千克 |
| 保险期限: | | 车辆行驶区域: | | 车辆种类:客车 |
| 基本险条款类别: | | 争议解决方式:诉讼 | | |
| 约定驾驶人员 | 主驾驶人员姓名: | 驾驶证号码: | | 初次领证日期: |
| | 从驾驶人员姓名: | 驾驶证号码: | | 初次领证日期: |

(续表)

| 序号 | 险别(代码) | 保险金额/责任限额 | 序号 | 险别(代码) | 保险金额/责任限额 |
|---|---|---|---|---|---|
| 1 | 交通事故强制责任保险(BZ) | | 7 | | |
| 2 | 车辆损失保险(A) | | 8 | | |
| 3 | 第三者责任保险(B) | | 9 | | |
| 4 | 驾驶员车上人员责任险(D3) | | 10 | | |
| 5 | 乘客车上人员责任险(D4) | | 11 | | |
| 6 | 不计免赔特约(M)[A、B、D3、D4] | | 12 | | |
| 车辆出险信息 | | | | | |
| 特别约定 | | | | | |
| 双方约定 | | | | | |
| 本单批改次数:0 | | 车辆出险次数:0 | | 赔款次数:0 | 赔款总计:0.00 |
| 被保险人住址: | | | | | 邮政编码: |
| 联系人: | | 固定电话: | | | 移动电话: |

签单人： 经办人： 核保人： 抄单人： 抄单日期： 年 月 日

**一、简述题**

1. 车险理赔接受报案的流程是什么？
2. 报案记录主要有几项内容？
3. 什么是通赔案件？
4. 调度的工作职责有哪些？

**二、实践训练**

按表3－3报案记录单模拟接受报案过程，进行记录与填写。

## 学习单元三 现场查勘

汽车保险诈骗主要有三类情况：一是伪造交通事故，恶意骗保；二是夸大事故受损事实，把小损失伪造成大损失；三是因无证驾驶、酒后驾驶造成交通事故的，本不在理赔之列，当事人却采用延迟报案或冒名顶替等方式骗取保险金。

车险欺诈必然躲不过现场查勘和理赔审核两大环节，这两大环节的规范性操作就必然能有效防止欺诈行为的发生和得逞，至少能减少这类事件。在核保前对保险标的进行科学评估，加强核赔，坚持双人查勘定损，提高第一现场查勘率。

建立岗位轮换制度，防止内外勾结骗取赔款。加强核保核赔人员反欺诈的特别培训，并借鉴国外反保险欺诈的经验，在公司内部设立专职反保险欺诈的部门。

通过本单元的学习，我们将了解汽车保险现场查勘的内容、方法和实施等实务知识。

### 3.3.1 现场查勘的目的与意义

#### 一、交通事故现场

交通事故现场（以下简称现场）是指发生交通事故的车辆及其与事故有关的车、人、物遗留下的同交通事故有关的痕迹、证物所占有的空间。现场必须同时具备一定的时间、地点、人、车、物五个要素，他们的相互关系与事故发生有因果关系。

根据实际情况，现场一般可分为原始现场、变动现场和恢复现场。

(1) 原始现场，是指发生事故后至现场查勘前，没有发生人为或自然破坏，仍然保持着发生事故后的原始状态的现场，也称第一现场。这类现场的取证价值最大，能较真实地反映出事故发生的全过程，是最理想的出险现场。

(2) 变动现场，是指发生事故后至现场查勘前，由于受到了人为或自然原因的破坏，现场的原始状态发生了部分或全部变动，也称移动现场。由于现场证物遭到破坏，不能全部反映事故的全过程，给事故分析带来困难。导致现场变动的原因如下：

① 为抢救伤者或排除险情而移动车辆，变动了现场的原始位置。

② 执行任务的消防、救护、警备、工程救险车辆肇事后，因任务要驶离现场。

③ 过往车辆和行人及现场围观群众破坏。

④ 自然原因（刮风、下雨、下雪、日晒等）。

⑤ 主要交通干道或繁华地段发生的事故，需及时疏导交通而移动肇事车辆及相关证物。

⑥ 当事人为了逃避责任或进行保险诈骗，对现场进行破坏和伪造。

⑦ 当事人为逃避责任驾车逃逸。

(3) 恢复现场，是指事故现场撤离后，为分析事故或复查案件，根据现场调查记录资料重新布置恢复的现场。恢复现场有两种情况：一是对上述变动现场，根据现场分析、证人指认，将变动现场恢复到原始现场状态；二是原始现场撤除后，因案情需要，根据原现场记录图、照片和查勘记录等材料重新布置恢复现场。

## 二、现场查勘的意义

承保车辆出险后，需要及时进行现场查勘，查勘定损人员所采用的现场查勘技术是否科学、合理，是现场查勘工作成功与否的关键，直接关系到事故原因的分析与事故责任的认定。现场查勘是道路交通事故处理过程中一项重要的法定程序，现场查勘是证据收集的重要手段，是准确立案、查明原因、认定责任、进行处罚的依据，是保险赔付、案件诉讼的重要依据。因此，现场查勘在事故处理过程中具有非常重要的地位。

### 1. 现场查勘是重大交通事故案件刑事及民事诉讼程序的重要环节

交通事故立案、调查、提起公诉和审判，是刑事诉讼活动的四项程序。现场查勘是刑事诉讼第一、二道程序中的重要环节。因此，事故发生后，必须对现场、肇事车辆、物品、人员损伤、道路痕迹等进行现场调查。

### 2. 现场查勘是保险赔付的基础工作

保险车辆一旦发生交通事故，就涉及赔付问题。只有通过现场查勘才能确定事故的真伪、事故原因及事故态势，确定赔付的基本依据，判断是否为骗保案件。

### 3. 现场查勘是事故处理的起点和基础工作

只有通过严格细致的现场查勘，才能准确揭示事故的发生、发展过程，通过对现场各种物证痕迹等物理现象的分析研究，发现与事故有关联的逐项内在因素。也只有通过周密的现场查勘、询问当事人、证明人等调查活动，才能掌握第一手材料，对案情做出正确的判断。

### 4. 现场查勘是搜集证据的基本措施

车辆交通事故是一种纯物理现象，交通事故的发生必然引起现场内客观事物的变化，在现场留下痕迹物证。因此，对现场进行细致、反复地查勘，对现场遗留下的各种痕迹物证加以认定和提取，经过检验与核实就成为事故分析的直接证据。

### 5. 现场查勘是侦破交通肇事逃逸案件的重要环节

交通肇事逃逸的行为不可避免地引起现场各种交通要素的变化，留下痕迹和物证。通过现场查勘取得的各种痕迹证物等证据，是分析案情、揭露逃逸人的特征、侦破逃逸案件的重要依据。

## 三、现场查勘的目的

### 1. 确定事故的性质

通过客观、细致地现场查勘证明案件是刑事性质的交通事故，还是普通单纯的交通事故，是否为骗保而伪造的事故，对事故进行划分和提供处理依据。

### 2. 查明事故情节及要素

通过查勘现场的各种痕迹物证，对事故经过进行分析调查，查明事故的主要情节和交通违法因素。

### 3. 确认事故原因

通过对现场周围环境、道路条件的查勘，可以了解道路、视距、视野、地形、地物对事故发生的客观影响;通过对当事人和证明人的询问和调查,可以确认当事人双方违反交通法规的主观因素。

### 3.3.2 事故现场查勘范围与组织

#### 一、事故现场查勘的范围

现场查勘是一项细致、烦琐又复杂的工作。因此,在查勘前必须根据现场的具体情况,确定查勘的范围、顺序和重点,拟定查勘方案,按确定的顺序和步骤展开查勘。

现场查勘范围根据事故类型而定。查勘人员到现场后,应及时向现场保护人员了解事故情况,现场有无变动及变动的原因和范围,必要时根据当事人和证明人的记忆恢复现场。

对于现场范围比较小,肇事车辆和证物痕迹比较集中的现场,以肇事车辆为中心由内向外展开查勘。对于肇事车辆和证物痕迹比较分散的现场,查勘顺序要灵活掌握,以重要部位和可能遭受破坏的部位为重点进行查勘,也可以由外围向中心进行,逐步缩小查勘范围。对于面大距离长的现场,可分片逐段进行查勘。

在现场查勘或对事故进行分析研究过程中,当遇到认定痕迹或事故原因有异议时,在关键问题上意见无法统一时,应通过现场实验进行科学考察。

查勘人员到达事故现场后,要根据现场情况,由现场指挥人员统一部署,布置现场警戒;维护交通秩序,预防现场交通堵塞;保护现场;组织救护交通事故伤员,组织现场抢险。如图3-3所示,为现场移动保护图例。

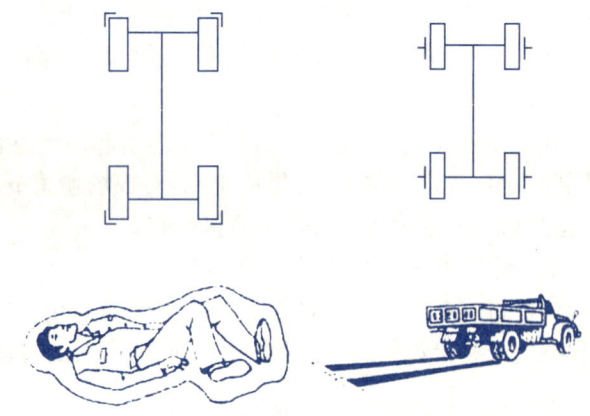

图3-3 移动保护现场图例

#### 二、现场查勘的组织实施

现场查勘工作是一项政策性、技术性、法律性很强且烦琐细致的工作。尤其对于重大和特大交通事故,查勘工作量大,需要的时间长,涉及的部门、人员多,有些情况要现场处理。因此,现场查勘要有严密的组织和强有力的临场指挥,使查勘工作在统一领导、统一指挥下,有组织、有秩序地进行,避免杂乱无章。交通事故的现场查勘由属地公安交通管理部门统一组织,单方事故可以由保险公司独立查勘、处理。

现场查勘的组织应注意以下事项。

### 1. 迅速赶赴现场

事故发生地的公安交通管理部门接到报案后,应立即组织警力,快速赶赴现场,按《道路交通事故处理程序规定》的要求,及时划定现场范围,实施保护,维护交通秩序,保证现场查勘工作的顺利进行。

### 2. 全面了解和掌握现场情况

只有全面了解和掌握情况,才能对事故性质以及采取什么样的措施等一系列问题做出正确的判断与决策,否则,将会使查勘工作陷于被动。

指挥员到达现场后,首先听取先期到达的有关人员的汇报,亲自巡视、查看现场状况,确定查勘重点,布置各项查勘工作。对重要痕迹物证要亲自查验,鉴别真伪与可靠程度,掌握第一手资料。

### 3. 兼顾统筹、全面安排

(1) 合理布置查勘力量,特别是重大、特大交通事故。在分配工作任务时,要注意发挥工作人员的特长,因人制宜、新老搭配,提高查勘取证的效率和质量。

(2) 重点痕迹仔细查勘。尽管现场查勘的工作内容很多,但对重点痕迹的查勘、对痕迹形成的认定、收集人证物证、现场查勘记录4项工作不得有误。这些工作直接关系到事故因果关系、事故性质、事故责任认定。

(3) 掌握进度,协调工作。现场查勘工作既有分工又有合作,痕迹查勘与摄影录像、测绘现场图之间要彼此照应,相互协调,否则就会彼此干扰,影响工作的完整性。指挥员要协调各组的工作进度,进行必要的调整,使现场查勘工作顺利进行。

(4) 及时采取应急措施。在现场查勘过程中,当遇到某些紧急情况时,应当机立断,及时采取相应措施,保证查勘工作的连续性。例如,对交通肇事逃逸案,一旦掌握基本证据,立即采取措施,对肇事车辆进行堵截。

(5) 组织现场汇报。查勘结束后,应召开现场工作报告会,听取各项调查汇报,查验查勘记录和现场记录图是否符合《道路交通事故痕迹物证勘验》的要求。发现漏洞和差错,及时补充和复查。若需安排现场实验,另选时间和地点进行。

## 3.3.3 现场查勘的流程与内容

### 一、现场查勘定损的工作流程图

现场查勘定损的工作流程图如图3-4所示。

### 二、职责描述

现场查勘、调查工作由理赔查勘部负责。

#### (一) 任务分派

查勘调度员在接到"报案中心"传递的需现场查勘、调查通知后,应立即安排查勘定损人员在报案后24小时内进行现场查勘、调查或给予受理意见。因保险公司原因延误查勘,造成物损无法确定的,以被保险人提供的物损照片、损失清单、事故证明和修理发票作为赔付理算依据。

汽车保险与理赔

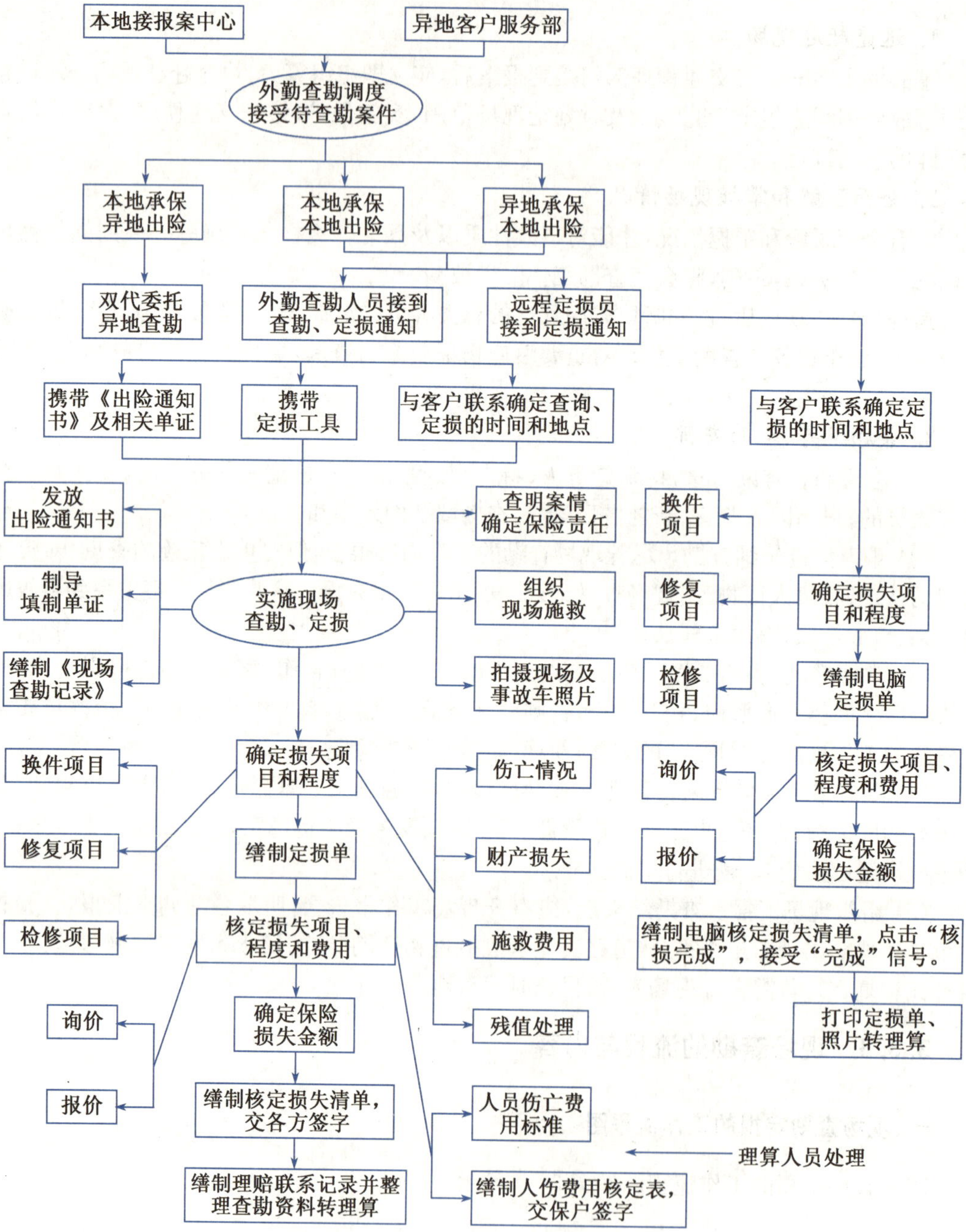

图3-4 现场查勘的工作流程

## （二）准备工作

查勘定损人员接到查勘、调查通知后，应迅速携带《机动车辆保险报案登记表》、《机动车辆保险出险通知书》、《客户理赔单证资料袋》等相关单证及照相机等查勘工具赶赴事故现场，并及时与报案人员取得联系。

查勘定损人员因不可抗力的原因难以按约定时间到达时，应及时与客户联系并向调度

164

报告其原因和补救措施。同时,查勘定损人员、调度必须做好书面记录,记录内容应包括与客户联系的方式、时间(具体到分)、客户方联系人姓名、电话、具体联系内容、客户反馈意见等,有条件的公司通过"电话同步录音功能"将与客户通话的全过程录音备查。现场查勘、调查工作原则上由双人完成。

### (三) 赶赴现场

查勘定损人员到达事故现场后,及时向调度报告,如果保险标的尚处于危险中,应立即协助客户采取积极有效的施救、保护措施,避免损失的扩大。同时指导被保险人或驾驶员或报案人认真填写《机动车辆保险出险通知书》。

### (四) 现场查勘

**1. 处理现场**

(1) 到达查勘地点后,发现特殊情况,应及时向保险公司反馈。

(2) 如果保险标的尚处于危险中,应立即协助客户采取有效的施救、保护措施,避免损失扩大。

(3) 有人员伤亡的、造成道路交通设施损坏的、不符合自行协商处理范围的,应提醒客户向交通管理部门报案,并协助保护现场。

(4) 因阻碍交通无法保护现场的,查勘员可允许驾驶员将车移至不妨碍交通的地点,在附近等候查勘;若查勘员无法在合理的约定时间赶到现场的,可商定受损车辆到指定定损点进行第二现场查勘,若有必要可约定时间回出险地补看复位现场。

**2. 查明肇事驾驶人、报案人的情况**

(1) 查验肇事驾驶人和报案人的身份,核实报案人、驾驶人与被保险人的关系。

(2) 注意驾驶人员是否存在饮酒、醉酒、吸食或注射毒品、被药物麻醉后使用保险车辆情况,是否存在临时找他人顶替真实驾驶人员的情况。

(3) 驾驶证是否有效,一般指驾驶证正页上有效日期是否过期;驾驶的车辆是否与准驾车型相符;驾驶人员是否是被保险人或其允许的驾驶人;驾驶人员是否为保险合同中约定的驾驶人;特种车驾驶人是否具备国家有关部门核发的有效操作证;营业性客车的驾驶人是否具有国家有关行政管理部门核发的有效资格证书。

**3. 查验出险车辆情况**

(1) 确认保险标的车辆信息。查验事故车辆的保险情况、号牌号码、牌照底色、发动机号、VIN码/车架号、车型、车辆颜色等信息,并与保险单、证(批单)以及行驶证所载内容进行核对,确认是否就是承保标的。

(2) 查验保险车辆的行驶证。查验行驶证是否有效,一般指行驶证副页是否正常年检;行驶证车主与投保人、被保险人不同的,车辆是否已经过户;已经过户的,是否经保险人同意并通过批单对被保险人进行批改。

(3) 查验第三方车辆信息。涉及第三方车辆的,应查验并记录第三方车辆的号牌号码、车型,以及第三方车辆的交强险保单号、驾驶人姓名、联系方式等信息。

(4) 查验保险车辆的使用性质。车辆出险时使用性质与保单载明的是否相符(两种常见使用的使用性质与保单不符的情况:① 营运货车按非营运货车投保;② 非营运乘用车从事营业性客运);是否运载危险品;车辆结构有无改装或加装;是否有车辆标准配置以外的新增设备(详见交通管理部门《机动车登记规定》)。

4. 查明出险经过

(1) 核实出险时间。对出险时间是否在保险有效期限内进行判断,对接近保险起讫期出险的案件,应特别慎重,认真查实。将出险时间和报案时间进行比对,判断是否超过48小时。了解车辆启程或返回的时间、行驶路线、委托运输单位的装卸货物时间、伤者住院治疗的时间等,以核实出险时间。

(2) 核实出险地点。查验出险地点与保险单约定的行驶区域范围是否相符;是否是营业性修理场所;是否擅自移动现场或谎报出险地点。

(3) 查明出险原因。结合车辆的损失状况,对报案人所陈述的出险经过的合理性、可能性进行分析判断,积极索取证明、搜集证据;注意驾驶人员是否存在醉酒或服用违禁药物后驾驶机动车的情况(特别是节假日午后或夜间发生的严重交通事故);是否存在超载情况(主要是涉及大货车的追尾或倾覆事故,需要对货物装载情况进行清点);是否存在故意行为(一般是老旧车型利用保险事故更换部分失灵配件或者已经索赔未修理车辆通过故意事故重复索赔);对于保险服务专线提示出险时间接近的案件,须认真核查两起报案中事故车辆的损失部位、损失痕迹、事故现场、修理情况等,确定是否属于重复索赔。

(4) 查明事故发生的真实性,严防虚假报案。发生碰撞的,要观察第一碰撞点的痕迹,是否符合报案人所称的与碰撞物碰撞后所留痕迹,比如因碰撞物的不同,碰撞点往往会残留一定的灰屑、砖屑、土屑、油漆等;发生运动中碰撞的,要重点考虑碰撞部位,比如追尾事故因后车在碰撞时紧急制动会导致车头下沉,受损部位往往在保险杠以上更为严重;要对路面痕迹进行仔细观察,保险车辆紧急制动时会在路面留有轮胎摩擦的痕迹,有助于判断车辆发生碰撞前的行驶轨迹。

(5) 对存在疑点的案件,应对事故真实性和出险经过进一步调查,可查找当事人和目击者进行调查取证,并作询问笔录。

(6) 如被保险人未按条款规定协助保险人勘验事故各方车辆,证明事故原因,应在查勘记录中注明。

5. 估计事故损失情况

查明受损车辆、货物及其他财产的损失程度,估计事故涉及的各类损失金额,按查勘任务对应的损失标的为单位记录估损金额,记录、核定施救情况。

6. 初步判断保险责任

(1) 对事故是否属于保险责任进行初步判断

应结合承保情况和查勘情况,分别判断事故是否属于机动车交通事故责任强制保险或商业机动车保险的保险责任,对是否立案提出建议。对不属于保险责任或存在条款列明的责任免除的、加扣免赔情形的,应收集好相关证据,并在查勘记录中注明。暂时不能对保险责任进行判断的,应在查勘记录中写明理由。

(2) 初步判断责任划分情况

交警部门介入事故处理的,依据交警部门的认定;当事人根据《交通事故处理程序规定》和当地有关交通事故处理法规自行协商处理交通事故的,应协助事故双方协商确定事故责任并填写《协议书》(对当事人自行协商处理的交通事故,如发现责任划分明显与实际情况不符,缩小或扩大责任的,应要求被保险人重新协商或由交警出具交通事故认定书)。

### 7. 拍摄、上传及分拣事故现场、受损标的照片

（1）对车辆和财产损失的事故现场和损失标的进行拍照。第一现场查勘的，应有反映事故现场全貌的全景照片，反映受损车辆号牌号码，车辆、财产损失部位、损失程度的近景照片；非第一现场查勘的，事故照片应重点反映受损车辆号牌号码，车辆、财产损失部位、损失程度的近景照片。对车辆牌照脱离车体、临时牌照或无牌照的车辆、全损车、火烧车及损失重大案件，要求对车架号、发动机号进行清晰的拍照。

（2）拍摄相关证件及资料。保险车辆的行驶证（客运车辆准运证）、驾驶人的驾驶证（驾驶客运车辆驾驶人准驾证，特种车辆驾驶人操作资格证）；交警责任认定书、自行协商协议书、其他相关证明。查勘人员应将此环节相关证件、资料尽可能的拍照，照片汇总到车险理赔系统后，有利于核损、核赔环节从系统中进行审核。

（3）查勘现场照片拍摄的要求。拍摄第一现场的全景照片（能正确反映现场所处的位置）、痕迹照片、物证照片和特写照片；拍摄能反映车牌号码与损失部分的全景照片（为使车牌号码与损失部分在一张照片上反映出来，一般按受损部位一边的 45 度角对全车进行拍照）；拍摄能反映车辆局部损失的特写照片；拍摄内容与交通事故查勘笔录的有关记载相一致；拍摄内容应当客观、真实、全面地反映被摄对象，不得有艺术夸张；拍摄痕迹时，可使用比例尺对高度、长度进行参照拍摄。

（4）查勘照片上传及分拣注意情况。相关证件及资料照片，应该在索赔清单中勾选，在单证资料上传中上传，并分拣到相应项目中。主车、现场查勘、痕迹对比及财产损失照片分拣到涉案车辆（主车）中，三者车查勘照片分拣到涉案车辆（三者车）中。

### 8. 对损失重大的案件处理

（1）绘制草图。损失重大的案件应绘制事故现场草图。现场草图要反映出事故车方位、道路情况及外界影响因素。

（2）对造成重大损失的保险事故事故当事人、事故原因等因素存在疑点难以明确的案件，须要求被保险人或肇事驾驶员或受损害方对现场查勘记录内容进行确认并签字。

（3）对于涉及人身伤亡事故，到伤者就诊医院随访，及时了解伤者病情、医疗估计费用；到伤亡者户籍所在地，了解核实被抚养人员生存、年龄等情况，以及抚养者人数等；同时提前复印受害人户籍本原件留档。

### 9. 防止重复报案

对于"接报案中心"告知需认真查实的出险时间接近的案件，须仔细核查两起（或多起）相似案件的详细情况，尤其要核对事故车辆的损失部位和损失痕迹。对于相关案件痕迹相符或相似的情况，一方面应立即查验相关案件的事故现场、修理情况等；另一方面应立即向上级领导汇报，并向上起案件的现场查勘人员了解有关情况，以最终确定是否属于重复报案案件。如果属于重复报案，通知客户后按照注销案件处理流程办理。

## 四、指导报案人后续工作

### （一）告知

根据事故性质和现场查勘、损失情况，认真、全面、准确地在《客户理赔单证资料袋》背面的"机动车辆保险索赔须知"中确定被保险人索赔时需要提交的索赔单证，以明确向报案人

或被保险人告知索赔手续和应提供的资料单证。

向客户讲解赔偿处理原则。

(1) 道路交通事故应提供公安交通管理部门或法院等机构出具的事故证明、有关的法律文书(裁定书、裁决书、调解书、判决书等)。

(2) 对于非道路交通事故或公安交通管理部门不进行处理的,可采用相关的事故证明(派出所、保安部门、物业小区管理部门出具的事故证明)。

(3) 对保险公司查勘第一现场的"单方事故",或事故责任明确的事故,可以不需提供上述证明材料等内容,只要求报案人或被保险人签字认可。

**(二) 指导**

指导报案人或被保险人填写的《机动车辆保险出险通知书》。

除向报案人或被保险人发放上述单证外,还需要做下列两项。

(1) 对于涉及人身伤亡的事故,由理赔调查人员填写《机动车辆保险人员伤亡费用核赔清单》,并全程跟踪伤者医治情况。

(2) 对于涉及全车盗抢的事故,向其发放《赔款收据及代位书》,告知客户索赔时需提供机动车来历凭证、车辆购置税完税证明(车辆购置附加费缴费证明)或免税证明、车辆停驶手续及出险地县级以上公安刑侦部门出具的盗抢立案证明、全套车钥匙、行驶证等。未能提供车辆停驶手续或出险地县级以上公安刑侦部门出具的盗抢立案证明的,不予赔付。

释义:

机动车来历凭证(《中华人民共和国机动车登记办法》规定)

(1) 在国内购买的机动车,其来历凭证是全国统一的机动车销售发票或者旧机动车交易发票;在国外购买的机动车,其来历凭证是该车销售单位开具的销售发票。

(2) 人民法院调解、裁定或者判决所有权转移的机动车,其来历凭证是人民法院出具的已经生效的《调解书》、《裁定书》或者《判决书》,以及相应的《协助执行通知书》。

(3) 仲裁机构仲裁裁决所有权转移的机动车,其来历凭证是《仲裁裁决书》和人民法院出具的《协助执行通知书》。

(4) 继承、赠予、协议抵偿债务的机动车,其来历凭证是继承、赠予、协议抵偿债务的相关文书和公证机关出具的《公证书》。

(5) 资产重组或者资产整体买卖中包含的机动车,其来历凭证是资产主管部门的批准文件。

(6) 国家机关统一采购并调拨到下属单位未注册登记的机动车,其来历凭证是全国统一的机动车销售发票和该部门出具的调拨证明。

(7) 国家机关已注册登记并调拨到下属单位的机动车,其来历凭证是该部门出具的调拨证明。

(8) 更换发动机、车身、车架的来历凭证,是销售单位开具的发票或者修理单位开具的发票或新的行驶证。

**(三) 制作**

(1) 制作《机动车辆保险现场查勘记录》或《机动车辆保险理赔联系记录》。现场查勘人员必须按照要求和规定,将查勘、调查内容及时反映到《机动车辆保险现场查勘记录》或《机动车辆保险理赔联系记录》上,并签字注明日期,同时,力争让被保险人或肇事驾驶员对此确认签字。《机动车辆保险现场查勘记录》或《机动车辆保险理赔联系记录》应能充分反映出理赔查勘定损、调查、案件处理的全过程。

(2) 制作《机动车辆保险事故车辆估损单》(包括零部件更换项目清单及清单附页、修理项目清单及清单附页)。根据掌握到的各种信息、资料,结合现场查勘、调查记录情况,对保险车辆、第三方车辆、财产、人员以及其他项目的"事故损失金额"(事故损失金额是指:事故所涉及的全部损失金额。包括属于保险责任部分,也包括非保险责任部分。即事故发生后,产生的不作任何剔除的全部损失金额)进行认真的估计,并将其填写在《机动车辆保险事故车辆估损单》相关项目中。对涉及第三方车辆不止一辆的,需分别按辆填写。

### (四) 录入、归档

理赔查勘定损核损结束后,相关人员应在 48 小时内将《机动车辆保险理赔联系记录》和《机动车辆保险事故车辆估损单》中有关估损情况录入业务核心系统,同时输录《机动车辆保险理赔联系记录》和《机动车辆保险事故车辆估损单》归档日期,并将单证归入案卷。

## 3.3.4 现场查勘的实施

### 一、现场查勘方法

现场查勘所采用的主要方法有沿车辆行驶路线查勘法、由内向外查勘法、由外向内查勘法、分段查勘法。

沿车辆行驶路线查勘法要求事故发生地点的痕迹必须清楚,以便能顺利取证、摄影、丈量与绘制现场草图,进而能准确确定事故原因。由内向外查勘法适用于范围不大、痕迹与物证集中且事故中心地点明确的现场,可由事故中心点开始,按由内向外顺序取证、摄影、丈量与绘制现场草图,进而确定事故原因。由外向内查勘法适用于范围较大、痕迹较为分散的出险现场,可按由外围向中心的顺序取证、摄影、丈量与绘制现场草图,进而确定事故原因。分段查勘法适用于范围大的事故现场,此时,先将事故现场按照现场痕迹、散落物等特征分成若干个片或段,分别取证、摄影、丈量与绘制现场草图,进而确定事故原因。

### 二、现场查勘工作的技巧

现场查勘的实施途径包括现场勘验和现场访问。现场勘验包括现场道路环境勘测、事故车辆检验、事故痕迹调查、人身伤害调查等。现场访问主要是通过事故当事人、见证人、目击者了解与事故有关的情况。现场查勘的同时,要制取能够反映事故现场查勘结果的现场记录资料,主要形式有现场照片、现场草图、现场询问笔录,有时还有现场录音和录像资料。现场查勘工作主要包括收取物证、现场摄影、现场丈量、现场草图绘制和填写现场查勘记录等。

(一) 收取物证

物证是分析事故原因最客观的依据,收取物证是现场查勘的核心工作。事故现场物证的类型有散落物、附着物和痕迹。

(1) 散落物。可分为车体散落物、人体散落物及他体散落物三类。车体散落物主要包括零件、部件、钢片、木片、漆片、玻璃、胶条等;人体散落物主要包括事故受伤人员的穿戴品、携带品、器官或组织的分离品;他体散落物主要包括事故现场人、车之外的物证,如树皮、断枝、水泥、石块等。

(2) 附着物。可分为喷洒或黏附物、创痕物与搁置物三类。喷洒或黏附物主要包括血液、毛发、纤维、油脂等；创痕物主要包括油漆微粒、橡胶颗粒、热熔塑料涂膜、反光膜等；搁置物主要包括织物或粗糙面上的玻璃颗粒等。

(3) 痕迹。可分为车辆行走痕迹、车辆碰撞痕迹及涂污与喷溅痕迹三类。车辆行走痕迹主要包括轮胎拖印、压印和擦印等；车辆碰撞痕迹主要包括车与车之间的碰撞痕迹、车与地面之间的碰撞与擦刮痕迹、车与其他物体间碰撞与擦刮痕迹；涂污与喷溅痕迹主要包括油污、泥浆、血液、汗液、组织液等的涂污与喷溅。

轮胎痕迹的提取与鉴定

### (二) 现场摄影

现场摄影是真实记录现场和受损标的客观情况的重要手段之一，可以直观反映现场的情况，是处理事故的重要证据。因此，现场摄影成为现场查勘的重要工作。

#### 1. 摄影内容

(1) 现场方位、概览、重点、细目摄影。

(2) 现场环境、痕迹勘验、人体（受伤部位）摄影。

(3) 道路及交通设施、地形、地物摄影。

(4) 分离痕迹、表面痕迹、路面痕迹、衣着痕迹、遗留物、受损物规格编码摄影。

(5) 车辆检验（车架号、发动机号）、两证（行驶证、驾驶证）检验摄影。

具体内容如图 3-5~图 3-12 所示。

图 3-5 现场环境与地形

图 3-6 车辆整体照片

图3-7 远景表面痕迹

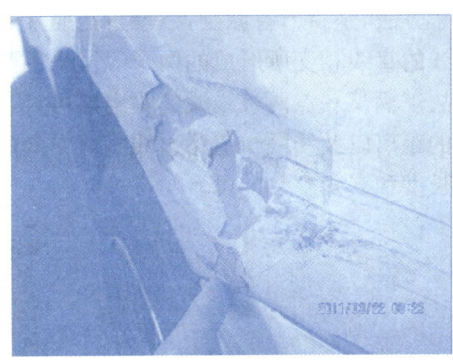
图3-8 近景表面痕迹

图3-9 行驶证

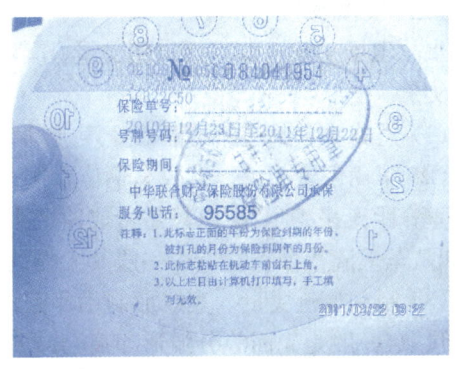
图3-10 保险标志

图3-11 车辆识别代码

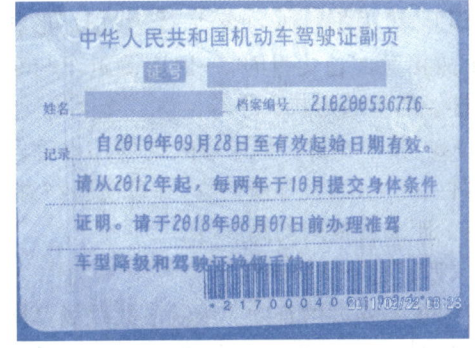
图3-12 驾驶证

2. 摄影步骤

按照现场方位、现场概貌、重点部位以及损失细目的顺序摄影,要注意彼此联系、相互印证。

3. 摄影原则

(1) 先拍摄原始状况,后拍摄变动状况。
(2) 先拍摄现场路面痕迹,后拍摄车辆上的痕迹。
(3) 先拍摄易破坏易消失的痕迹,后拍摄不易破坏和消失的痕迹。

总之,要根据实际情况,既能说明事故的保险责任,又能详细反映事故损失,灵活运用各种摄影方法，坚持节省原则，以最少的照片数量反映现场最佳的效果。过某一点且垂直于道路边线的直线相交所形成的两个线段来固定事故现场，所以只需要量取基准点与交点、交点与事故车辆某一点两条线段的距离即可；极坐标法是用基准点与事故车辆某一点连接形成线段的距离以及线段与道路边线垂直方向的夹角来固定事故现场，所以该方法只需要量取线段长度和夹角度数即可。

现场查勘照相标准

**（三）丈量现场**

事故现场丈量主要包括道路丈量、车辆位置丈量、制动印痕丈量、事故接触部位丈量和其他丈量。

（1）道路丈量。道路的路面宽度、路肩宽度以及边沟的深度等参数一般需要丈量。

（2）车辆位置丈量。事故车辆位置用车辆的四个轮胎外缘与地面接触中心点到道路边缘的垂直距离来确定，所以只需量取四个距离即可，车辆行驶方向可根据现场遗留的痕迹判断，如从车上滴落油点、水点，一般其尖端的方向为车辆的行驶方向。

（3）制动痕迹丈量。直线形制动印痕的拖印距离直接测量即可；弧形制动印痕的拖印距离量取，一般是先四等分弧形印痕，分别丈量等分点至道路一边的垂直距离，再量出制动印痕的长度即可。

（4）事故接触部位丈量。事故接触部位是形成事故的作用点，是事故车辆的变形损坏点，因此，可根据物体的运动、受力、损坏形状以及散落距离等因素科学判断事故接触部位。对事故接触部位丈量时，一般应测量车与车、车与人或车与其他物体接触部位距地面的高度、接触部位的形状大小等。

（5）其他丈量。如果事故现场还有毛发、血皮、纤维、车身漆皮、玻璃碎片、脱落的车辆零部件、泥土、物资等遗留物，并且遗留物对事故认定起着重要作用，则一并需要丈量遗留物散落的距离或黏附的高度等。

**（四）现场草图绘制**

对重大赔案的查勘应绘制事故现场草图。现场草图一般为简单的平面图，辅以适当的文字说明，能够反映事故车的方位、道路情况以及外界影响因素，实质上是明确保险车辆事故发生地点和环境的小范围地形图。所以，现场草图是研究分析事故原因、判断事故责任、准确定损、合理理赔的重要依据，现场草图不仅要使绘图者能看懂，更重要的是使别人看懂，使没有到过出险现场的人，能从现场草图中了解到出险现场的概貌。

**1. 现场草图的种类**

现场草图根据制作过程可分为现场记录图和现场比例图。

（1）现场记录图。现场记录图是根据现场查勘程序，在出险现场绘制、标注，当场出图的出险现场示意图，是现场查勘的主要记录资料。一般情况下，通过平面图和适当的文字说明，即可反映出出险事故现场的概貌。有时，为了表达出险事故现场的空间位置和道路纵、横断面几何线形的变化，也常采用立面图和纵横剖面图。

(2)现场比例图。现场比例图是根据现场记录图所标明的尺寸、位置,选用一定比例,按照绘图要求,工整准确地绘制而成的正式现场比例图。它是理赔或诉讼的依据。

2. 现场草图的绘制要求

现场草图应在出险现场当场绘制,不要求十分工整,但要求内容完整,尺寸数字准确,物体位置、形状、尺寸、距离的大小基本成比例,如图3-13所示。具体要求如下。

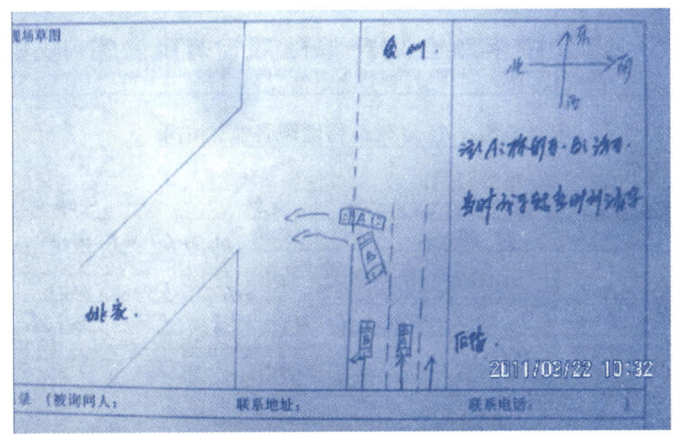

图3-13 现场绘制草图样例

(1)使用道路交通元素符号。
(2)标明事故地点、道路名称及公里数。
(3)标明路面宽度和事故车辆与路面相对位置。
(4)事故车辆倾覆时,必须标明翻转方向。
(5)事故涉及的弯道、坡路、桥梁、涵洞、路口,应准确清晰标明。

草图样例1　　　　　　草图样例2

### 3.3.5 现场查勘记录的填写

现场查勘工作非常重要,而现场查勘的内容繁杂,为规范查勘工作,同时防止查勘人员疏忽某些细节,保险公司一般都制定《机动车辆保险事故现场查勘记录》,如表3-4所示,查勘人员根据现场查勘情况如实填写。

表3-4 机动车辆保险现场查勘记录

| 被保险人: | | | 赔案编号: | |
|---|---|---|---|---|
| 标的车牌号: | | 车型: | | 发动机/车架号: |
| 报案时间: | | | 查勘时间: | |
| 出险地点: | | | 查勘地点: | |

（续表）

| 事故类型： | 碰撞☐ | 倾覆☐ | | 其他☐ | 说明： | | |
|---|---|---|---|---|---|---|---|
| 事故险种： | 车损险☐ | 第三者责任险☐ | 附加险☐ | | 说明： | | |
| 事故责任： | 全责☐ | 主责☐ | 同责☐ | 次责☐ | 单方全责☐ | 非责☐ | |
| 事故处理方式：交警处理☐ | | | 警署处理☐ | | 其他证明☐ | | |
| 查勘现场： | 事故痕迹相符☐ | | 事故痕迹不相符☐ | | | 说明： | |
| **损失确定情况** | | | | | | | |
| 标的车损失 | | 定损金额： | 元 | 物价评估中心估损： | | | 元 |
| 施救费用 | | 现场施救费用： | 元 | 其他施救费用： | | | 元 |
| 第三者损失 | | | | | | | |
| 车牌号： | | 车型： | 定损金额： | 元 | 物价评估中心估损： | | 元 |
| 车牌号： | | 车型： | 定损金额： | 元 | 物价评估中心估损： | | 元 |
| 车牌号： | | 车型： | 定损金额： | 元 | 物价评估中心估损： | | 元 |
| 物损： | | | 定损金额： | 元 | 估计损失金额： | | 元 |
| 施救费用： | | | 定损金额： | 元 | 估计损失金额： | | 元 |
| **事故驾驶员信息** | | | | | | | |
| 驾驶员姓名： | | | 年龄： | | 性别：男（　） | 女（　） | |
| 驾驶证号： | | | 准驾车型：A（　）B（　）C（　）D（　）E（　） | | | | |
| 事故经过陈述： ＿＿年＿＿月＿＿日＿＿＿＿时，由驾驶员＿＿＿＿＿驾驶车牌号为＿＿＿的车辆在＿＿＿＿＿＿＿＿（地点）发生＿＿＿＿＿＿＿＿＿＿事故。 | | | | | | | |
| 被保险人（或驾驶员）确认签名： | | | | | | | |
| 附件：估损单（　）物价中心评估单（　）修理厂估损单（　）事故证明（　）事故照片（　）其他单证： | | | | | | | |
| 查勘人员签名： | | | | 填制日期： | | | |
| 审核意见： 审核人签名： | | | | 审核日期： | | | |

注：本现场查勘记录，仅适用于损失轻微、定损过程明确的事故。

平安保险机动车辆保险查勘报告

查勘报告填写规范

事故车辆查勘案例

## 一、简述题

1. 交通事故现场有哪几类?
2. 现场查勘工作的意义有哪些?
3. 简述现场查勘的主要内容,如何实施?

## 二、案例分析题

1. 李某将其家庭自用轿车向保险公司投保,保险期限内发生保险事故,造成第三者赵某腿部受伤,住院治疗费用达 4 万多元。出险时李某仅向交警队报案,但未告知保险公司。赵某半年后痊愈出院,李某凭交警队的事故责任认定书、损害赔偿调解书和伤者住院治疗费发票、住院证明等有关索赔单证到保险公司索赔。

请问保险公司对此案是否应赔偿?

2. 运输户张某将其购买的一辆厢式货车在保险公司投保,保险期限一年。该货车在保险期限内出险,造成车辆损失和第三者人员受伤。保险公司查勘人员认定属于保险责任范围,核定车辆损失 5 000 元,张某提供的第三者住院治疗费发票金额为 23 000 元,在理算过程中,保险公司发现张某多开医疗费发票金额 9 000 元,属于骗赔行为,保险公司据此向张某签发了全案拒赔通知书。张某承认自己确实提供了虚假发票,保险公司可对 9 000 元拒赔,但其余部分仍应赔付。由于双方协商不成,张某将纠纷诉至法院。

请问保险公司应如何赔偿?

## 学习单元四　立案与定损、核损

"投保容易,理赔难",不少车主都会有这样的感觉。许多车主在车辆出险后,揪心的不仅仅是爱车损坏,还包括理赔的种种问题,其中最突出最常见的问题就是车险定损时间和定损价值。这些问题也是多数车险理赔纠纷矛盾的起源。车险定损时间的长短和定损价值是否合理还与车辆所投保的保险公司体系有关。一些车辆在异地出险后,因为所投保的保险公司在当地没有服务网点,车险定损时间肯定不能让车主满意。其次,有些保险公司虽然也可以异地定损,但是修车必须返回投保地。因为定损地与维修地车辆维修厂商、零配件来源、部件修换等问题的不同,也造成了事故后车辆维修费用的不同。

所幸的是,目前一些大的保险公司均已实现公司内部承保客户全国范围内通赔。这样就能保证车险定损时间能够及时,定损价格也让人满意。

通过本单元的学习,我们将了解汽车保险立案流程与方法、车辆损失与人员伤亡等损失确定的方法与流程、核损内容等实务知识。

### 3.4.1　立案

**一、立案工作职能**

1. 对查勘发起的立案任务进行处理(交强/商业险)。
2. 录入、调整立案估损金额信息。
3. 输入巨灾信息代码。
4. 发起追偿任务。

**二、立案前的准备**

1. 接收查勘资料,包括查勘记录及附页、查勘照片、询问笔录,以及驾驶证、行驶证照片/复印件等,确保立案人员充分掌握查勘信息。
2. 查阅出险车辆的承保信息。
3. 查阅出险车辆的历史赔案信息。

**三、立案处理**

**(一)判断保险责任**

1. 结合保险车辆的查勘信息、承保信息以及历史赔案信息,分别判断事故是否属于商业机动车保险和机动车交通事故责任强制保险的保险责任,并选择正确的出险标志(商业险+交强险,交强险,商业险)。
2. 经查勘人员核实的重复报案、无效报案、明显不属于保险责任的报案,应提交服务专

课题三 汽车保险理赔

线进行报案注销处理。

### (二)录入估损信息

应区分交强险、商业车损险、商业三者险和车上人员责任险等险别,分别录入或调整估损金额。

#### 1. 立案基本信息

立案估损信息页中第一部分为立案基本信息,损失分类可以选择"全损"、"非全损"、"玻璃独碎"和"盗抢",赔案类别、出险区域、商业险赔偿责任、交强险赔偿、出险标志和出险原因都为可选项。立案处理人员可以根据实际情况进行录入。

#### 2. 估损项

分为涉案车辆、财产损失、人员伤亡3部分。可以点击进入"车辆资料"选框查看具体损失。

#### 3. 险别估损信息

估损金额按照承保险别分项录入,可进行修改,点击调整原因按钮输入调整原因,费用估损应填入除施救费以外的合计费用估损金额。车险理赔系统中要求录入的"估损金额"指赔案涉及保险财产/责任的损失金额,"估计赔款"指考虑事故责任比例、免赔和保险金额/责任限额等综合情况后保险公司应赔付的金额。比如:某事故我方负主要责任,责任比例为70%,第三者损失70万(承保的第三者责任限额为50万),则车险理赔系统中第三者责任险项下估损金额录入为70万,估计赔款录入为49万。

#### 4. 立案建议

可选择部分分为"需要追偿"和"巨灾代码"两部分,如果选择"追偿",提交立案任务时将产生一条追偿任务。保险事故属于巨灾风险的,可选择对应的巨灾代码填入,便于统计巨灾损失。

### 四、立案处理时限

1. 一般情况下应于查勘结束后24小时内立案。

2. 最晚于接报案后3日内,进行立案或注销处理;查勘所涉及的单证可在立案同时或之后收集。

## 3.4.2 车辆损失确定

### 一、职责描述

车辆及其他财产定损、施救费用确定、残值处理由理赔查勘部负责,人身伤亡费用由理算部负责。

1. 查阅查勘记录、承保情况、历史出险记录。了解事故损失情况和查勘员查勘意见,损失所对应的险别及赔付限额,历史出险记录是否有损失情况类似的可疑案件。

2. 确定受损机动车和其他财产的损失情况,并对损失项目进行拍照。

3. 与客户协商确定修理方案,包括确定修理项目和换件项目。对需要询价、报价的零部件向报价岗询价、报价,确定修理工时费。与保险事故有关的各方协商修理费用,协商一致后签订《机动车保险车辆损失情况确认书》。

4. 对需要核损的案件提交核损岗核损。
5. 引导客户选择保险公司合作修理厂进行事故车辆维修。
6. 对修复车辆进行复检和损余回收。
7. 确认施救费用。

## 二、定损的内容与技巧

### (一) 机动车辆定损

**1. 查阅查勘记录、承保情况、历史出险记录**

(1) 查阅查勘记录,了解事故损失情况和查勘员查勘意见,对非本次事故的损失不予确定。

(2) 查看保险车辆承保情况,确定损失所对应的险别和赔付限额。定损时属于未承保险别的损失项应不予赔付(常见车上人员伤亡、新增设备损失、发动机进水损失),且定损金额不应超过各险别的最高赔付限额。

(3) 仔细查阅涉案车辆出险记录,避免重复索赔(常见的情况是已经另案定损但未修理又发生事故,历史案件中定损更换的零件只是修理未更换)。

**2. 对受损车辆进行拍照,并对照片进行上传和合理分拣**

(1) 定损人员使用数码相机拍摄照片时,相机应正确设置拍照日期,并尽量按一定顺序(比如从前到后,由外到内)对受损车辆进行拍照。

(2) 定损照片需含有能清晰反映车辆号牌的整车照片,受损部位的整体照片,能正确反映零部件损失数量和受损程度的照片。

(3) 对价值较高(单件超过1 000元,各分公司可以根据实际情况调整)的受损零部件和需要更换的零部件、残损零配件等应单独拍照;发动机、蓄电池等内部件损坏,拆检前应掀起发动机罩拍摄全景受损照片;变速箱底壳、车架等底盘件受损,拆检前应上举升架拍摄全景受损照片;更换风挡玻璃的,要求对玻璃标记拍照,以便分辨国产或进口玻璃。

(4) 每辆受损车辆应确定1~2张有代表性的标记照片,重点反映受损车辆损失概况。

(5) 定损员应按照精简、高效、准确反映受损情况的原则做好待上传照片的筛选工作,严格控制上传车险理赔系统的照片数量。

(6) 对于上传的案件照片,应该合理分拣。将车辆损失照片分拣到相应的涉案车辆中,对于价值较高的的受损零部件和需要更换的零部件、残损零配件照片,应在定损后,分拣到对应的定损项中。

**3. 确定车辆损失情况**

(1) 车辆定损基本原则。修理范围仅限于本次事故中所造成的车辆损失;能修理的零部件尽量修复,不要随意更换新的零部件;能局部修复的不能扩大到整体修理;能更换零部件的坚决不能更换总成件;根据修复工艺难易程度,参照当地工时费用水平,准确确定工时费用;准确掌握汽车零配件价格。

(2) 确定保险车辆和三者车辆损失项目。注意在定损项目中剔除保险车辆标准配置以外的新增设备损失(未承保新增设备损失险);区分事故损失与机械损失的区别(比如机械故障机械本身的损失、轮胎自爆轮胎的损失、锈蚀零部件的损失);剔除保险条款中的除外责任所对应的损失(比如发动机进水造成发动机的损失);对照历史案件信息,剔除本次损失中重复索赔的项目。

（3）与客户协商确定修理方案、包括换件项目、修理项目、检修项目。坚持修复为主的原则，如客户要求将应修零部件改为更换时，超出部分的费用应由其自行承担，并在《机动车保险车辆损失情况确认书》中注明。

（4）残值的处理。残值折旧归被保险人的，应合理作价，并在定损金额中扣除。我公司回收残值的，按照损余物资处理规定做好登记、移交工作。对于可修可换的零部件定损为更换的，尤其是一些价值较高的零部件，为防止道德风险，应要求回收残值。

（5）对更换零部件进行询价、报价。属上级公司规定的报价车型和询价范围的，向上级公司询价。不属上级公司报价范围的，根据当地报价规定，核定配件价格。上级公司对于询价金额低于或等于上级公司报价金额的进行核准操作；对于询价金额高于上级公司报价金额的，应逐项报价。

（6）工时费的确定。工时费的定价应以当地修理行业的平均价格为基础，并适当考虑修理厂的资质，与被保险人协商确定。一般轻微事故中，可按维修项目分项定价；对重大事故的定损，应采取工时费包干的办法与修理厂进行谈判，一般应先谈妥工时费再拆解事故车辆，避免给谈判不成变更修理厂时带来被动。

（7）对超权限案件提交核损岗进行核损。核损未获通过的，按核损员要求对定损项目进行重新确定。

（8）出具《损失情况确认书》。核损通过后，可根据换件项目、修理项目的有关内容，与被保险人签订《机动车保险车辆损失情况确认书》（含零部件更换项目清单和修理项目清单）。《机动车保险车辆损失情况确认书》一式两份，经被保险人签字确认，保险人、被保险人各执一份。

4. 车辆送修

（1）应主动向被保险人推荐与我公司建立合作关系的协作修理厂。

（2）投保人在投保时选择专修厂修理，应推荐具有保险车辆专修资格的修理厂。

（3）被保险人要求推荐、招标修理厂修理的，推荐、招标的修理厂应尽量选择资质为一级的汽车修理厂或专业汽车维修站，不得选择资质低于二级的汽车修理厂。

5. 修复车辆的复检

事故车辆修复完工，客户提取车辆之前，可选择安排车辆复检，即对维修方案的落实情况、更换配件的品质和修理质量进行检验。以确保修理方案的实施，零配件修理、更换的真实性，防范道德风险的发生，保证被保险人的利益。

在非协作修理厂修理的事故车辆，对单件损失金额较高的配件，为确保车辆按照定损要求修理，应该在修复完工后进行车辆关键零部件的复检，确保已经更换新的配件。

复检的结果应在定损单上注明。如发现未更换定损换件或未按定损价格更换正厂件，应在定损单上扣除相应的差价。

6. 车辆定损时应注意的几个问题

（1）追加定损。受损车辆解体后，如发现尚有因本次事故损失的部位没有定损的，经定损员核实后，可追加修理项目和费用。追加定损时，应注意区分零部件损坏是在拆检、保管、施救过程中发生，还是保险事故发生时造成的损失。

（2）经保险人同意，对保险事故车辆损失原因、损失程度进行鉴定的费用可以负责赔偿。

(3) 自行送修车辆的定损。受损车辆未经保险公司和被保险人共同查勘定损而自行送修的,根据条款规定,保险人有权重新核定修理费用或拒绝赔偿。在重新核定时,应对照查勘记录,逐项核对修理项目和费用,剔除其扩大修理和其他不合理的项目和费用。

### (二) 非车辆财产损失的确定

1. 第三者财产和车上货物的损失,应会同被保险人和有关人员逐项清点

(1) 确定损失数量、损失程度和损失金额。同一保险标的要注意避免重复赔偿。

(2) 超过本级处理权限的,应及时报上级进行定损或核损。

(3) 制作《机动车保险财产损失确认书》一式两份,由被保险人签字确认,保险人、被保险人各执一份。

2. 财产损失的确定应注意以下几点

(1) 损失修复原则。第三者财产和车上货物的恢复以修复为主;无法修复和无修复价值的财产可协商折价进行赔偿。

(2) 确定物损数量。交通事故中常见的财产损失有普通公路路产、高速公路路产、供电通信设施、城市与道路绿化等。相关财产的品名和数量可参照当地物价部门列明的常见品名和配套数量。受损财物的数量确定还必须注意其计算方法的科学性、合理性。

(3) 损失金额的确定。对于出险时市场已不生产销售的财产,要依据原产品的主要功能和特性,使用市场上同类型产品替代。定损金额以出险时保险财产的实际价值为限。

(4) 维修方案的确定。

根据损失项目、数量、维修项目和维修工时及工程造价确定维修方案。对于损失较大的事故或定损技术要求较高的事故,可委托专业人员确定维修方案。

(5) 常见财产损失处理办法。

① 市政和道路交通设施。如广告牌、电灯杆、防护栏、隔离桩、绿化树等。定损中按损坏物产的制作费用及当地市政、路政、交管部门的赔偿标准核定。

② 房屋建筑。了解房屋结构、材料、损失状况,然后确定维修方案,聘请工程专业人员根据维修方案制作预算,在合理预算的基础上与损失方协商达成赔偿协议。

③ 道旁农田庄稼。在青苗期按青苗费用加上一定的补贴即可,成熟期的庄稼可按当地同类农作物平均产量测算定损。

④ 家畜、牲畜。牲畜受伤以治疗为主,受伤后失去使用价值或死亡的,凭畜牧部门证明或协商折价赔偿,公路上散养的家畜不在赔偿范围之内。

⑤ 车上货物及其他货品。应根据不同的物品分别定损,对一些精密仪器、家电、高档物品等应核实具体的数量、规格、生产厂,可向市场或生产厂商了解物品价格。另外,对于车上货物还应取得运单、装箱单、发票,核对装载货物情况,防止虚报损失。

### (三) 施救费用的确定

1. 施救费用的界定

(1) 施救费用是指当保险标的遭遇保险责任范围内的灾害事故时,被保险人或其代理人、雇佣人员等为防止损失的扩大,采取措施抢救保险标的而支出的必要、合理的费用。

(2) 必要、合理的费用是指施救行为支出的费用是直接的、必要的,并符合国家有关政

策规定。

2. 施救费用的确定

施救费用的确定要严格依照条款有关规定,并注意以下几点。

(1) 被保险人使用他人(非专业消防单位)的消防设备,施救保险车辆所消耗的费用及设备损失可以赔偿。

(2) 保险车辆出险后,雇用吊车和其他车辆进行施救的费用,以及将出险车辆拖运到修理厂的运输费用,在当地物价部门颁布的收费标准内负责赔偿。

(3) 在施救过程中,因施救而损坏他人的财产,如果应由被保险人承担赔偿责任的,可酌情予以赔偿。但在施救时,施救人员个人物品的丢失,不予赔偿。

(4) 施救车辆在拖运受损保险车辆途中发生意外事故造成的损失和费用支出,如果该施救车辆是被保险人自己或他人义务派来抢救的,应予赔偿;如果该施救车辆是有偿服务的,则不予赔偿。

(5) 保险车辆出险后,被保险人赶赴肇事现场处理所支出的费用,不予负责。

(6) 只对保险车辆的施救费用负责。保险车辆发生保险事故后,涉及两车以上应按责分摊施救费用。受损保险车辆与其所装货物(或其拖带其他保险公司承保的挂车)同时被施救,其救货(或施救其他保险公司承保的挂车)的费用应予剔除。如果它们之间的施救费用分不清楚,则应按保险车辆与货物(其他保险公司承保的挂车)的实际价值进行比例分摊赔偿。

(7) 保险车辆为进口车或特种车,发生保险责任范围的事故后,当地确实不能修理,经保险公司同意去外地修理的移送费,可予负责,并在定损单上注明送修地点和金额。但护送车辆人员的工资和差旅费,不予负责。

(8) 施救、保护费用与修理费用应分别理算。当施救、保护费用与修理费用相加,估计已达到或超过保险车辆的实际价值时,可按推定全损予以赔偿。

(9) 车辆损失险的施救费是一个单独的保险金额,但第三者责任险的施救费用不是一个单独的责任限额。第三者责任险的施救费用与第三者损失金额相加不得超过第三者责任险的责任限额。

(10) 施救费应根据事故责任、相对应险种的有关规定扣减相应的免赔率。

(11) 重大或特殊案件的施救费用应委托专业施救单位出具相关施救方案及费用计算清单。

### 三、报价

1. 报价人员在接到定损人员提交的车辆定损报价任务及零配件更换项目损失清单后,应认真核定该事故损失照片,确认零配件更换项目无误后,依据零配件信息核定零配件价格。

2. 报价人员应认真收集、整理本地区的零配件价格信息,并及时通过零配件报价管理系统做零配件价格的本地化处理,以及零配件报价管理系统数据的实时更新、维护。

3. 省级分公司报价人员应对所管辖的分支机构使用报价系统的情况进行监督、指导,对于报价处理中的问题应及时向主管领导汇报,并提出改正建议。

案 例:单车事故,车损险,不计免赔,全责,标的车有损,计算赔款书

出险概要:刘金英驾驶标的车京 GFLXXX 于 2008 年 07 月 07 日 11 时 00 分在海淀区

中关村由于疏忽大意、措施不当发生碰撞事故,导致标的车左后部受损,自行处理。拐弯时剐蹭到铁管上,本车左后部受损。

标的车定损金额及项目:1 500 元。

赔款计算书:

车辆损失险:

赔款=(核定赔偿金额-强制险赔款-残值)×事故责任比例×(1-免赔率之和)-免赔额=(1 500.00-0.00-0.00)×100.00%×(1-15.00%)-0.00=1 275.00 元

不计免赔特约条款:车损险不计免赔额=225.0 元

本案实赔金额=车损险赔款+不计免赔险-已预付赔款=1 275.00+225.00-0.0=1 500.00元

### 3.4.3 车辆损失审核

**一、核损工作职能**

1. 运用车险理赔系统对定损岗或报价岗提交的案件进行同步核损,实现理赔管控高时效,管控手段前端化。

2. 检查查勘定损员是否按查勘定损规范完成现场查勘、定损,查勘定损资料是否上传完全。

3. 通过审核承保情况、报案情况、查勘情况、历史出险记录等信息,审核事故是否属于保险责任,案件是否存在虚假成分。对可疑案件督促查勘员进行现场查勘或复勘。

4. 审核定损结果的合理性、准确性。对不合理、不准确的部分进行核损修改,并要求定损员按核损结果重新核定损失。

**二、工作要点和技巧**

**(一)对是否属于保险责任的复核**

综合承保、报案、查勘、历史出险记录等环节的信息,判断事故是否属于保险责任,案件是否存在虚假成分。

(1)浏览保单承保险别,审核事故损失是否能对应相应的承保险别,损失金额是否超过了对应险种的最高赔付限额(比如划痕险限额)。

(2)查看保险期限,对邻近保险起期或止期的保险事故应提高警惕,要对查勘情况进行重点审核。

(3)核对被保险人与行驶证车主是否相符,不相符的是否已经过户,已经过户的有没有变更被保险人的批单。

(4)检查驾驶证、行驶证是否有效。

(5)检查事故现场照片是否符合拍摄规范(有无带车牌号的整车照片、拍摄能不能反映事故发生的全貌等),照片日期是否可疑(照片日期在报案时间之前的可能是虚假案件)。

(6)通过事故现场照片、查勘记录分析事故成因,判断是否存在虚假成分。需要现场复勘的,可联系查勘人员进行恢复现场复勘。

(7)对历史出险信息进行查阅,检查是否存在重复索赔的情况。

**（二）对车辆定损结果的复核**

**1. 审查定损员上传的初(估)定损清单及事故照片的完整性**

如上传资料不能完整反映事故损失的各项内容，或照片不能完整反映事故损失部位和事故全貌，应通知定损员补充相关资料。

**2. 换件项目的复核**

（1）剔除应予修复的换件项目（修复费用超过更换费用的除外）。

（2）剔除非本次事故造成的损失项目。

（3）剔除历史信息中已经定损更换但修理时未更换的重复索赔损失项目。

（4）剔除可更换零部件的总成件。

根据市场零部件的供应状况，对于能更换零配件的，不更换部件；能更换部件的，不更换总成件。

（5）剔除保险车辆标准配置外新增加设备的换件项目（加保新增设备损失险除外）。

（6）剔除保险责任免除部分的换件项目。

如车胎爆裂引起的保险事故中所爆车胎，发动机进水后导致的发动机损坏，自燃仅造成电器、线路、供油系统的损失等。

（7）剔除超标准用量的油料、辅料、防冻液、冷媒等。

如需更换汽车空调系统部件的，冷媒未漏失，可回收重复使用处理等。

**3. 车辆零配件价格的复核**

（1）车辆零配件价格的复核应该以定损系统本地化价格为依据，并在一定范围内上下浮动。已经经过报价的，以报价金额为准。

（2）对于保单有特别约定的，按照约定处理，如专修厂价格、国产或进口玻璃价格等。

（3）残值归被保险人的，对残值作价金额进行复核。

**4. 维修项目和方式的复核**

（1）应严格区分事故损失和非事故损失的界限，剔除非本次事故产生的修理项目。

（2）应正确掌握维修工艺流程，剔除不必要的维修、拆装项目。

**5. 维修工时和单价的复核**

（1）对照事故照片及修理件的数量、损坏程度，剔除超额工时部分。

（2）以当地的行业维修工时标准为最高上限，参照出险地当时的工时市场单价，剔除超额单价部分。

**（三）车辆全损或推定全损的复核**

**1. 全损/推定全损的条件**

（1）事故车辆无法施救。

（2）保险车辆的施救费用达到或超过保险事故发生时车辆的实际价值。

（3）事故车辆修理费用达到或超过保险事故发生时事故车辆的实际价值。

（4）当事故车辆修理费用与施救费用之和，达到或超过保险事故发生时事故车辆的实际价值时，可以与被保险人协商采取推定全损处理。

**2. 全损或推定全损的计算**

（1）被保险人收回残余物资

定损金额＝实际价值－残值

(2) 保险人收回残余物资

定损金额＝实际价值

**(四) 其他财产损失的复核**

其他财产主要包括第三者非车辆财产和承运的货物。

其他财产的核损主要包括损失项目和数量、损失单价，维修方案/造价的核损。可参照《非车险理赔实务指南》的定损规范处理。

### 3.4.4 人员伤亡损失确定

人身伤亡赔偿的各项标准按照《最高人民法院关于审理人身损害赔偿案件若干问题的解释》第十七条的规定："受害人遭受人身损害，因就医治疗支出的各项费用以及因误工减少的收入，包括医疗费、误工费、护理费、交通费、住宿费、住院伙食补助费、必要的营养费，赔偿义务人应当予以赔偿。受害人因伤致残的，其因增加生活上需要所支出的必要费用以及因丧失劳动能力导致的收入损失，包括残疾赔偿金、残疾辅助器具费、被抚养人生活费，以及因康复护理、继续治疗实际发生的必要的康复费、护理费、后续治疗费，赔偿义务人也应当予以赔偿。受害人死亡的，赔偿义务人除应当根据抢救治疗情况赔偿本条第一款规定的相关费用外，还应当赔偿丧葬费、被抚养人生活费、死亡补偿费以及受害人亲属办理丧葬事宜支出的交通费、住宿费和误工损失等其他合理费用。"因此，人身伤亡费用赔偿的项目包括以下几方面。

**一、医疗损失确定的依据与内容**

**(一) 医疗损失的确定依据**

1. 保险条款的约定。

2. 国务院卫生主管部门组织制定的《交通事故人员创伤临床诊疗指南》、《最高人民法院关于审理人身损害赔偿案件适用法律若干问题的解释》等国家法律法规。

3. 国家基本医疗保险标准、各省/地市基本医疗保险标准。

**(二) 医疗损失确定的内容和标准**

1. 医药费

医药费参照医保标准，根据医保用药范围审核。

(1) 剔除非医保类药(或丙类药)部分和乙类药品的自费部分及其他非医保范围费用。

(2) 剔除治疗非本次保险事故导致的创伤或与本次损伤无关的疾病，或者故意拖延出院时间而延长住院的医药费。

(3) 剔除无原医院证明的擅自住院、转院、再诊、外购药品费用。

(4) 剔除医嘱中记载的医疗活动项目与费用明细中不相符的项目和药品费用。

(5) 剔除住院期间的伙食费(在住院伙食补助中给予赔偿)。

2. 诊疗费审核

(1) 剔除超过医保标准范围的诊疗费及其他费用。

(2) 剔除超过当地物价管理部门核定标准的会诊费。

#### 3. 住院费审核

剔除超过医保标准的床位费及其他费用。床位费按住院天数和当地医保标准的单价计算。

#### 4. 住院伙食补助费、住宿费审核

住院伙食补助费参照当地国家机关一般工作人员的出差伙食补助标准确定。受害人确有必要到外地治疗,因客观原因不能住院,受害人本人及其陪护人员实际发生的住宿费和伙食费,其合理部分应予赔偿,但应提供相关证明并参照当地国家机关一般工作人员的出差住宿标准确定。

剔除超过标准的伙补费、住宿费,伙补费按住院天数和当地日补助标准计算。

#### 5. 后续治疗费审核

后续治疗费是指对损伤经治疗后体征固定而遗留功能障碍需再次治疗的或伤情尚未恢复需二次治疗所需要的费用。

后续治疗费根据受害人伤情和医院意见核定。

（1）对神经系统损伤（植物人、脑损伤等）造成的功能障碍,根据医疗终结时间,在残疾评定、支付残疾赔偿金后,不再支付后续治疗费。

（2）对生理性缺失（如牙齿脱落、颅骨缺损等）或根据医疗证明或者鉴定结论确定必然发生的后续治疗费用（如内固定材料取出术）,应参考以往当地医院类似治疗的费用,并依据省内《医疗服务价格手册》中的收费标准进行核算,确定相应的后续治疗费。

#### 6. 整容费审核

剔除非为恢复生理功能而产生的整容费。

#### 7. 必要的营养费审核

根据受害人伤残情况,参照医疗机构的意见确定。

（1）营养费的赔偿,应经治疗的医院或法医的鉴定,确认受害人需补充营养食品作为辅助治疗的,可以酌情赔偿。

（2）营养期间原则上仅限于住院治疗期间,或治疗医院或法医在营养证明中注明的营养期间。

（3）营养费参照当地国家机关一般工作人员的出差伙食补助标准予以确定。

（4）评残后不再支付营养费。

#### 8. 植入性材料审核

植入性材料是指骨科、脑外科、口腔科及其他相关学科以恢复功能（非美容或整形）为目的而永久或临时性植入人体内的材料。

植入性材料分国产普通型、国产特殊材料、进口材料等。

（1）按当地医保标准,剔除国产普通型、国产特殊材料、进口材料的自付比例部分。

（2）剔除治疗非本次保险事故导致的创伤而植入的材料费用。

（3）剔除非以器官功能恢复为目的的整容、整形植入材料费用。

（4）剔除烤瓷牙费用超过普通种植牙费用部分。

### 三、其他费用的确定

**(一) 其他费用内容**

其他费用主要是指死亡伤残费用,包括丧葬费、死亡补偿费、受害人亲属办理交通事故支出的合理交通费用、残疾赔偿金、残疾辅助器具费、护理费、交通费、被扶养人生活费、误工费、被保险人依照法院判决或者调解承担的精神损害抚慰金等。

**(二) 费用的标准**

根据《最高人民法院关于审理人身损害赔偿案件适用法律若干问题的解释》规定的标准。

1. 丧葬费

按照受诉法院所在地上一年度职工月平均工资标准,以六个月工资总额计算。

2. 死亡赔偿金

按照受诉法院所在地上一年度城镇居民人均可支配收入或者农村居民人均纯收入标准,按二十年计算。但六十周岁以上的,年龄每增加一岁,计算年数减少一年;七十五周岁以上的,按五年计算。

3. 交通费

根据受害人及其必要的陪护人员因就医、转院治疗时实际发生的费用计算。交通费应当以正式票据为凭;有关凭据应当与就医地点、时间、人数、次数相符合。

受害人亲属办理丧葬事宜支出的交通费等合理费用应当遵循合情合理的原则酌情确定。

4. 误工费

根据受害人的误工时间和收入状况确定。误工时间根据受害人接受治疗的医疗机构出具的证明确定。受害人因伤致残持续误工的,误工时间可以计算至定残日前一天。

受害人有固定收入的,误工费按照实际减少的收入计算;受害人无固定收入的,按照其最近三年的平均收入计算;受害人不能举证证明其最近三年的平均收入状况的,可以参照受诉法院所在地或出险地相同或者相近行业上一年度职工的平均工资计算。

受害人死亡其亲属办理丧葬事宜误工的,误工时间应当遵循合情合理的原则酌情确定。

5. 被扶养人生活费

根据扶养人丧失劳动能力程度,按照受诉法院所在地上一年度城镇居民人均消费性支出和农村居民人均年生活消费支出标准计算。

被扶养人为未成年人的,计算至十八周岁;被扶养人无劳动能力又无其他生活来源的,计算二十年。六十周岁以上的,年龄每增加一岁,计算年数减少一年;七十五周岁以上的,按五年计算。

被扶养人是指受害人依法应当承担扶养义务的未成年人或者丧失劳动能力又无其他生活来源的成年近亲属。被扶养人还有其他扶养人的,赔偿义务人只赔偿受害人依法应当负担的部分。

被扶养人有数人的,年赔偿总额累计不超过上一年度城镇居民人均消费性支出额或者农村居民人均年生活消费支出额。

6. 残疾赔偿金

根据受害人丧失劳动能力程度或者伤残等级,按照受诉法院所在地上一年度城镇居民

课题三 汽车保险理赔

人均可支配收入或者农村居民人均纯收入标准,自定残之日起按二十年计算。六十周岁以上的,年龄每增加一岁,计算年数减少一年;七十五周岁以上的,按五年计算。

受害人因伤致残但实际收入没有减少,或者伤残等级较轻但造成职业妨害严重影响其劳动就业的,可以对残疾赔偿金作相应调整。

#### 7. 残疾辅助器具

按照普通适用器具的合理费用标准计算。伤情有特殊需要的,可以参照辅助器具配制机构的意见确定相应的合理费用标准。

#### 8. 护理费

根据护理人员的收入状况和护理人数、护理期限确定。

护理人员有收入的,参照误工费的规定计算;护理人员没有收入或者雇佣护工的,参照当地护工从事同等级别护理的劳务报酬标准计算。护理人员原则上为一人,但医疗机构或者鉴定机构有明确意见的,可以参照确定护理人员人数。

护理期限应计算至受害人恢复生活自理能力时止。受害人因残疾不能恢复生活自理能力的,可以根据其年龄、健康状况等因素确定合理的护理期限,但最长不超过二十年。

受害人定残后的护理,应当根据其护理依赖程度并结合配制残疾辅助器具的情况确定护理级别。

#### 9. 精神损害抚慰金

受害人或者死者近亲属遭受精神损害,赔偿权利人向人民法院请求赔偿精神损害抚慰金的,适用《最高人民法院关于确定民事侵权精神损害赔偿责任若干问题的解释》予以确定。

机动车交通事故责任强制保险在死亡伤残责任限额内,原则上最后赔付精神损害抚慰金。

### 3.4.5 人员伤亡(医疗)损失审核

#### 一、医疗审核职责

医疗审核是指保险事故发生后,对受害人的医疗费用,按条款约定进行核审的过程。医疗费用主要包括医药费、诊疗费、住院费、住院伙食补助费、后续治疗费、整容费、必要的营养费等。

#### 二、医疗审核要点

##### 1. 死亡补偿费审核

(1)属地原则:事故发生地或受诉法院所在地。

(2)区分城镇居民和农村居民。对于在城镇已暂住满一年的农村居民,可以按城镇居民人均纯收入标准计算。对于无暂住证明的农村居民,仍按户口簿上标明性质处理。

(3)注意死者实足岁数,上一年度标准在当地执行时限,满六十周岁及七十五周岁死者的计算年限等。

### 2. 交通费、住宿费审核

(1) 交通费

交通费按照交通事故发生地国家机关一般工作人员的出差车旅费标准计算,交通工具以普通公共汽车、火车普通硬席为主。

剔除未提供正式票据,或正式票据与就医地点、时间、人数、次数不相吻合的部分;剔除超普通公共汽车、火车普通硬席以上的交通工具的票价标准的部分。

受害人死亡的,受害人亲属因办理丧葬事宜所支出的交通费赔偿,一般以两人为限,特殊情况最多不超过三人;时间一般以三天为限;次数以每天三次为限。注意剔除三张以上的连号票据。

(2) 住宿费

剔除住宿人次、时间不合理的部分;剔除住宿标准超过国家机关一般工作人员的出差标准部分。

### 3. 残疾赔偿金审核

按国家标准(GB18667—2002)《道路交通事故受伤人员伤残评定》中计算公式计算。

(1) 单等级伤残计算

残疾赔偿金＝伤残补偿年数×居民人均可支配收入×(11－伤残等级)/10

(2) 多等级伤残的综合计算

多等级伤残的综合计算是按伤者的伤残赔偿计算方法加以计算。

根据伤残赔偿总额、赔偿责任系数、赔偿指数等,有下式:

$$C = C_t \times C_1 \times (I_h + \sum I_a) \quad (\sum I_a \leqslant 10\%, i=1,2,3,\cdots,n,\text{多处伤残})$$

其中:$\sum$的下标为 $i=1$,上标为 $n$。

式中:$C$ 为伤残者的伤残实际赔偿额。

$C_t$ 为伤残赔偿总额。

$C_1$ 为赔偿责任系数,即赔偿义务主体对造成事故负有责任的程度。

$I_h$ 为伤残等级最高处的伤残赔偿指数,即多等级伤残者,最高伤残等级的赔偿比例,用百分比(%)表示。

伤残赔偿指数是指伤残者应当得到伤残赔偿的比例。以伤残者的伤残程度比例作为伤残者的伤残赔偿比例,《道路交通事故受伤人员伤残评定(GB18667—2002)》将受伤人员伤残程度划分为 10 级,从第Ⅰ级(100%)到第Ⅹ级(10%),每级相差 10%。

$I_a$ 为伤残赔偿附加指数,即增加一处伤残所增加的赔偿比例,用百分比(%)表示。

① 存在Ⅰ级伤残时,其他等级被吸收,不计算赔偿附加指数。

② 各地现有法律法规对 $I_a$ 的取值规定不同,实践中要根据当地的相关规定进行计算。目前部分地区对 $I_a$ 采用的取值方法为:Ⅱ级为 10%,Ⅲ级为 9%,Ⅳ级为 8%,Ⅴ级为 7%,Ⅵ级为 6%,Ⅶ级为 5%,Ⅷ级为 4%,Ⅸ级为 3%,Ⅹ级为 2%。附加指数合计($\sum I_a$)不超过 10%,赔偿指数合计($I_h + \sum I_a$)不超过 100%。

### 4. 残疾辅助器具费审核

残疾辅助器具费是指因残疾而造成全部或部分功能丧失需要配制补偿功能的器具的费用。根据普通适用器具价格乘以核定更换次数的器具费用与更换器具的维护费用之和计算。"普通"一般应当理解为低中档产品,"合理"即指中等费用水平。

辅助器具的更换周期和赔偿期限参照配制机构的意见确定。一般来说,其费用支付期限取决于伤残人员对残疾辅助器具需要年限及残疾辅助器具的更换周期。同时参考我国人均寿命或人均期望寿命作为赔偿期限的界定标准。原则上残疾辅助器具赔偿至受害人七十五周岁止。

(1) 剔除配制的奢侈型、豪华型辅助器具与同类普通型中间价或合资型器具最低价之间的差价。

(2) 剔除超过民政部门等相关机构标准的器具更换价格和更换年限标准的部分。

### 5. 护理费审核

护理费是因受伤人员生活不能自理,需家属、朋友或其他特聘人员对其陪护所应付的劳动报酬。护理费分两种情形:一是在住院治疗期间以及出院康复期间因生活不能自理而需要由医护人员以外的其他特聘人员陪护所产生陪护费;二是残疾评定之后,因生活不能自理而需要聘请其他陪护人员所产生的陪护费(也称为今后护理费,或今后陪护费)。护理费的计算以接受治疗的医疗机构出具的证明材料为基础。

(1) 剔除超标准范围的护理费人数。护理人员原则上为一人,但医疗机构或鉴定机构有明确意见的,可以参照确定护理人数,一般以两人为限。住院期间的护理(陪护)人数应以医院经治医师的意见为主,出院后的护理(陪护)的必要性和陪护人数,医疗审核人员应根据病历中所述的出院情况和医院建议确定。

(2) 剔除超过计费标准的护理费部分。护理人员有收入的,参照误工费的规定计算;护理人员没有收入或者雇佣护工的,参照当地护工从事同等级别护理的劳务报酬标准计算。

(3) 受害人定残后的护理,应当根据其护理依赖程度并结合配制残疾辅助器具的情况确定护理级别。

注:医院的护理费是医疗服务项目费用的一部分,决不能与生活护理相等同。在审核时根据医嘱所注明的护理等级对照相应的价格标准核定其护理费。

### 6. 被扶养人生活费审核

(1) 调查户籍证明和实际被抚养人情况,剔除超过实际被扶养人数的扶养费金额。

(2) 被扶养人还有其他扶养人的,赔偿义务人只赔偿受害人依法应当负担的部分,其余部分应予剔除。

(3) 被抚养人有数人的,注意年赔偿总额不超过上一年度城镇居民人均消费性支出或者农村居民人均年生活消费支出额。

**案  例:抚养费计算**

被告人张某酒后驾车肇事,致被害人陈某死亡后逃逸,其应当承担刑事及民事赔偿责任。陈某系农民,生前与其妻共同抚养以下四人:长子1992年4月出生,差6年满18周岁;次子1995年3月出生,差9年满18周岁;陈父1945年9月出生,现年60岁,无劳动能力;陈母1945年6月出生,现年60岁,无劳动能力。陈某有姐、妹各一人,均有劳动能力。事故发生在A市,A市2004年度农村居民人均年生活消费支出标准即3 297元。

目前社会上较为认可的算法为:

因除被害人陈某外,长子、次子还有抚养人一人,陈父、陈母还有抚养人二人。被告人张某只赔偿陈某应承担的份额,故长子年赔偿额为3 297元/2人,次子年赔偿额为3 297元/2人,陈父年赔偿额为3 297元/3人,陈母年赔偿额为3 297元/3人。因对被害人陈某的年赔偿总额累计不应超过A市2004年度农村居民人均年生活消费支出标准3 297元,故将被抚养人赔偿年限分为三个阶段:第一阶段为6年,被抚养人为长子、次子、陈父、陈母4人;第二阶段为3年,因长子年满十八周岁,被抚养人减为次子、陈父、陈母3人;第三阶段为11年,因次子年满十八周岁,被抚养人减为陈父、陈母2人。

故每名被抚养人的抚养费计算结果为:

长子生活费:$3\,297\times(3\,297/2)\div[(3\,297/2)+(3\,297/2)+(3\,297/3)+(3\,297/3)]\times 6$ 年$=5\,934.6$ 元。

次子生活费:$3\,297\times(3\,297/2)\div[(3\,297/2)+(3\,297/2)+(3\,297/3)+(3\,297/3)]\times 6$ 年$+3\,297\times(3\,297/2)\div[(3\,297/2)+(3\,297/3)+(3\,297/3)]\times 3$ 年$=10\,173.6$ 元。

陈父生活费:$3\,297\times(3\,297/3)\div[(3\,297/2)+(3\,297/2)+(3\,297/3)+(3\,297/3)]\times 6$ 年$+3\,297\times(3\,297/3)\div[(3\,297/2)+(3\,297/3)+(3\,297/3)]\times 3$ 年$+3\,297/3\times 11$ 年$=18\,871.4$元。

陈母同陈父。

四名抚养人生活费总计:$5\,934.6+10\,173.6+18\,871.4+18\,871.4=53\,851$ 元。

(4) 综合考虑受害人是否因伤残导致实际收入减少等情况,来确定受害人丧失劳动能力的程度。原则上,保险人只对受害人达到五级以上(含)残疾的情况下才赔偿"被扶养人生活费"。死亡或一级伤残其赔偿系数为100%,一般情况下伤残等级每下降一个等级,酌情降低赔偿系数。

### 7. 误工费审核

(1) 误工时间审核

① 住院期间的误工时间以实际住院的天数为准,转院后住院时间交叉重叠的时间应剔除。

② 剔除无医疗机构出具证明的误工时间。

③ 剔除超过《交通事故人员创伤临床诊疗指南》确定的标准,又无合理证明的误工时间。

④ 剔除伤残评定后的误工时间。

(2) 收入证明审核

① 受害人有收入证明的,应提供完税证明,或提供由工作单位加盖公章的包括其他人在内的工资发放表(内有扣除个人所得税的内容)。

② 受害人无收入证明(包括家庭主妇、无业人员等)的,参照受诉法院所在地相同或者相近行业上一年度职工的平均工资标准计算。

③ 剔除受害人在事故发生前为无劳动能力人、16岁以下的未成年人、在校学生、按国家规定已退休人员的误工费。

### 3.4.6 其他保险事故的损失确定

#### 一、车辆火灾损失确定

##### 1. 汽车火灾损失查勘

汽车发生火灾事故,其起火原因可分为自燃、引燃、碰撞起火、爆炸、雷击等。根据《机动车辆损失保险条款》保险责任部分规定,车辆发生火灾、爆炸事故属于保险赔偿范围,不包括因违反车辆安全操作规程造成的和因车辆本身漏油、漏电或所载货物原因引起的火灾损失。

在查勘汽车火灾事故现场时,查勘定损人员在分析起火原因时,需要掌握以下三要素:

(1) 事故车辆周围是否存在易燃易爆物品。

(2) 导致汽车燃烧的火源位置。

(3) 火源与易燃易爆物品接触过程中是否有足够的空气可供其燃烧。

因此,在对火灾事故车辆进行损失鉴定时,除应掌握以上三点以外,还要依据公安消防部门出具的火灾原因证明,确认火灾是否属于赔偿责任,保险公司应根据保险合同相关条款的规定进行赔偿。

2. 汽车火灾损失鉴定

(1) 整体燃烧。整体燃烧是指机舱内部线路、电器、发动机、仪表台、内饰、座椅烧损,机械件壳烧损、车体金属件脱碳,表面漆层大面积烧损的现象。此种情况,则认定整车损毁。

(2) 部分燃烧。车辆发生火灾,导致机舱内部线路、发动机附件、部分电器线路、塑料件等部分烧损,可通过修理恢复其用途和功能,此种情况则认定为部分燃烧。

3. 确定汽车火灾损失应注意的问题

汽车起火燃烧后,其损失评估的难度较大。

如果汽车的起火被及时扑灭,可能只导致局部损失,损失的程度和范围也较小,只要参照相关部件的市场价格,并考虑相应的工时费,即可确定损失金额。

如果汽车起火燃烧持续一段时间后被扑灭,即使没有造成全车损毁,但也可能造成比较严重的损失。可能导致车身外壳、导线线束、汽车内饰、相关附件等烧损,甚至烧毁。此时在确定损失时就要充分考虑到相关需更换部件的市场价格和工时费用等。

如果起火燃烧程度严重,车身外壳、汽车轮胎、相关附件、汽车内饰、仪器仪表、机舱等被完全烧毁,一些零部件可能被烧化,失去其使用价值;发动机、变速器、离合器、车架、前桥、后桥等,在长时间的烘烤下,会失去应有的精度而无法继续使用。此时,汽车距完全报废已经不远了。

二、车辆水灾损失确定

1. 汽车水灾损失查勘

在大量的水灾案例分析中,做好机动车水灾理赔查勘工作要注意以下几个方面:

(1) 迅速到达出险现场,仔细对现场进行查勘。

(2) 详细了解出险车辆在水中浸泡的时间长短。

(3) 对于同一地区、同一车型、受损相近的保险车辆,制定相对一致的定损标准。

2. 汽车水灾损失鉴定

被水淹过的车辆,在定损时,水所淹过的高度和时间是确定汽车因水导致损失程度非常重要的一个参数。以轿车为例,一般水淹高度和时间通常分为6级,每一级的损失程度各不相同,相互之间的差异也较大。

(1) 水淹高度

1级,水淹至制动盘和制动毂下沿以上,车身地板以下。

2级,水淹至车身地板以上,乘员舱进水,且水高度在座椅以下。

3级,乘员舱进水,水至座椅垫面以上,仪表工作台以下。

4级，乘员舱进水，水淹至仪表工作台中部。

5级，乘员舱进水，水淹至仪表工作台以上，顶棚以下。

6级，水面超过车顶，整车被淹没。

(2) 水淹时间

1级，T≤1 小时。

2级，1 小时＜T≤4 小时。

3级，4 小时＜T≤12 小时。

4级，12 小时＜T≤24 小时。

5级，24 小时＜T≤48 小时。

6级，T＞48 小时。

### 3. 确定汽车水灾损失应注意的问题

汽车因水导致损失时是处于行驶状态还是停驶状态，这是区别是否属于保险责任的重要前提。

如果汽车处于停驶状态时，此时发动机不工作，因水受损不会导致发动机内部损伤，拆解后发现发动机内部机件产生机械性损伤，可认定为操作不慎所造成的损失。

如果汽车处于行驶状态时，水位低于发动机进气口时，通常不会造成发动机损伤。但由于车辆行驶时会造成水面高低变化，甚至造成水浪，那么也有可能被正在行驶的机动车发动机吸入气缸，造成发动机机件严重受损。根据目前车辆损失保险条款规定，凡属于发动机进水造成的发动机机体损失，属于责任免除。

## 三、车辆盗抢损失确定

发生全车盗抢险是指保险车辆在使用过程中被他人偷走，或在车辆停驶或行驶中被抢劫、抢夺，经县级及县级以上公安机关立案证实，满 60 天未查明下落时，形成全车盗抢险赔偿责任。赔偿的范围包括被盗抢车辆的实际价值，被盗抢后受到的损坏或车上零部件、附属设备丢失所需的合理修复费用。

### 一、简述题

1. 立案的时限是多长时间？
2. 车辆损失的费用项目有哪些？
3. 车辆损失确定过程中应注意哪些问题？
4. 人身伤亡费用由哪些项目组成？
5. 在抚养费的确定过程中应注意哪些问题？
6. 确定人身伤亡费用应注意哪些问题？
7. 常见不合理的施救费用有哪些？

### 二、案例分析题

案例描述：单车事故，车损险，三者险，交强险，全责，涉及车外人员伤亡，标的车损失。

出险概要：文静驾驶标的车京 KXXXX 于 2008 年 06 月 13 日 10 时 00 分在大兴区亦庄同仁医院外的 976 车站由于疏忽大意、措施不当发生碰撞事故,导致标的车京 K9XXX 前部受损,三者死亡 1 人,交警处理。事故经过及描述：行驶中撞到人,本车负全部责任,本车前部受损。

标的车定损金额及项目：1 820.00 元

医疗费用：520.00 元

死亡伤残补助：190 660.00 元

三者险限额：50 000.00 元

请分别写出交强险赔款计算书、商业险赔款计算书。

# 学习单元五　赔款理算

双车事故,车损险,三者险,不计免赔,交强险,全责,标的车损,三者车损失,涉及施救费用,测试添加施救费用是否正确。

出险概要:夏某驾驶标的车京KT7XXX于2008年10月10日20时50分在丰台区菜户营北边由于疏忽大意、措施不当发生碰撞事故,导致标的车京KT7XXX本车前部受损,交警处理。

事故经过及描述:出险时保费已缴清,行驶中追尾,本车全责,本车前部受损,三者车后部受损。

标的车定损金额:4 130元。

三者车定损金额:2 615元。

标的车施救费:500元。

请你作为一名保险理算员,对损失进行理算。

通过本单元的学习,我们将掌握不同承保方式下车损险赔款计算;能够综合运用交强险与第三者责任险完成对第三方的赔偿处理;掌握交强险的赔偿处理方式;掌握第三者责任险的赔偿处理方式;了解附加险的赔偿处理方式;保险现场查勘的内容、方法和实施等实务知识。

## 3.5.1　理算流程与职能

### 一、赔款理算工作职能

1. 审核赔案材料,对保险责任、索赔材料的真实合理性进行初审,对有疑问的材料提出复审意见。

2. 对立案定损录入数据有误的案件提出修改意见。

3. 在本环节发现可疑赔案的情况,应提出处理意见后交调查岗审核。

4. 对资料齐全的赔案进行理算,并保证数据的准确性和完整性。

### 二、赔款理算处理流程

资料收集发起理算任务后,由理算员接收任务并缮制计算书。案件选择理算类型包括交强、商业单独理算以及交强商业险同时理算三种类型,理算顺序为先交强后商业。赔款理算流程如图3-14所示。

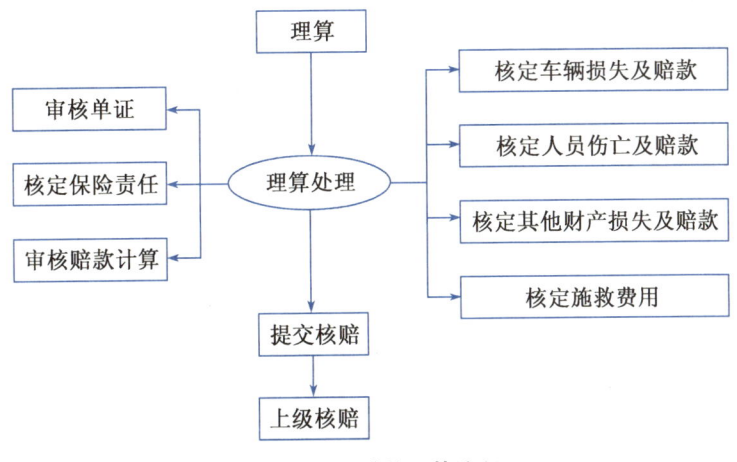

图 3-14 赔款理算流程

### 三、理算业务

#### (一) 交强险理算

交强险系统自动带入第三者车辆和财产损失部分的定损金额。

(1) 人员伤亡部分分别对应死亡、残疾等各损失项录入计算损失金额。

(2) 生成理算结果后,核对计算结果是否准确,确认无误后提交核赔人员审核。

(3) 如果是交强、商业同时发起理算任务的案件,可以将交强险计算书先暂存,再做商业险计算书,然后同时提交核赔。也可以先提交交强险核赔通过后再做商业险理算。

#### (二) 商业险理算

1. 系统自动带入车辆及财产定损金额,要获得正确的免赔率,必须正确选择责任类型以及增加免赔率的条件。免赔率条件根据不同案件类型,需要判断是否存在以下情况。

(1) 车辆是否发生全车车损。

(2) 赔案能否证明事故原因。

(3) 标的车是否违反安全装载规定。

(4) 是否同一年度内发生多次赔款。

(5) 是否存在约定行驶区域外出险。

(6) 是否为单方肇事。

(7) 是否属于无法找到第三方。

(8) 是否为非约定驾驶员使用保险车辆发生保险事故。

(9) 盗抢险是否缺少相关单证(每项)等。

2. 人员损失计算方法与交强险相同。

3. 不需要定损及核损的项目可以录入其他损失类,如停驶损失等。

4. 在生成商业计算书前,如果已经有同保单的交强险计算结果,可以自动获取交强险赔款数据,并在往后的商业险计算中进行扣减。获取免赔率后生成计算书,确认计算结果无误后提交。

### (三) 其他业务

1. 如果发现定损金额与赔偿凭证金额不一致的情况,可以在其他扣除项进行扣减调整。

2. 发现被保险人交来材料与定损数据不一致,需要新增定损任务或追加车辆定损的,可以在理算环节发起新增定损任务,交定损员重新定损。

注:"新增定损任务"是指重新发起车辆或财产损失定损任务。"追加车辆定损"是指已经定损过的车辆需要补充定损部分,注意加以区别,掌握正确的操作对象。

3. 理算修改。如查勘环节查勘信息录入有误、立案环节录入数据有误、定损环节损失类别确定错误、金额录入有误等,可进入"资料收集页面"进行修改。

4. 在理算环节计入的直接理赔费用必须严格按照财务管理规定录入计算,对应交强险和商业险所发生的费用分别录入。

5. 对追偿收入、损余回收等可以通过制作负计算书冲减赔款,或者对核赔通过后的数据做负数计算书进行修正。

6. 如果计算书生成后发现有误,可以在理算环节修改、注销,重新进行理算;如果已经提交核赔,需要由核赔环节退回后,进行修改。

7. 系统中"案后费用"是指经法院直接判决保险人赔偿,但超过保险合同约定赔付以外的费用。如保险合同约定需要免赔的,或在责任免除约定不予赔偿的损失,法院判决保险人赔偿的,该项费用计入"案后费用"。

8. 在本环节发现假赔案的情况,应提出处理意见并将案件提交调查。

9. 如果立案环节没有发起追偿,可以在理算环节选择发起追偿任务。

### 3.5.2 机动车交通事故责任强制保险赔款计算

#### 一、基本计算公式

##### (一) 当保险事故涉及单个受害人时

保险人在交强险各分项赔偿限额内,对受害人死亡伤残费用、医疗费用、财产损失分别计算赔偿。

(1) 总赔款 = $\sum$ 各分项损失赔款 = 死亡伤残费用赔款 + 医疗费用赔款 + 财产损失赔款

(2) 各分项损失赔款 = 各分项核定损失承担金额,即:

死亡伤残费用赔款 = 死亡伤残费用核定承担金额

医疗费用赔款 = 医疗费用核定承担金额

财产损失赔款 = 财产损失核定承担金额

(3) 各分项核定损失承担金额超过交强险各分项赔偿限额的,各分项损失赔款为交强险各分项赔偿限额。

注:"受害人"为被保险机动车的受害人,不包括被保险机动车本车车上人员、被保险人,下同。

##### (二) 当保险事故涉及多个受害人时

1. 基本计算公式中的相应项表示为:

各分项损失赔款 = ∑ 各受害人各分项核定损失承担金额,即:

死亡伤残费用赔款 = ∑ 各受害人死亡伤残费用核定承担金额

医疗费用赔款 = ∑ 各受害人医疗费用核定承担金额

财产损失赔款 = ∑ 各受害人财产损失核定承担金额

2. 各受害人各分项核定损失承担金额之和超过被保险机动车交强险相应分项赔偿限额的,各分项损失赔款为交强险各分项赔偿限额。

3. 各受害人各分项核定损失承担金额之和超过被保险机动车交强险相应分项赔偿限额的,各受害人在被保险机动车交强险分项赔偿限额内应得到的赔偿为:

被保险机动车交强险对某一受害人分项损失的赔偿金额 = 交强险分项赔偿限额×[事故中某一受害人的分项核定损失承担金额/(∑ 各受害人分项核定损失承担金额)]

**案　例:交通险赔偿的分摊**

A车肇事造成两行人甲、乙受伤,甲医疗费用7 500元,乙医疗费用5 000元。设A车适用的交强险医疗费用赔偿限额为10 000元,则A车交强险对甲、乙的赔款计算为:

A车交强险赔偿金额=甲医疗费用+乙医疗费用=7 500+5 000=12 500元,大于适用的交强险医疗费用赔偿限额,赔付10 000元。

甲获得交强险赔偿:10 000×7 500/(7 500+5 000)=6 000元

乙获得交强险赔偿:10 000×5 000/(7 500+5 000)=4 000元

### (三) 当保险事故涉及多辆肇事机动车时

1. 各被保险机动车的保险人分别在各自的交强险各分项赔偿限额内,对受害人的分项损失计算赔偿。

2. 各方机动车按其适用的交强险分项赔偿限额占总分项赔偿限额的比例,对受害人的各分项损失进行分摊。

某分项核定损失承担金额 = 该分项损失金额×[适用的交强险该分项赔偿限额/(∑ 各致害方交强险该分项赔偿限额)]

注:① 肇事机动车中的无责任车辆,不参与对其他无责车辆和车外财产损失的赔偿计算,仅参与对全责/有责方车辆损失或本车以外人员伤亡损失的赔偿计算。

② 根据交强险"无责代赔"机制,无责方车辆对全责/有责方车辆损失应承担的赔偿金额,由有责方在本方交强险无责任财产损失赔偿限额项下代赔。

③ 肇事机动车中应投保而未投保交强险的车辆,视同投保机动车参与计算。

④ 对于相关部门最终未进行责任认定的事故,统一适用有责任限额计算。

3. 肇事机动车均有责任或均无责任的,简化为各方机动车对受害人的各分项损失进行平均分摊。

(1) 对于受害人的机动车、机动车上人员、机动车上财产损失:

某分项核定损失承担金额=受害人的该分项损失金额/(N−1)

(2) 对于受害人的非机动车、非机动车上人员、行人、机动车外财产损失:

某分项核定损失承担金额=受害人的该分项损失金额/N

注:① N为事故中所有肇事机动车的辆数。

② 肇事机动车中有应投保而未投保交强险的车辆的,视同投保机动车计算。

4. 初次计算后,如果有致害方交强险限额未赔足,同时有受害方损失没有得到充分补偿,则对受害方的损失在交强险剩余限额内再次进行分配,在交强险限额内补足。对于待分配的各项损失合计没有超过剩余赔偿限额的,按分配结果赔付各方;超过剩余赔偿限额的,则按每项分配金额占各项分配金额总和的比例乘以剩余赔偿限额分摊;直至受损各方均得到足额赔偿或应赔付方交强险无剩余限额。

(四)受害人财产损失需要施救的,财产损失与施救费赔款累计不超过财产损失赔偿限额

(五)主车和挂车在连接使用时发生交通事故,主车、挂车分别在各自的交强险责任限额内承担赔偿责任

主车、挂车的保险人对各受害人的各分项损失平均分摊,并在对应的分项赔偿限额内计算赔偿。

主车与挂车连接使用时发生内部互碰,分别属于不同被保险人的,按互为三者的原则处理。

(六)被保险机动车投保一份以上交强险的,保险期间起期在前的保险合同承担赔偿责任,起期在后的不承担赔偿责任

(七)对被保险人依照法院判决或者调解承担的精神损害抚慰金,原则上在其他赔偿项目足额赔偿后,在死亡伤残赔偿限额内赔偿

涉及诉讼纠纷等特殊情况,可按照精神损害抚慰金核定承担金额占死亡伤残费用赔偿项目下所有核定损失承担金额总和的比例,计算交强险对精神损害抚慰金的赔偿金额。

## 二、交强险赔款计算实例

案 例

A、B两机动车发生交通事故,两车均有责任。A、B两车车损分别为2 000元、5 000元,B车车上人员医疗费用7 000元,死亡伤残费用6万元,另造成路产损失1 000元。设两车适用的交强险财产损失赔偿限额为2 000元,医疗费用赔偿限额为1万元,死亡伤残赔偿限额为11万元。则:

(一) A车交强险赔偿计算

A车交强险赔偿金额=受害人死亡伤残费用赔款+受害人医疗费用赔款+受害人财产损失赔款=B车车上人员死亡伤残费用核定承担金额+B车车上人员医疗费用核定承担金额+财产损失核定承担金额

1. B车车上人员死亡伤残费用核定承担金额=60 000/(2−1)=60 000元。
2. B车车上人员医疗费用核定承担金额=7 000/(2−1)=7 000元。
3. 财产损失核定承担金额=路产损失核定承担金额+B车损核定承担金额=1 000/2+5 000/(2−1)=5 500元,超过财产损失赔偿限额,按限额赔偿,赔偿金额为2 000元。

A车交强险对B车损的赔款=财产损失赔偿限额×B车损核定承担金额/(路产损失核定承担金额+B车损核定承担金额)=2 000×[5 000/(1 000/2+5 000)]=1 818.18元。

A车交强险对路产损失的赔款=财产损失赔偿限额×路产损失核定承担金额/(路产损失核定承担金额+B车损核定承担金额)=2 000×[(1 000/2)/(1 000/2+5 000)]=

181.82元。

4. A车交强险赔偿金额＝60 000＋7 000＋2 000＝69 000元。

**(二) B车交强险赔偿计算**

B车交强险赔偿金额＝路产损失核定承担金额＋A车损核定承担金额＝1 000/2＋2 000/(2－1)＝2 500元,超过财产损失赔偿限额,按限额赔偿,赔偿金额为2 000元。

**课堂训练:交强险赔款计算**

A、B两机动车发生交通事故,A车全责、B车无责,A、B两车车损分别为2 000元、5 000元,另造成路产损失1 000元。设A车适用的交强险财产损失赔偿限额为2 000元,B车适用的交强险无责任财产损失限额为100元,请计算A车与B车的交强险赔偿金额。

### 3.5.3 车辆损失险赔款计算

**一、车辆损失险赔款计算公式**

**(一) 基本计算公式**

公式1:车辆损失险赔款＝(车损赔款＋施救费用赔款)×(1－事故责任免赔率)×(1－免赔率之和)－免赔额

公式2:车辆损失险赔款＝(核定修理费用－残值＋核定施救费用－交强险赔偿金额)×事故责任比例×(保险金额/投保时保险车辆的新车购置价)×(1－事故责任免赔率)×(1－免赔率之和)－免赔额

核定施救费用＝施救费用×(保险财产价值/实际被施救财产总价值)

公式说明:

1. 公式1中,若车损赔款≥保险金额,代入保险金额计算赔偿;若施救费用赔款≥保险金额,代入保险金额计算赔偿。

2. 若"核定修理费用－残值"≥交强险赔偿金额,且车损赔款和施救费赔款分别不超过保险金额时,直接用公式2计算即可。

3. "免赔率之和"是指根据条款规定适用的除事故责任免赔率外的各项免赔率之和。条款中规定的被保险人自行协商处理交通事故不能证明事故原因的免赔率与找不到第三方适用的免赔率不能同时使用;二者也不能与事故责任免赔率同时使用。

4. 若"(车损赔款＋施救费用赔款)×(1－事故责任免赔率)×(1－免赔率之和)"小于等于免赔额,应在赔款计算书上注明"经计算,车辆损失险赔款等于零";不涉及其他险种赔付的,应及时通知保户,核赔通过后做注销处理。

5. "免赔额"是投保《可选免赔额特约条款》时约定的免赔额。

**(二) 部分损失的赔款计算**

1. 车损赔款＝(核定修理费用－残值－交强险对车辆损失赔偿金额)×事故责任比例×(保险金额/投保时保险车辆的新车购置价)

交强险对车辆损失赔偿金额＝交强险赔偿金额×核定修理费用/(核定施救费用＋核定修理费用)

(1) 若核定修理费用大于等于保险事故发生时保险车辆的实际价值,应按全部损失的计算方式计算赔偿。

(2)"交强险赔偿金额"是指应由所有第三方机动车交通事故责任强制保险赔偿的被保险机动车的车辆损失金额(含施救费)。

2. 施救费用赔款＝(核定施救费用－交强险对施救费赔偿金额)×事故责任比例×(保险金额/投保时保险车辆的新车购置价)

核定施救费用＝施救费用×(保险财产价值/实际被施救财产总价值)

交强险对施救费赔偿金额＝交强险赔偿金额×核定施救费用/(核定施救费用＋核定修理费用)

### (三) 全部损失的赔款计算

保险车辆在保险事故中发生整体损毁,或受损严重,失去修复价值即构成实际全损或推定全损。

**1. 判断被保险机动车全部损失的条件**

当被保险机动车发生的损失符合以下三种情形之一的,按全部损失计算赔款。

(1) 核定修理费用≥被保险机动车出险时的实际价值。

(2) (估计施救费用＋核定修理费用)≥被保险机动车出险时的实际价值。

(3) 估计施救费用≥被保险机动车出险时的实际价值。

**2. 赔款计算公式**

(1) 车损赔款＝(实际价值－残值－交强险对车辆损失赔偿金额)×事故责任比例

(2) 施救费用赔款＝(核定施救费用－交强险对施救费赔偿金额)×事故责任比例×(保险金额/投保时保险车辆的新车购置价)

### (四) 计算说明

1. 被保险机动车发生全部损失的,在计算车损赔款时不按照"保险金额/投保时新车购置价"的比例进行赔付。

2. "保险事故发生时保险车辆的实际价值"(简称"出险时实际价值")按保险事故发生时保险合同签订地同种类型车辆市场新车购置价(含车辆购置附加费/税)减去该车已使用累计月数折旧后确定。

(1) 出险时实际价值

实际价值＝出险时新车购置价×(1－已使用月数×月折旧率)

(2) 新车购置价

保险事故发生时的新车购置价根据保险事故发生时保险合同签订地同类型新车的市场销售价格确定,无同类型新车市场销售价格的,由被保险人与保险人协商确定。

(3) 折旧率

按月折旧率计算,不足一月的,不计折旧。折旧率按条款规定的比率计算。

3. 如果保险金额低于出险时实际价值,因总残余价值里有一部分是属保户自保的,所以这时残值应计算为:

残值＝总残余价值×(保险金额/实际价值)

4. 在确定"事故责任比例"时,被保险人自行协商处理交通事故的,依据双方在《协议书》中各自承担的责任,依据保险条款约定的比例(即负主要责任70%,负同等责任50%,负次要责任30%)计算赔偿。

课题三　汽车保险理赔

## 二、车损险赔款计算实例

### (一) 按公式1的赔款计算

事故概述：一投保营业用汽车损失保险的车辆，在同一保险期限内发生第三次事故，新车购置价(含车辆购置税)100 000元，保额100 000元，出险时实际价值50 000元，事故不涉及第三方车辆，驾驶人承担全部责任。依据条款规定承担15%的免赔率，约定免赔额500元，同时由于第三次出险，增加5%免赔率。车辆修理费用60 000元，残值100元。则按"公式1"计算为：

核定修理费用＝60 000＞50 000(出险时实际价值)，应按全损计算赔偿。

车损赔款＝(实际价值－残值－交强险对车辆损失赔偿金额)×事故责任比例＝(50 000－100－0)×100%＝49 900(元)

车辆损失险赔款＝(车损赔款＋施救费用赔款)×(1－事故责任免赔率)×(1－免赔率之和)－免赔额＝(49 900＋0)×(1－15%)×(1－5%)－500＝39 794.25(元)。

### (二) 按公式2的赔款计算

案情简介：一投保营业用汽车损失保险的车辆，在保险期限内与另一机动车发生碰撞事故，新车购置价(含车辆购置税)100 000元，保额80 000元，出险时实际价值50 000元，驾驶人承担主要责任，责任比例为70%。依据条款规定承担10%的免赔率，约定免赔额500元，同时由于第四次出险，加10%免赔率。车辆修理费用40 000元，施救费用500元，残值100元，对方机动车交强险应对车辆损失赔偿2 000元。则按"公式2"计算为：

车辆损失险赔款＝(核定修理费用－残值＋核定施救费用－交强险赔偿金额)×事故责任比例×(保险金额/投保时保险车辆的新车购置价)×(1－事故责任免赔率)×(1－免赔率之和)－免赔额＝(40 000－100＋500－2 000)×70%×(80 000/100 000)×(1－10%)×(1－10%)－500＝16 918.24(元)

### 3.5.4　第三者责任险赔款计算

#### 一、第三者责任险的基本计算公式

##### (一) 基本计算公式

三者险赔款＝(死亡伤残费用赔款＋医疗费用赔款＋财产损失赔款)×事故责任比例×(1－事故责任免赔率)×(1－免赔率之和)

死亡伤残费用赔款＝受害人死亡伤残费用－$\sum$各肇事机动车交强险对受害人的死亡伤残赔偿总金额

医疗费用赔款＝受害人医疗费用－$\sum$各肇事机动车交强险对受害人的医疗费用赔偿总金额

财产损失赔款＝受害人财产损失－$\sum$各肇事机动车交强险对受害人的财产损失赔偿总金额

注：

(1) 当被保险人按事故责任比例承担的死亡伤残费用赔款、医疗费用赔款、财产损失赔款之和超过责任限额时，计算公式可简化为：

三者险赔款＝责任限额×(1－事故责任免赔率)×(1－免赔率之和)

(2) 任何肇事方应投保而未投保机动车交通事故责任强制保险或机动车交通事故责任强制保险合同已经失效的，视其投保了机动车交通事故责任强制保险进行计算。

**(二) 主挂车的赔款计算**

适用第三者责任险的计算公式，同时应注意：

(1) 主车与挂车连接时发生保险事故，在主车的责任限额内承担赔偿责任。

主车与挂车由不同保险公司承保的，按主车、挂车责任限额占总责任限额的比例分摊赔款。

主车应承担的赔款＝总赔款×[主车责任限额/(主车责任限额＋挂车责任限额)]

挂车应承担的赔款＝总赔款×[挂车责任限额/(主车责任限额＋挂车责任限额)]

挂车只投保了交通事故责任强制保险的，不参与分摊在商业三者险项下应承担的赔偿金额。

(2) 挂车未与主车连接时发生保险事故，在挂车的责任限额内承担赔偿责任。

(3) 因交强险下主车与挂车连接使用时发生交通事故，对受害人的赔偿最高可以达到两个交强险保额。因此在计算商业三者险赔款时，应注意扣除主车、挂车两部分的交强险赔款。

**二、三者险的赔偿金额计算实例**

案情介绍：一投保机动车第三者责任险和机动车交通事故责任强制保险的车辆发生交通事故，在事故中所负的责任比例为70%，依据条款规定承担10%的免赔率。因投保时指定驾驶人，事故发生时为非指定驾驶人使用被保险机动车，增加免赔率10%。第三者责任险责任限额为5万元。此次事故第三方损失为250 000元，其中财产损失80 000元，医疗费用20 000元，死亡伤残费用150 000。设适用的交强险财产损失赔偿限额为2 000元，医疗费用赔偿限额为1万元，死亡伤残赔偿限额为11万元。

则第三者责任险赔款计算如下：

第三者责任险赔款＝[(受害人死亡伤残费用－∑各肇事方交强险对受害人的死亡伤残赔偿总金额)＋(受害人医疗费用－∑各肇事方交强险对受害人的医疗费用赔偿总金额)＋(受害人财产损失－∑各肇事方交强险对受害人的财产损失赔偿总金额)]×责任比例＝[(150 000－110 000)＋(20 000－10 000)＋(80 000－2 000)]×70%＝8.96万元＞5万元(责任限额)

三者险赔款＝责任限额×(1－事故责任免赔率)×(1－免赔率之和)＝5万元×(1－10%)×(1－10%)＝4.05万元

### 3.5.5 机动车车上人员责任险赔款计算

车上人员责任险的赔款＝∑每人赔款

(一)"每人赔款"在驾驶人每次事故责任限额和乘客每次事故每人责任限额赔偿内分别计算，赔偿人数以投保座位数为限。

1. 当扣除交强险对车上人员的赔款后，按被保险人事故责任比例应承担的每座车上人员伤亡赔偿金额未超过保险合同载明的每人责任限额时：

每人赔款＝扣除交强险赔款后按事故责任比例应当承担的赔偿金额×(1－事故责任免赔率)×(1－免赔率之和)

2. 当扣除交强险对车上人员的赔款后，按被保险人事故责任比例应承担的每座车上人员伤亡赔偿金额超过保险合同载明的每人责任限额时：

每人赔款＝责任限额×(1－事故责任免赔率)×(1－免赔率之和)

(二)"交强险对车上人员的赔款"是车上人员通过第三方交强险得到的赔款,等于每个受伤人员在第三方交强险各分项赔偿限额(医疗费用和死亡伤残赔偿限额)项下得到的赔款之和。

交强险对车上人员医疗费用赔款 ＝ $\sum$ (除本车外其他肇事车辆交强险医疗费用赔偿限额项下对车上人员医疗费用的赔款)

交强险对车上人员死亡伤残赔偿赔款 ＝ $\sum$ (除本车外其他肇事车辆交强险死亡伤残赔偿限额项下对车上人员死亡伤残费用的赔款)

同时涉及上述两项赔款的,应分别参与上述两种赔款的分配。

**案　例：车上人员责任险的赔款理算**

案情介绍：A车与B车相撞,同时撞伤一行人丙,A车共5座,驾驶员和乘客座位均投保了每座5万元的车上人员责任险。A车车上共有甲和乙二人,甲经过抢救后死亡,乙残疾。甲的死亡补偿费为80 000元,抢救费用12 000元;乙的残疾赔偿金为30 000元,医疗费用20 000元;丙的医疗费用5 000元。A车在事故中负70％的责任,A、B车均投保了交强险,适用的交强险医疗费用赔偿限额为1万元,死亡伤残赔偿限额为11万元。则A车车上人员责任险的赔款为：

1. **赔款 ＝ $\sum$ 每人赔款**

赔款人数以投保座位数为限,赔款人数为2人。

2. **计算A车上人员甲通过B车交强险得到的赔款**

甲、乙、丙的医疗费用、死亡伤残费用核定损失承担金额之和均超过B的交强险分项赔偿限额。

(1) B交强险对甲的医疗费用赔款＝医疗费用赔偿限额×受害人在医疗费用赔偿限额项下的核定损失承担金额/所有受害人在医疗费用赔偿限额项下的总核定损失承担金额
＝10 000×[12 000/(12 000＋20 000＋5 000/2)]
＝3 478.26 元

(2) B交强险对甲死亡伤残费用赔款＝死亡伤残赔偿限额×受害人在死亡伤残赔偿限额项下的核定损失承担金额/所有受害人在死亡伤残赔偿限额项下的总核定损失承担金额
＝110 000×80 000/(80 000＋30 000)＝80 000 元

(3) 甲得到的车上人员责任险赔款
＝(12 000＋80 000－3 478.26－80 000)×70％×(1－10％)
＝5 368.70 元

3. **计算A车上人员乙通过B车交强险得到的赔款**

(1) B交强险对乙的医疗费用赔款
＝10 000×[20 000/(12 000＋20 000＋5 000/2)]

=5 797.10 元

(2) B 交强险对乙死亡伤残费用赔款
=110 000×30 000/(80 000+30 000)=30 000 元

(3) 乙得到的车上人员责任险赔款
=(20 000+30 000-5 797.10-30 000)×70%×(1-10%)
=8 947.83 元

**4. 车上人员责任险赔款合计**
赔款=5 368.70+8 947.83
    =14 316.53 元

### 3.5.6 盗抢险赔款计算

#### 一、全部损失

$$赔款＝保险金额×(1－免赔率之和)$$

1. 如保险金额高于保险事故发生时被保险机动车的实际价值,代入实际价值计算。
2. 被保险人索赔时未能提供机动车行驶证、《机动车登记证书》、机动车来历凭证、车辆购置税完税证明(车辆购置附加费缴费证明)或免税证明等原件,每缺少一项,增加 1% 的免赔率。

(1)《机动车登记证书》是机动车办理了登记的证明文件,记载《中华人民共和国机动车登记办法》规定的登记事项。其是在 2001 年 10 月 1 日以后开始办理的,因此,在确定此项免赔率时,应该充分考虑这种情况,对于 2001 年 10 月 1 日前所购车辆,被保险人确实无法提供的,可以不扣此项免赔率。

(2) 根据《机动车登记规定》(中华人民共和国公安部令第 102 号),机动车来历凭证是指:

① 在国内购买的机动车,其来历证明是全国统一的机动车销售发票或者二手车交易发票。在国外购买的机动车,其来历证明是该车销售单位开具的销售发票及其翻译文本,但海关监管的机动车不需提供来历证明。

② 人民法院调解、裁定或者判决转移的机动车,其来历证明是人民法院出具的已经生效的《调解书》、《裁定书》或者《判决书》,以及相应的《协助执行通知书》。

③ 仲裁机构仲裁裁决转移的机动车,其来历证明是《仲裁裁决书》和人民法院出具的《协助执行通知书》。

④ 继承、赠予、中奖、协议离婚和协议抵偿债务的机动车,其来历证明是继承、赠予、中奖、协议离婚、协议抵偿债务的相关文书和公证机关出具的《公证书》。

⑤ 资产重组或者资产整体买卖中包含的机动车,其来历证明是资产主管部门的批准文件。

⑥ 机关、企业、事业单位和社会团体统一采购并调拨到下属单位未注册登记的机动车,其来历证明是全国统一的机动车销售发票和该部门出具的调拨证明。

⑦ 机关、企业、事业单位和社会团体已注册登记并调拨到下属单位的机动车,其来历证明是该单位出具的调拨证明。被上级单位调回或者调拨到其他下属单位的机动车,其来历

证明是上级单位出具的调拨证明。

⑧ 经公安机关破案发还的被盗抢且已向原机动车所有人理赔完毕的机动车,其来历证明是《权益转让证明书》。

### 二、部分损失

$$赔款 = (核定修理费用 - 残值) \times (1 - 免赔率之和)$$

注意:(核定修理费用－残值)应不超过保险车辆的保险金额或实际价值。

#### 3.5.7 附加险赔款理算

##### 一、玻璃单独破碎险赔款

$$赔款 = 实际发生的修理费用$$

##### 二、自燃损失险赔款

1. 全部损失

$$赔款 = (保险金额 - 残值) \times (1 - 20\%)$$

2. 部分损失

$$赔款 = (核定修理费用 - 残值) \times (1 - 20\%)$$

注意:"核定修理费用－残值"不得超过保险金额。

3. 施救费用赔款

施救费用赔款＝实际施救费用×(保险财产价值/实际被施救财产总价值)×(1－20％)

注意:"实际施救费用×(保险财产价值/实际被施救财产总价值)"不得超过保险金额。

##### 三、车身划痕损失险赔款

1. 在保险金额内按实际修理费用计算赔偿,并相应批减保险金额。

$$赔款 = 实际发生的修理费用 \times (1 - 15\%)$$

注意:在保险期间内,累计赔款金额达到保险金额,本附加险保险责任终止。

##### 四、车上货物责任险赔款

1. 赔款＝(核定财产损失＋核定施救费用－残值－交强险对车上货物赔款)×事故责任比例×(1－20％)

"(核定财产损失＋核定施救费用－残值－交强险对车上货物赔款)×事故责任比例"大于等于保险金额的:

$$赔款 = 保险金额 \times (1 - 20\%)$$

2. 交强险对车上货物赔款 ＝ $\sum$(除本车外其他肇事车辆交强险财产损失赔偿限额项下对被保险机动车车上货物的赔款)

#### 3.5.8 综合案例

案情介绍:A、B、C三车发生交通事故,责任比例分别为60％、20％、20％,三车均投保交强险,其中A车在我公司投保家庭自用车损失险、三者险(限额10万)和交强险,此次事故造成三车车损分别为1 000、2 000、3 000元,同时B车车上人员医疗费用6 000元,C车车上财产损失600元,C车上死亡1人(死亡伤残费用25万元),另外造成路产D损失1 200元。设适用的交强险财产损失赔偿限额为2 000元,医疗费用赔偿限额为1万元,死亡伤残赔偿限额为11万元。则A车交强险、车损险、三者险赔偿金额分别为:

### 1. A车交强险赔偿金额

总赔款＝受害人死亡伤残费用赔款＋受害人医疗费用赔款＋受害人财产损失赔款＝$\sum$各受害人死亡伤残费用核定承担金额＋$\sum$各受害人医疗费用核定承担金额＋$\sum$各受害人财产损失核定承担金额＝C车车上人员死亡伤残费用核定承担金额＋B车车上人员医疗费用核定承担金额＋(路产D损失核定承担金额＋C车车上财产、B车损、C车损核定承担金额)

(1) C车车上人员死亡伤残费用核定承担金额＝250 000/2＝125 000元(超过死亡伤残赔偿限额,按限额赔偿,赔偿金额为110 000元)

(2) B车车上人员医疗费用核定承担金额＝6 000/2＝3 000元(未超过医疗费用赔偿限额,按核定承担金额赔偿)

(3) 财产损失核定承担金额＝路产D核定损失承担金额＋C车车上财产、B车损、C车损核定承担金额:

① 路产D核定损失承担金额＝1 200/3＝400元

② C车车上财产、B车损、C车损核定损失承担金额＝(600＋2 000＋3 000)/2＝2 800元

财产损失核定承担金额＝400＋2 800＝3 200元,超过财产损失赔偿限额,按限额赔偿,赔偿金额为2 000元。

(4) 综上:A车交强险赔偿金额＝110 000＋3 000＋2 000＝115 000元

### 2. A车车损险赔偿金额

赔款＝(核定修理费用－残值－交强险赔偿金额)×事故责任比例×(1－事故责任免赔率)×(1－免赔率之和)－免赔额

(1) A车损应由B车交强险赔偿的金额:

① B车交强险项下财产损失核定承担金额＝路产D核定损失承担金额＋C车车上财产、A车损、C车损核定承担金额＝1 200/3＋(600＋1 000＋3 000)/2＝2 700元,超过财产损失责任限额,按限额赔偿,赔偿金额为2 000元。

②B车对A车损的赔款＝财产损失赔偿限额×(A车损核定承担金额/事故中所有受害人的财产损失核定承担金额之和)＝2 000×(1 000/2)/2 700＝370.37元

(2) A车损应由C车交强险赔偿的金额:

① C车交强险项下财产损失核定承担金额＝路产D损失核定承担金额＋A车损、B车损核定承担金额＝1 200/3＋(1 000＋2 000)/2＝1 900元,小于等于财产损失赔偿限额,按核定损失承担金额赔偿。

② C车对A车损的赔款＝A车损核定承担金额＝1 000/2＝500元

(3) 对交强险剩余限额和剩余损失继续进行分配:

① 判断 A 车损是否得到足额赔偿

初次计算后，A 车车损应获得的交强险赔偿金额＝370.37＋500＝870.37 元，小于 1 000 元，未得到足额赔偿。

② 判断是否有肇事方交强险限额未用足

A 车交强险财产损失赔偿限额已用足，其中，A 车对 B 车损的赔款＝2 000×1 000/3 200＝625 元；A 车对 C 车车损和 C 车上财产的赔款＝2 000×1 800/3 200＝1 125 元；A 车对 D 的赔款＝2 000×400/3 200＝250 元。

B 车交强险财产损失赔偿限额已用足，其中，B 车对 C 车车损和 C 车上财产的赔款＝2 000×1 800/2 700＝1 333.33 元；B 车对 D 的赔款＝2 000×400/2 700＝296.3 元。

C 车交强险财产损失赔偿限额尚余 2 000－1 900＝100 元。

③ 对 C 车交强险剩余财产损失赔偿限额在 A 车、B 车和 D 的剩余损失之间进行再分配

A 车损剩余损失＝1 000－370.37－500＝129.63 元；

B 车损剩余损失＝2 000－625－1 000＝375 元；

D 剩余损失＝1 200－250－296.3－400＝253.7 元。

因剩余损失大于 C 交强险剩余限额，按剩余损失占总剩余损失的比例分配：

A 车损剩余损失获得 C 交强险的追加赔偿＝100×[129.63/(129.63＋375＋253.7)]＝17.09 元；

B 车损剩余损失获得 C 交强险的追加赔偿＝100×[375/(129.63＋375＋253.7)]＝49.45 元；

D 剩余损失获得 C 交强险的追加赔偿＝100×[253.7/(129.63＋375＋253.7)]＝33.46 元。

(4) 综上：A 车车损险赔偿金额＝(核定修理费用－残值－交强险赔偿金额)×事故责任比例×(1－事故责任免赔率)×(1－免赔率之和)－免赔额＝[1 000－0－(370.37＋500＋17.09)]×60%×(1－10%)－0＝60.77 元

### 3. A 车三者险赔偿金额

赔款＝[∑(第三者各分项损失金额－交强险各分项赔偿金额)]×责任比例×(1－事故责任免赔率)×(1－免赔率之和)＝[(受害人死亡伤残费用－∑各肇事方交强险死亡伤残赔偿总金额)＋(受害人医疗费用－∑各肇事方交强险医疗费用赔偿总金额)＋(受害人财产损失－∑各肇事方交强险财产损失赔偿总金额)]×责任比例×(1－事故责任免赔率)×(1－免赔率之和)。

(1) 各肇事方交强险医疗费用赔偿总金额为：

A、C 两车交强险对 B 车车上人员医疗费用赔偿＝3 000＋3 000＝6 000 元。

B 车车上人员医疗费用可通过 A 车、C 车的交强险获得全部赔偿，A 车的商业三者险不涉及赔偿。

(2) 各肇事方交强险死亡伤残赔偿总金额为：

A、B 两车交强险对 C 车车上人员死亡伤残费用赔偿金额＝110 000＋110 000＝220 000 元。

C车车上人员死亡伤残费用通过A车、B车的交强险仅获得部分赔偿,剩余部分为250 000－220 000＝30 000元。

(3) 各肇事方交强险财产损失赔偿总金额为:

① A车交强险对财产损失赔偿金额＝2 000元。

② B车交强险对路产D、C车损、C车车上财产损失赔偿金额＝B车交强险赔款－B车对A车交强险赔款＝2 000－370.37＝1 333.33＋296.3＝1 629.63元。

③ C车交强险对路产D、B车损赔偿金额＝初次计算赔偿金额＋补充赔偿金额＝(400＋1 000)＋(33.46＋49.45)＝1400＋82.91＝1 482.91元。

(4) 综上:A车三者险赔偿金额:＝[(6 000－6 000)＋(250 000－110 000－110 000)＋(1 200＋600＋2 000＋3 000－2 000－1 629.63－1 400－82.91)]×60％×(1－15％)＝16 160.6元。

也可计算为:A车三者险赔偿金额＝[(6 000－6 000)＋(250 000－110 000－110 000)＋(1 200＋600＋2 000＋3 000)－(1 000＋625＋49.45)－(1 333.33＋1 125)－(400＋296.3＋250＋33.46)]×60％×(1－15％)＝16 160.6元。

一、单车事故,车损险,不计免赔,全责,标的车有损,进行赔款理算

出险概要:刘某驾驶标的车京GFLXXX于2008年07月07日11时00分在海淀区中关村由于疏忽大意、措施不当发生碰撞事故,导致标的车京GFLXXX左后部受损,自行处理。拐弯时剐蹭到铁管上,本车左后部受损。

标的车定损金额及项目:1 500元。

请你作为一名赔款理算员撰写赔款理算书。

二、单车事故,盗抢险,全责,车辆发生全车盗抢,未找回,盗抢险赔付是否正确

出险概要:夏某驾驶标的车京HLXXXX于2008年02月07日18时00分在丰台区夏家胡同停车场发生盗抢事故,导致标的车被盗,交警处理。标的车定损金额:盗抢险全车,50 000.0元。

请你作为一名赔款理算员撰写赔款理算书。

三、双车事故,车损险,三者险,不计免赔,交强险,同责,标的车损失,三者车损失(自行解决),测试是否能够在各自交强险项下赔付本车车损

出险概要:夏某驾驶标的车京KTXXXX于2008年10月10日20时50分在丰台区菜户营北边由于疏忽大意、措施不当发生碰撞事故,导致标的车京KTXXXX本车前部受损。

事故经过及描述:出险时保费已缴清,行驶中追尾,本车前部受损,三者车后部受损,自行处理,同等责任。标的车定损金额4 130元,三者车定损金额2 615元。

请你作为一名赔款理算员撰写赔款理算书。

四、双车事故,车损险,三者险,车上人员,交强险,主责,标的车损失,三者车损失,车外财产损失,车外人员伤亡,三者车上财产损失,标的车上人员伤亡,三者车上人员伤亡

出险概要:张某驾驶京KXXXXX车于2008年10月10日20时50分在丰台区菜户营北边由于疏忽大意、措施不当发生碰撞事故,导致标的车车前部受损,交警处理。

事故经过及描述：出险时保费已缴清，行驶中追尾，本车全责，本车前部受损，三者车后部受损，本车驾驶员有伤亡情况，三者车伤一人伤，另有一骑车人重伤。

标的车定损金额及项目：18 000元。

三者车定损金额：9 600元。电线杆损失：3 000元。

评残（三者车伤人员）如下。医药费：7 680元。住院伙食补助：260元。后续治疗费：6 000元。误工费：4 320元。医药费：700元。残疾补偿金：11 923元。

亡（三者-车外人）如下。丧葬费：12 300元。死亡补偿金：191 180元。被抚养人生活费：65 231元。车上人员（驾驶员）：10 000元。

请你作为一名赔款理算员撰写赔款理算书。

## 学习单元六 快速理赔

开车经常在路上跑,难免有些刮刮碰碰,特别是现在新手多,你不去招惹他们,他们也会不经意来撞你。自2008年5月20日《沈阳市快速处理道路交通事故办法》试行以来,轻微交通事故的各方当事人可按照快速理赔程序,先撤离现场再协商赔偿事宜,直接到保险公司办理保险理赔,给车主带来便利。

据介绍,沈阳市平均每天发生近300起交通事故,90%都是没有人员伤亡、财产损失小的交通事故,快速理赔大大简化了事故处理及理赔程序。据沈阳市交通事故保险快速理赔处理中心的工作人员介绍,目前沈阳有6个理赔中心,基本覆盖省城市区,去哪家理赔中心都可以,事故双方可自行协商选择就近方便的快速理赔中心去办理。

通过本单元的学习,可以了解快速理赔的流程与方法。

### 3.6.1 道路交通事故快速处理办法

#### 一、快速处理交通事故的意义

为缓解因道路交通事故造成的拥堵,提高道路通行效率,保障道路交通有序、畅通,提高保险理赔服务时效,防范道德风险,根据《中华人民共和国道路交通安全法》、《道路交通事故处理程序规定》和相关法律法规的规定,结合本区域交通事故处理工作实际,制定《道路交通事故快速处理办法》。

#### 二、快速处理现场的适用范围

1. 每日早6时至20时发生的。
2. 在本行政区域内道路上发生的未造成人员伤亡、事故车辆可自行移动的车辆。
3. 当事各方财产损失均未超过1万元的机动车道路交通事故。

#### 三、自行协商,快速撤离

**(一) 可以自行协商到快速理赔中心的适用车辆**

对于未造成人员伤亡且单方车辆损失在2千元以下,各方当事人对事实及成因无争议,可对现场进行拍照后,迅速撤离现场,将车辆移至不妨碍交通的地点,自行协商或前往"交通事故快速处理理赔中心"处理。

**(二) 自行协商,快速撤离现场的车辆办理保险理赔,按下列步骤处理**

1. 各方当事人应当场向各自的保险公司报案,获得保险公司报案号。
2. 各方当事人就事故事实及成因协商一致后,填写《当事人自行处理交通事故协议书》(以下简称《协议书》),如无《协议书》应在纸上记录事故发生的时间、地点、天气、当事人姓名、机动车驾驶证号、联系方式、机动车种类和号牌、保险凭证号、事故形态、碰撞部位、赔偿责任等内容,共同签字后各持一份。

3. 各方当事人应在交通事故发生后立即驾事故车辆前往中心的同一网点,由派驻中心网点的交通警察根据当事人所保存的交通事故现场证据认定事故责任,出具事故认定书,由各驻点保险公司的理赔员进行定损理赔。事故当事人因特殊原因无法在事故发生后24小时内到达中心的,应征得保险公司同意,并按约定时间进行处理。

4. 到达中心完成定责定损前,当事人应保持车辆受损部位的原貌,不得自行修补或扩大损失。

### (三) 索赔

各方车辆损失均在2千元以下,均投保交强险,依照本办法实行快速处理的道路交通事故,当事人持《协议书》或《交通事故认定书》到中心,按以下方式索赔。

(1) 一方当事人负交通事故全部责任的,由责任方根据保险合同约定向承保其车辆的保险公司索赔。

(2) 各方当事人负共同责任的,各方当事人根据保险合同约定向各自的承保保险公司索赔。

### 四、撤离现场,等待交警

当满足快速处理事故现场的适用范围时(无人员伤亡并且车辆能够自行移动,当事人需要向保险公司索赔的交通事故),但具有下列情形之一者,各当事人、驾驶人应在报警并向保险公司报案后,在确保安全的原则下,对现场拍照或者标划事故车辆现场位置,将车移至不妨碍交通的地点,等候交通警察处理。

(一) 任何一方车辆损失超过2千元,但不高于1万元。

(二) 碰撞建筑物、公共设施及其他设施的。

(三) 双方对事故事实、成因有争议或损害赔偿未达成协议的,以及保险公司接到报案后对事故事实、成因存在疑问的。

(四) 机动车无检验合格标志的。

(五) 机动车无交强险标志、未在本市投保交强险的。

### 五、不适用快速理赔的情形

有下列情形之一的,不适用快速处理,驾驶人应保护现场,立即报警并向保险公司报案,在现场等候交通警察处理。

(一) 机动车无号牌。

(二) 驾驶人无有效机动车驾驶证的。

(三) 驾驶人饮酒、服用国家管制的精神药品或者麻醉品的。

(四) 造成人员伤亡或者事故车辆不能自行移动的。

(五) 一方逃逸的。

(六) 事故车辆载运爆炸物品、易燃易爆化学物品以及毒害性、放射性、腐蚀性、传染病病原体等危险物品的。

(七) 有一方车辆损失超过一万元,且当事人需要向保险公司索赔的。

（八）每日 20:00 至次日凌晨 6:00 期间发生的夜间事故。

### 六、其他注意事项

（一）当事人已真实填写《协议书》并约定共同前往中心的，如一方无故不到中心或者拖延赔偿的，对方当事人可以持《协议书》向人民法院提起民事诉讼。

（二）对应当自行撤离现场而未撤离并妨碍交通的，公安机关交通管理部门将实施强制撤离；造成交通堵塞的，公安机关交通管理部门将依法对驾驶人处以 200 元罚款；驾驶人有其他交通违法行为的，依法一并处罚。

（三）对故意制造或虚构交通事故骗取保险赔款的行为，保险公司不承担赔偿责任，由公安机关依法处理，构成犯罪的，依法追究刑事责任。交通警察及保险公司定损人员在处理事故过程中发现此类行为，应及时移交公安机关。

（四）当事人到中心办理事故认定和定损理赔的，应当于每日（包括节假日）8 时至 17 时办理。

（五）发生交通事故的，当事人应尽量本着不妨碍交通的原则进行妥善处理，遇事故车辆撤离现场时，其他车辆应当让行。

#### 3.6.2　快速处理理赔现场流程

当交通事故未造成人员伤亡，损失在 1 万元以下，车辆可以自行移动，各方当事人对事故责任无异议的情况下，事故车辆可以快速撤离现场，参照图 3-15 所示的流程处理。

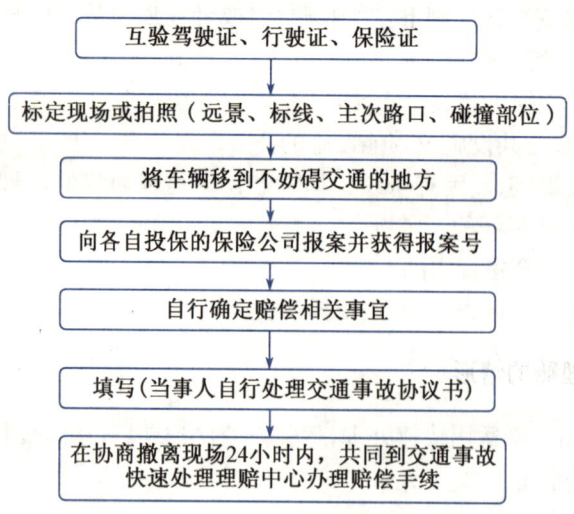

图 3-15　快速处理理赔现场流程

#### 3.6.3　交通事故快速处理中心保险理赔流程图

当发生交通事故快速理赔的适用条件时，当事人双方应按图 3-16 所示的流程到快速理赔中心进行理赔。

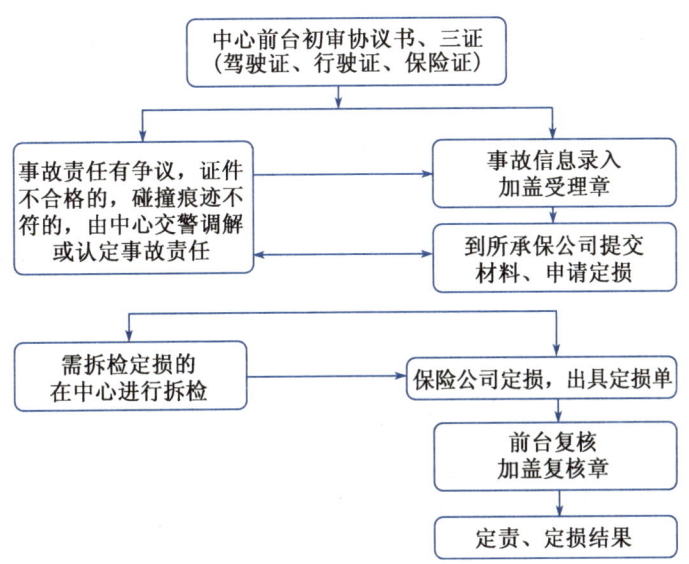

图 3-16 快速处理中心保险理赔流程

## 3.6.4 填写当事人自行处理交通事故协议书

表 3-5 当事人自行处理交通事故协议书

| 事故时间 | | 年 月 日 时 分 | | 事故地点 | | | | | |
|---|---|---|---|---|---|---|---|---|---|
| 代码 | 姓 名 | 驾驶证号或身份证号 | 车辆牌号 | 车型 | 联系电话 | 保险公司 | 保单号 | | 报案号 |
| 甲 | | | | | | | 交强： | | |
| | | | | | | | 商业： | | |
| 乙 | | | | | | | 交强： | | |
| | | | | | | | 商业： | | |
| 丙 | | | | | | | 交强： | | |
| | | | | | | | 商业： | | |

| | 甲 | 乙 | 丙 |
|---|---|---|---|
| 碰撞部位 | □车头　□右前角　□左前角<br>□车尾　□右后角　□左后角<br>□车身左侧　□车身右侧 | □车头　□右前角　□左前角<br>□车尾　□右后角　□左后角<br>□车身左侧　□车身右侧 | □车头　□右前角　□左前角<br>□车尾　□右后角　□左后角<br>□车身左侧　□车身右侧 |
| 事故成因 | 1. 追尾的□　2. 逆行的□<br>3. 倒车的□　4. 溜车的□<br>5. 开关车门的□<br>6. 违反交通信号的□<br>7. 未按规定让行的□<br>8. 其他事故成因：＿＿＿ | 1. 追尾的□　2. 逆行的□<br>3. 倒车的□　4. 溜车的□<br>5. 开关车门的□<br>6. 违反交通信号的□<br>7. 未按规定让行的□<br>8. 其他事故成因：＿＿＿ | 1. 追尾的□　2. 逆行的□<br>3. 倒车的□　4. 溜车的□<br>5. 开关车门的□<br>6. 违反交通信号的□<br>7. 未按规定让行的□<br>8. 其他事故成因：＿＿＿ |
| 责任 | □全部责任　□同等责任<br>□无责任 | □全部责任　□同等责任<br>□无责任 | □全部责任　□同等责任<br>□无责任 |

(续表)

| 以上填写内容均为事实,如有不实,愿负法律责任。 |
| --- |
| 甲 签名:＿＿＿＿＿　乙 签名:＿＿＿＿＿　丙 签名:＿＿＿＿＿ |
| 自愿放弃保险索赔,自行解决协议如下: |
| 甲 签名:＿＿＿＿＿　乙 签名:＿＿＿＿＿　丙 签名:＿＿＿＿＿ |

附:一方当事人有下列情形,另一方当事人无下列情形的,有下列情形的一方为全部责任:(一) 追尾的;(二) 逆行的;(三) 倒车的;(四) 溜车的;(五) 开关车门的;(六) 违反交通信号的;(七) 未按规定让行的;(八) 依法应负全部责任的其他情形。不符合上述规定的,各方当事人承担事故同等责任。

**《当事人自行处理交通事故协议书》填写说明**

当事人应按下列规定填写《当事人自行处理交通事故协议书》。

(一) 填写《协议书》,要字迹工整、项目齐全,各执一份。

(二) 事故时间一栏须填写阿拉伯数字,精确到分钟。

(三) 事故地点一栏须填写事故发生在某区(县)某路(或路口)、某街的具体地点。

(四) 姓名一栏,填写各方当事人姓名,填写前须核对各方驾驶证或身份证。

(五) 车辆牌号、车型一栏,如实填写。

(六) 电话一栏,须填写随时可以联系的电话号码。

(七) 保险公司简称一栏填写车辆投保交强险、商业险的保险公司简称。

(八) 保单号一栏,分别填写交强和商业险保单号。

(九) 碰撞部位、事故成因、责任栏目中,在相应的"□"内划"√",有"其他事故成因"的需文字描述。

(十) 当事人责任一栏,对应当事人所承担的事故责任在相应的"□"内划"√",填写完毕后,当事人共同签名确认。

(十一) 对于当事人自愿放弃保险索赔的,可以根据事故双方的协议内容填写,并签名确认。

### 3.6.5　快速理赔过程中的技巧

在全国的快速理赔实施的几年时间里,大家的共同感觉是"快速不快",往往因为证件携带不齐、对流程掌握不好,责任归属存在异议、后悔等,出现多次往返快速理赔中心的情况,致使出现"快速理赔快不起来"的现象。那么怎么能够真正发挥快速理赔的作用,让其"快"起来呢? 编者总结了以下几个经验。

**一、先找出6个基本条件**

① 在本行政区域内道路范围内;② 肇事车辆双方均在本市办理机动车交通事故责任强制保险的机动车;③ 事故中没有发生人员伤亡;④ 机动车能够自行移动;⑤ 车辆损失金额在1万元以下;⑥ 当事人对基本事实及成因无争议的道路交通事故,可进行保险快速理赔。

据介绍,一个大型城市市区内,平均每天发生近300起交通事故,90%都是没有人员伤亡、财产损失小的交通事故,快速理赔大大简化了事故处理及理赔程序。要想走快速理赔,同时还要未碰撞水、电、通讯、道路交通等公共设施,且双方车辆手续齐全。

**二、责任要分清**

以往,在普通机动车驾驶人眼里,交通事故责任认定属公安机关交通管理部门的专业行为。自试行《道路交通事故快速处理办法》以来,事故当事人就可以根据《办法》中的规定,简易地自行划分责任。对于一方当事人有下列行为之一:追尾、逆行、倒车、溜车、违反规定开关车门、违反交通信号、未按规定让行以及依法应负全部责任的其他行为时,而另一方当事人没有上述行为,有的一方负此交通事故全部责任。

如果各方当事人均有过错的,承担事故同等责任。

### 三、随车最好带粉笔

为了应对可能发生的交通事故,车主最好在车内携带《当事人自行处理交通事故协议书》、石笔或粉笔、签字笔。一旦发生交通事故,可用石笔或粉笔来标划、固定停车位置,然后尽快把车挪开,以免堵塞交通。

碰到双方对事故原因和责任有争议、需要标划现场等待交警处理的交通事故,双方在固定机动车停车位置时,可用石笔或粉笔在车辆的每个车轮外延中心垂直于地面上标划"T"型线。如果是多车轮的车辆,只需标划前后四个车轮的位置即可。

### 四、及时签订协议书 24 小时内去索赔

遇到轻微肇事时最好的方式就是由双方当事人协商确定责任,明确各方在事故中的责任后,将车辆移至不妨碍交通的地方停放,然后由责任方向投保的保险公司报案、签订《当事人自行处理交通事故协议书》,并由当事人各方签字确认。无《当事人自行处理交通事故协议书》的,双方要以文字方式如实记载交通事故发生的具体情况,共同签名,并凭《协议书》及相关证据,于 24 小时内前往"快速理赔中心"索赔。超过规定期限或非当事人本人前往,索赔将不予受理。

一、简述题

1. 快速理赔的适用条件是什么?
2. 快速撤离现场的流程是什么?
3. 快速理赔中心的理赔流程是什么?
4. 什么情况下撤离现场,到适合的地方等待交警?
5. 什么情况下不适用快速理赔?
6. 填写当事人快速处理交通事故协议书。

二、案例分析题

一辆雅阁轿车在马路上行驶的过程中和马路牙相撞,此事属于单方交通事故,请你作为案件受理员,为客户进行案件理赔流程与索赔流程分析。

扫描下方二维码,观看三段交通事故保险理赔案例演示视频(建议在有 WIFI 的情况下观看),尝试进行案例分析。

可疑肇事者　　　　该不该赔的保险　　　　追踪肇事者

# 课题四 汽车保险欺诈风险控制

## 课题载体

面对汽车保险欺诈骗赔日益增多的实际情况,你作为一位汽车保险现场查勘员,针对汽车保险欺诈骗赔的不同特点,在实践中认真总结经验教训,提高辨别假案的能力,同时要规范公司的规章制度,杜绝来自公司内部的欺诈骗保。采取有针对性的措施预防汽车保险欺诈骗赔现象的蔓延。

## 课题任务对应知识

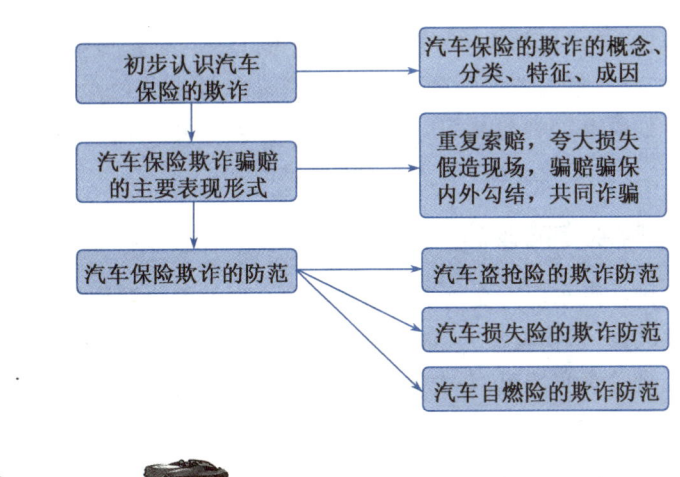

## 学习目标

| 知识目标 | 能力目标 |
| --- | --- |
| 1. 理解汽车保险欺诈的概念和特征。<br>2. 理解汽车保险欺诈预防措施及技术手段。<br>3. 理解汽车保险欺诈风险控制流程。<br>4. 理解汽车盗抢欺诈的概念和特征。<br>5. 理解汽车撞损欺诈的概念和特征。<br>6. 理解汽车焚烧欺诈的概念。<br>7. 理解汽车引起自燃的原因。 | 1. 能初步树立保险欺诈防范意识。<br>2. 能区分汽常见汽车保险欺诈的形式。<br>3. 能分析汽车保险欺诈的危害与成因。<br>4. 能根据现场查勘或案件详情,区分和识别出险车辆的可疑点。并根据可疑点分析,识别出险车辆保险欺诈企图。<br>5. 选用适当的防范保险欺诈技术手段进行风险处理。 |

## 学习单元一 汽车保险欺诈的基本知识

近年来,随着机动车辆保险业务的发展,骗赔事件大有增加的趋势。众所周知,随着保险业的发展,保险业务范围和领域的不断扩大,保险业欺诈事件愈来愈多、愈来愈嚣张,有的不择手段甚至明目张胆地在欺诈保险金。就有关统计资料显示,保险公司开办的某些险种因被欺诈而导致的赔款支出最高可达保险费收入的50%,而全部保险业务平均比例约为10%~30%。在我国诈骗犯罪中涉及保险欺诈从80年代末期的2%上升至2000年的9.1%。在保险人的反欺诈手段滞后的现实下,各种诈骗术不胜枚举、防不胜防,大有愈演愈烈之势,极大地损害保险当事人的权益,严重扰乱保险市场秩序和破坏社会的稳定。较高比例的欺诈骗赔金额直接导致车险赔付率过高,并间接导致汽车保险业保费的提高和保险公司盈利能力的下降。不仅如此,事实上由汽车保险欺诈骗赔引致的相关损失已经成为一个"黑洞"。

汽车保险诈骗不仅带来经济损失,还影响着社会风气,制约着党中央国务院关于共产主义社会精神文明建设,必须严厉打击汽车保险诈骗行为。

通过本单元的学习,了解汽车保险欺诈的概念,汽车保险欺诈的形成原因,欺诈类型的分类及汽车保险欺诈的特征。通过学习,提高保险的防欺诈意识,找到假案的一些共同特征,提高广大人民群众预防车险诈骗,不参与车险诈骗的意识。

### 4.1.1 汽车保险欺诈的概念

汽车保险欺诈是指在汽车保险交易中发生的各种类型的保险欺诈行为。

狭义的汽车保险欺诈,是指投保人、被保险人不遵守诚信原则,故意隐瞒有关保险车辆的真实情况,或歪曲、掩盖真实情况,夸大损失程度,或故意制造、捏造保险事故造成保险标的损害,以谋取保险赔偿金的行为。

### 4.1.2 汽车保险欺诈的形成原因

汽车保险欺诈骗赔是指汽车保险的投保人、被保险人不遵守诚信原则,故意隐瞒有关保险车辆的真实情况,或歪曲、掩盖真实情况夸大损失程度,或故意制造或捏造保险事故造成保险标的损害,以谋取保险赔付金的行为。汽车保险欺诈骗赔往往具有很大的隐蔽性,其原因比较复杂,概括起来大致有:历史原因;社会原因;投保人原因;保险公司原因等。

#### (一)汽车保险诈骗形成的历史原因

自有买卖合同以来欺诈骗赔现象就相伴而生。当汽车保险出现以后,从事欺诈骗赔活动的违法分子便将贪婪的目光投向了该领域,于是产生了汽车保险欺诈骗赔。汽车保险之所以吸引欺诈骗赔分子的目光,主要是因为汽车保险合同规定:在不发生保险事故时,保险公司只管收取保险费而没有赔偿义务;当发生保险事故时,保险人须偿付比保险费高得多的费用给投保人。在高额赔偿的诱惑下，某些缺乏道德的人便将贪婪的目光投向了汽车保险业，把欺诈骗赔的黑手伸向了汽车保险，企图通过铤而走险获取额外利益。

### （二）汽车保险诈骗形成的社会原因

由于社会公众大多对保险业务知之甚少，有关保险的法律意识非常淡薄，在日常生活中他们甚至不认为保险欺诈是一种犯罪行为。因此，当同事、朋友和亲属想欺骗保险公司请求他们帮忙时，他们会自愿地提供帮助，为欺诈行为提供伪证，导致欺诈骗赔现象普遍存在。整个社会尚缺乏完善的诚信体系和健全的监控机制。在不少人看来，保险欺诈是一种可以原谅的过错，并不是什么违法行为。法律环境对汽车保险诈骗的形成也有重要影响。部分司法判例，出于保护被保险人的考虑，选择了有利于被保险人的证据，驳回了保险公司的拒偿主张，从而助长了他们的嚣张气焰。

### （三）汽车保险诈骗形成的投保人原因

投保人进行汽车保险欺诈骗赔一般有三类原因：一是有些投保人企图通过参加汽车保险，以支付较小的保险费为代价而获取高额赔偿，实现大发横财的目的。因此，这类投保人投保动机和欺诈动机相一致，即从投保之日起就蓄意欺诈，保险合同成立后，便积极地谋划欺诈行为，有时为达到骗保目的甚至不惜一切手段；二是有些投保人原来并没有利用汽车保险进行欺诈骗赔的企图，只是由于某种偶然因素的诱发，比如经他人提醒，才产生了欺诈骗赔的想法。这类投保人若无偶然因素干扰，保险欺诈行为不会产生，但偶然因素只是外因，起主要作用的还是当事者的内因；三是有些投保人由于对汽车保险缺乏正确的认识，认为交付保险费后，如果在保险期限内没有发生保险事故而得不到赔偿，自己等于白白地送钱给保险公司，因此，必须想办法从保险公司手里把保险金要回来，于是，欺诈骗赔就成了他们最好的手段。当然，这些原因中最根本的还是人的贪欲。

### （四）汽车保险诈骗形成的保险公司原因

分析造成骗赔案的原因，固然是多方面的，但车险市场竞争激烈，保险诈骗与保险公司也有相当的关系。实务操作不规范引发保险业务管理出纰漏，是保险欺诈的主要根源之一。具体表现在：

1. 承保把关不严。在承保上，目前机动车辆按投保人申报的情况保险，不做审核。甚至个别没有投保人亲自填写的投保单，更难做到对车辆检验，这就形成一些可乘之机。有的汽车已经出险，投保人仅凭一张传真或口头申请，保险人或其代理人就很容易承诺和办成投保手续。

2. 第一现场查勘不力，理赔案件调查不够。有许多诈骗案骗术并不高明，漏洞也不少。但因为我们许多情况下不能赶赴现场作详尽周密的调查了解，给一些作案者以可乘之机。如伤者医药费、车损情况等，如能及时赶赴现场进行鉴定，其事故原因、保险责任以及事故损失就会有大体的掌握。结合案情随时对现场的群众和旁观者进行一番了解，掌握第一手材料，便可发现和堵塞漏洞。

3. 车险市场的不规则的竞争，导致承保条件的放松，理赔查勘的不及时，社会承诺的无边际，致使拓展业务放弃了保险的基本原则，尤其是代理业务的漏洞非常大。一些不法投保人钻保险的漏洞，采取各种各样的欺诈手段，譬如先出险后投保；低价车高价投保；制造保险事故现场，骗取保险；酒后、无证驾车肇事，不及时报案等搅乱保险视线，无形地放宽保险责任和扩大事故损失。

4. 专业技术力量薄弱,一些保险理赔专业人员的业务素质不适应业务发展。因为保险涉及各行各业,而我们对职工的培训不够,在承保、理赔中把握得不好,不少人趁机浑水摸鱼。有相当一部分骗案,是一些业务员不顾整体利益,损害保险公司的利益,甚至内外勾结骗取赔款。

5. 形式主义、纸上谈兵危害较大。过分依靠其他部门的单证。现行条款的医药费、伤残程度、第三者责任给负金等要以医院、交警队等部门开具的证明和裁决为准。但因为这些部门都不是经济责任承担者,加上社会不正之风的影响,不少单证有不同程度的虚假,加大了保险赔付金额。交警、医院,甚至单位的工资、抚养人、被抚养人等证明都有虚假的。在这些虚假证明中,一些明显作假的证明,在确认后可拒赔;但还有不少属于实际有假,但承办人员又无法用确凿证据推翻的证明,办案人员只能是望"证"兴叹,唯"证"是从了。

6. 对诈骗者惩罚不严。诈骗者不仅有诈骗可能成功之侥幸心理,而且知道,即使诈骗被人发现,也只不过同不诈骗一样领不到保险金,而无其他伤筋痛骨之虞。我们了解的案例中,有的诈骗形成事实,有的诈骗未遂,竟没有发现受到罚款或依法追究刑事责任。最近笔者总结了一些案例,甚至很多是经过有关法律的判决,但就是没有看到有一个是得到了法律的制裁。

7. 保险企业内部管理机制不健全,或者虽有理赔制度,但执行不力,不能严格按照保险理赔的程序办案,甚至个别理赔员说了算,一人查勘、一人定损、一人核赔、一人作案的现象司空见惯,严重违背了保险的理赔原则。简言之,就是从出险到赔款整个理赔过程均是一个人经办,赔不赔、赔多少、什么时间赔均一人经手,可想而知,这里的理赔漏洞该有多大。

首先,保险公司对如何有效地防止和制止汽车保险欺诈骗赔重视程度不够,到目前为止我国保险公司还没有几家专门成立反欺诈机构。其次,理赔程序不科学,如发生车辆事故,大多数保险公司不派员去现场查勘,而是等到车辆修好后,凭索赔人提交的发票金额予以赔付,而且在确定赔付金额时,保险公司往往以有关单位的证明作为赔付依据,而有些证明可能与事实不符。所以,不科学的理赔程序在客观上为汽车保险欺诈骗赔开了方便之门。第三,保险公司对某些被识破的欺诈者的处理过于宽松,往往仅满足于追回被骗取的保险金或不负赔偿责任,而不愿意追究他们的相关责任,从而助长了保险欺诈行为的发生。第四,理赔人员素质偏低,没有把握好理赔关,给欺诈骗赔者以可乘之机,甚至有些理赔人员经不住金钱的诱惑,同欺诈骗赔者内外勾结,共同骗取保险金。

### 4.1.3 汽车保险欺诈的分类

汽车保险欺诈的形式种类多种多样,可按不同标准对汽车保险欺诈进行分类。

(1) 按保险标的不同,可分为汽车损失保险中的欺诈、汽车责任保险中的欺诈和汽车消费信贷保证保险中的欺诈。

(2) 按欺诈发生的环节不同,保险欺诈可分为理赔欺诈和承保欺诈。理赔欺诈是保险欺诈中的最为常见的形式,也是承保欺诈的终结形式,其骗取的对象主要是较高的赔付水平。

承保欺诈是由投保人在承保环节实施的欺诈,其骗取的对象既有较低的保费,也有承保资格(如对具有特别高的风险的车辆采取隐瞒事实的方法骗取承保资格等)和较好的承保条件。

(3) 按实施主体不同,保险欺诈又可分为投保人(含被保险人)实施的欺诈、保险人实施的欺诈和第三人(主要是保险中介机构或其他人)实施的欺诈。

(4) 按实施主体数量不同,保险欺诈可分为单一主体欺诈和集团欺诈。

(5) 按实施主体隶属关系的不同,保险欺诈又可分为外部人欺诈和内部人欺诈。内部人是指保险公司内部人员。外部人指的是保险公司以外所有与保险业务经营有关的单位和个人。

(6) 按保险欺诈发生是否存在事先策划,可分为有计划的欺诈和机会主义欺诈。

(7) 按欺诈的具体对象不同,可分为保费欺诈、赔付欺诈。

(8) 按欺诈的程度不同,可分为硬欺诈和软欺诈。硬欺诈是指故意虚构保险事故和虚构人身伤害。软欺诈通常是由单个人实施的,他在向保险人索赔时往往存在严重误述或夸大其词。在硬欺诈的情形下,当事人所宣称的交通事故、人身伤害根本就不存在;在软欺诈情形下,虽然存在着交通事故、人身伤害,但索赔材料中存在着虚假成分,令人难以甄别。例如,在人伤交通事故中,受害人往往声称自己的颈部、腰部、皮下软组织等受到伤害,因为这类病症通常存在着确诊难、治疗时间长、医疗费用不确定等情形,这类软欺诈容易成为保险公司反欺诈中的难点。

### 4.1.4 汽车保险欺诈的特征

汽车保险欺诈具有如下特征。

(1) 极强的隐蔽性。表现在以下几个方面。① 车险业务本身具有信息严重不对称的特征。信息上的严重不对称为投保人采取提供虚假信息、隐瞒真实情况、压制事实,实施欺诈提供便利。② 车险业务的经营主要是以合同形式和各类投保、索赔单据为载体的,在有计划的欺诈、内部人欺诈集团欺诈、软欺诈等形态下,上述各书面文件一般不存在明显瑕疵。③ 在保险人、保险代理人、经纪人实施欺诈的情形下,他们所持有的身份标志尽管可能存在虚假,但作为消费者的投保人是很难识别的。

(2) 实施主体的多样性。与保险业经营有关的所有主体,包括代理人、经纪人、理算人、独立调查人等都有可能实施保险欺诈。与保险合同没有直接关系的汽车医疗机构、律师、警察等也可能实施保险欺诈。

(3) 欺诈形态的多样性、复杂性。车险欺诈涉及的主体繁多、手段复杂、方式多样,而随着社会的进步和车险业的发展,车险欺诈的形态也日趋多样和复杂。

(4) 非法性。车险欺诈至少具有合同法、侵权法、竞争法和刑法四个维度,车险欺诈是上述四法所禁止的行为,具有非法性。

(5) 可控性。面对保险欺诈,保险公司、保险监管部门、保险行业协会、消费者等联合起来,依靠《保险法》、《合同法》、《侵权法》和《竞争法》以及保险公司完善的理赔管理制度,采取有效措施,减少和遏制车险欺诈是完全可能的。

## 复习思考题

### 一、简述题
1. 什么是汽车保险欺诈？
2. 汽车保险欺诈的成因是什么？
3. 汽车保险欺诈的主要特征是什么？

### 二、案例分析
1. 某车主报案称：红旗轿车于 3 月 31 日零点 30 分左右在一县乡公路行驶时自行起火燃烧，如图 4-1 所示。查勘发现：驾驶室过火严重，仪表板总成、座椅、内饰等全部烧损，全车玻璃因过火而全部烧光，蓄电池烧损，但奇怪的是驾驶室内没有发现转向盘骨架残留物（不可能烧得无影无踪）。发动机室内过火较轻，仅相关电缆线、塑料等烧损，发动机机油未参加燃烧，但机油量约为 1.5 L，冷却水（并非冷却液）约有 2 L。消音器有约 30 mm×30 mm 陈旧性孔洞，消音芯已脱离。左半球笼没有防尘罩，左前制动片报警线脱落且拧在一起。

图 4-1 现场图

思考：
(1) 为什么该车的消音器有约 30 mm×30 mm 陈旧性孔洞？
(2) 为什么制动片报警线脱落且拧在一起？
(3) 为什么车上没有发现过火后的转向盘钢骨架？
(4) 该车是否具备正常的行驶条件？

## 学习单元二 汽车保险欺诈的识别与预防

汽车保险诈骗呈现多样性、隐蔽性的特点。不仅仅是以前那种把旧件当原件装车上骗保的简单形式,现在的骗保形式越来越隐蔽,比如故意让车点燃造自燃的假案,在辨别上困难了很多。还有制造假的事故证明,使用假的驾驶证,多车使用一张保单的情况(大型同型号货运车),同一起事故多次骗保等不同的造假形式,这就要求保险公司要组建一批有很强辨别能力的查勘定损队伍,提高他们的业务能力。通过加强查勘人员队伍建设,达到减少诈骗,降低损失的目的。

一些不法分子一边研究有关法律法规,一边研究保险条款,有的甚至要比保险的业务员研究的深透,挖空心思,无所不用其极,欺诈手段不断地在翻新变化,形成了多种多样的骗赔方法,主要可归纳为以下几种。

1. 瞒天过海术:这种骗术的特点是自作聪明侥幸不保,或者保险到期不及时续保,出险后串通作假,篡改事故日期。

2. 冒名顶替术:就是将未保险的车辆假冒顶替假保险进而骗取赔款。

3. 趁火打劫术:就是趁已发生的事故,制造假证,扩大损失,从中大捞一把。

4. 信手涂鸦术:这种骗术是趁机在报案的发票上信手涂改或串通修理部门弄虚作假,试图多得赔款。

5. 牵强附会术:就是借机将毫无边际的不相干的原因、损失等因素同案情联系起来以及在保险责任上做文章,骗取赔款。

6. 乘机行骗术:就是利用市场价格变化,采取不法行为,牟取高额赔付。如利用保险车辆价格下跌,故意高保高赔,索取高额赔偿。

7. 移花接木术:将未投保的车辆按照已投保的同类车型向保险人提出索赔。

8. 张冠李戴术:主要发生在保险标的和被保险人或车主、驾驶人方面。

9. 谎报军情术:大多体现在先出险后保险方面,骗取保险金。

10. 虚夸事实术:多发生在第三者的伤残给付方面,夸大事实,虚报伤残费用等。

11. 无中生有术:一般发生在先出险后保险,或者是盗抢险方面。

12. 偷梁换柱术:保险标的的更换、事故现场的变化及牌照的调换等。

13. 内外勾结术:保险人和被保险人之间、投保人与一些社会部门之间,甚至已经上升到一些知法懂法的司法人员也勾结起来,行骗诈赔。

14. 鱼目混珠术:主要表现在第三者和车上人员的伤残损失的医疗费、住院费、护理费、住宿费、补助费等。

15. 假象迷惑术:主要是有的投保人对事故的发生制造一些假象,导致公安、保险的查勘人员难以判断事故的成因和事故责任的判定。

16. 伪造假证术:有一些不法分子不择手段,伪造各类事故证明或责任认定、调解证明等索赔材料,更有甚者私刻章印伪造所需章印骗取保险金。

17. 重复索赔术:一台车在不同保险公司重复投保,然后隐瞒事故真相向不同保险公司进行索赔骗取赔款;或一起事故利用时间差反复多次向保险人报案进行骗赔。

本单元重点讲解了汽车保险的欺诈骗赔的表现形式与特点,旨在加强保险欺诈防范的识别能力,增加人们对保险欺诈的防范。

### 4.2.1 汽车保险欺诈骗赔的表现形式特征及实例分析

汽车保险欺诈的表现形式及特征有以下几类:虚假告知、不够诚信;出险在先,投保在后;改变用途,出险索赔;无中生有,谎报出险;编造原因、隐瞒真相;报案不实、夸大损失;二次撞击、扩大损失;故意造案,骗取赔款;移花接木、混淆视听;一险多报、重复索赔;顶替他人、冒充索赔;内外勾结、狼狈为奸;肇事逃逸、事后索赔等。每个骗保形式有不同的特征,分析他们的特征,对辨别假案具有重要意义。这些诈骗形式有的发生在投保时,大多发生在出险后。

#### 一、虚假告知,不够诚信

根据保险的最大诚信原则,如实告知是投保人必须履行的义务之一。包括与保险标的有关的所有有利与不利的事实,以便保险人确定是否承保该标的以及保费、保险金额的高低。

在保户购买保险时,应该如实告知标的的实际情况,如标的的使用性质,是否有损坏,标的来历证明,标的购置价格。有的保户在购买保险时,标的是营运性质的,投保人为了降低保费谎称标的是非营运性的。其次,车主没有如实告知保险公司标的的实际性能状况,有无大修情况,是否能够安全行驶。在指定驾驶员时,没有如实告知该驾驶员的身体健康情况,有无驾驶经验,有无出险经历等。当然,这种诈骗形式只要工作人员认真仔细查看被保险标的的有效证件,驾驶员驾驶证,测试标的性能,这种虚假告知行为很容易被发现。

#### 二、出险在先,投保在后

指汽车出险时尚未投保,出险后才予以投保,然后伪装成在合同期内出的险,以达到获取汽车保险赔款的目的。

汽车出险时投保人尚未投保,出险后赶快投保,然后利用一定的手段,伪装成合同期内出险,达到获取汽车保险赔款的目的。实施先险后保时,采用的手段有两种:一是伪造出险日期,二是伪造保险日期。伪造出险日期,一般通过人际关系,由有关单位出具假证明,或伪造、变造事故证明,待投保后再按正常程序向保险人报案索赔。这类案件保险人即使去现场复勘,若不深入调查了解则很难察觉。伪造保险日期,一般是投保人串通保险签单人员,内外勾结,利用"倒签单"的手法,将起保日期提前。有的车辆在到期脱保后要求保险人按上年保单终止日续保也属此类。无论采取何种手段,先险后保案件有一个明显的特点,即投保时间与向保险公司报案的时间很接近,因此,对两个时间比较接近的保险案件应当警惕。

#### 三、改变用途,出险索赔

个别客户的汽车,起初是按照非营运属性投保的。但在经过一段时间之后,却改变了汽

课题四 汽车保险欺诈风险控制

车的用途,开始从事营运工作。

案情简介:

(1) 承保情况。被保险人:李某。车牌号码:辽BXXXXX。厂牌型号:雪弗兰赛欧,投保险种:车辆损失险,第三者责任险,交强险。使用性质:非营业性家庭自用汽车,保险期限:2011年6月15日零时至2012年6月14日二十四时。

(2) 出险情况:李某驾驶标的,在2011年10月2日大连火车站附近撞到路边石头,标的前杠及大灯受损。出险时,车上除李某外还有一名乘员,该乘员坐在副驾驶,头部受轻伤。

(3) 查勘情况:接到报案后保险公司查勘人员赶赴现场,发现车上有很多行李,怀疑司机趁十一黄金周期间跑黑出租,对当事人进行了如下笔录:

| 保险公司询问笔录 |
|---|
| 问驾驶员:这个车子是你自己的吗? |
| 答:车子是我自己的。 |
| 问驾驶员:你送这个人来赶火车吗? |
| 答:是啊,我送他来火车站,一不小心,刚才就是为了躲一辆车,那车…… |
| 问驾驶员:受伤那个人和你什么关系? |
| 答:一个远房亲戚。 |
| 问驾驶员:哦,谢谢你。 |
| 问伤员:你怎么样了?不严重吧? |
| 答:还好,就是头碰了下,今天运气真背,赶火车的…… |
| 问伤员:他送你来火车站? |
| 答:是的。他拉我来的。现在出了事火车误了又要耽误一天。 |
| 问伤员:你们认识? |
| 答:不认识,我坐他车从××到火车站收我9块钱,我看挺便宜的,就让他拉了,哪知道出了这种事,真倒霉。 |

(4) 案情分析:本案中询问笔录的重点要放在车子是否是非营运车用于营运。当伤者说出了收钱运送的事实后,笔录就可以结束了。最后让双方按手印。这样就可以作为一个法律上承认的拒赔的证据了。这个询问过程最好是分开来同时进行,以免事前串通。

### 四、无中生有,谎报出险

这是指投保人、被保险人或受益人,在保险期限内对并未发生的损失向保险公司提出索赔的行为。被保险人通过"制造"虚假事故、更换报废零部件、单方事故后再重新伪造双方事故、将本不属于保险索赔范围但事后制造事故骗取修理金等手段实施欺诈。

这类情况往往投保人需要采用证人作伪证、制造虚假事故现场、证明材料等手段。

案情简介:

(1) 承包情况。被保险人:梁某。车牌号码:辽AXXXXX。厂牌型号:本田CRV轿车。投保险种:车辆损失险、第三者责任险、车上人员责任险、盗抢险、不计免赔率特约条款及交强险。保险期限:2009年4月29日零时至2010年4月28日二十四时。

(2) 出险情况。2010年1月4日,驾驶员王某向保险公司报案称:当日其驾驶辽AXXXXX号本田轿车,行驶到抚顺市望花区新钢大门时与一辆大货车相撞,车辆右前方受损。事故现场已被交警清理,双方车辆在事故停车场。

(3) 查勘情况。接报案后,保险公司立即派出查勘人员与驾驶员王某取得联系,查勘人员对事故车辆承保情况进行了核实,并对双方车辆的碰撞痕迹、事故原因等进行了分析。

调查过程中,查勘人员对驾驶员王某进行了询问。王某称自己是被保险人梁某的好朋友,驾车行驶过程中由于采取措施不当,造成了事故的发生。随后,查勘人员又对被保险人梁某进行了询问,被保险人梁某与驾驶员王某所述情况基本一致。但在进一步的调查取证过程中,查勘人员却发现了一个重要线索,驾驶员王某是抚顺本田维修站的机修工人,事故发生时正在帮被保险人梁某试车。

(4) 焦点问题。查勘人员通过对以上情况的综合分析,结合自己的查勘经验,怀疑该事故车存在维修期间出险的情况。

(5) 解决问题的思路和方法。查勘人员回到公司后,调取了辽AXXXXX号本田车的历史出险情况,发现该车在2009年12月25日发生过一起单方肇事事故,事故原因为行驶时路滑左前部撞在马路台阶上,该案已结束。根据经验分析,该车的维修周期应该在十天左右,到这次出险之日,车辆应该还没有竣工,第二起案件极有可能是维修期间维修工人试车发生的。如果事故的真实情况真的如此,那么按照《家庭自用车损失保险条款》第六条第三款的规定,该案不属于保险责任。根据初步判断,查勘人员马上赶往驾驶员所在的本田维修站,果然发现该车的维修记录单,但是维修单中显示该车只有入场记录,没有出场纪录。根据以上调查情况基本可以认定标的车是在维修期间出险。

查勘人员根据掌握的情况,再次约见了被保险人梁某及驾驶员王某,告知双方一定要按照客观事实报案,以及捏造保险事故、隐瞒事实可能承担的法律后果。在事实面前,被保险人梁某道出了事故的真相:被保险人梁某和驾驶员王某并非朋友关系,2009年12月25日出险后车辆在本田维修站修理,2010年1月4日,车辆修复后,王某驾驶标的进行试车,试车过程中,因驾驶员王某操作不当,标的车再次发生事故。发生事故后,驾驶员王某及本田维修站为减少损失,立即与被保险人梁某取得联系,向其说明情况,请求被保险人向其保险公司报案,本田维修站为此也给予被保险人一定的经济补偿。

此案到此就水落石出了。像这种谎报出险、无中生有的假案,查勘员应该从碰撞痕迹真实情况来判断,一步步调查下去,假的永远真不了。

### 五、编造原因,隐瞒真相

事故发生后,对于所造成的经济损失,依据保险合同,或者属于免责范围,或者需要车主本人承担较高的比率。

案情简介:

(1) 承保情况。被保险人:张某。车牌号码:辽BXXXXX。厂牌型号:富康轿车。投保险种:车辆损失险、第三责任险、不计免赔率特约条款及交强险。保险期限:2009年2月2日零时至2010年2月1日二十四时。

(2) 出险情况。2009年5月6日18时,张某向保险公司报案称,其驾驶的辽BXXXXX标的车于当日16时左右在沈大高速公路上刮碰护栏,导致标的车起火燃烧,全车损毁,无人

课题四 汽车保险欺诈风险控制

员受伤。

（3）查勘情况。由于事故发生在高速公路上，保险公司查勘人员在标的车被撞至事故停车场时对标的车进行了查勘。经查勘，车牌号、车架号、发动机号与承保信息相符。标的车完全烧毁，但受损标的车未发现明显碰撞痕迹。此后，查勘人员到交警部门了解情况，得知交警已对该事故出具了交通事故认定书，认定事故原因是碰撞后起火，张某负事故全部责任。

（4）焦点问题。需要调查核实标的车是自燃还是碰撞引起的燃烧。

在事故停车场，查勘人员对被保险人张某做了询问笔记。经询问，张某的描述与报案记载内容一致，未发现疑点，查勘人员返回公司后，正当查勘人员对事故原因进行分析时，公司同事提供了一条重要信息。原来在出险当日，《大连晚报》对标的出险事故做了新闻报道。查勘人员马上找到出险当日的《大连晚报》，新闻报道称标的车是自燃损毁。

（5）解决问题的思路和方法。因为被保险人的报案陈述与新闻报道内容不符，为查明事故真相，保险公司经研究，决定派调查员对此案进行深入调查。调查员在接到任务后，经过对该案的认真分析，决定从媒体报道内容入手，展开核查。调查员以《大连晚报》报道内容为依据，向事故处理单位某交警大队发函，对事故的认定提出异议，对事故认定的合法性提出质疑。在发出函件后，保险公司得到该交警大队的回复，交警大队在重新审核该事故后，认为该事故的认定流程不符合相关规定，火灾事故原因应该由消防部门作出认定而非交警部门，因此撤销了原事故认定书。

调查员又对标的车进行了二次复勘，发现标的车发动机后仓部烧毁严重，初步判断着火点在发动机后仓部，自燃原因应该是线路老化。接着调查员走访了出险地周围群众，从侧面了解到该事故事后根本就没有碰撞护栏，是车辆行驶过程中自燃，这进一步验证了调查员的判断。

（6）处理结果。在确定事故原因后，通过交警的配合，保险公司将掌握的情况与被保险人做了沟通，并告知被保险人进行骗赔的严重后果。在证据面前，被保险人最终承认，因标的车没有投保自燃损失险，发生自燃后，为减少损失，于是谎称标的车是碰撞后起火损毁。

根据《家庭自用汽车损失保险条款》第七条第五款"自燃以及不明原因火灾造成的损失，保险人不负责赔偿"，保险公司对被保险人出具了《拒赔通知书》，被保险人同意拒绝结论，签字确认。

### 六、报案不实，夸大损失

指出险汽车损失很小，被保险人却故意夸大损失程度或损失项目，以小抵大，骗取赔款。例如，被保险人将事故汽车上未损坏的零部件通过用损坏的零部件进行替换后再向保险公司报案的情形就属于此类诈骗。目前，一些汽车修理企业，为拉拢客户，有时会帮着客户进行欺诈骗赔。修理企业中与事故汽车同类型车辆的损坏零配件比较多，再加上专业人士的"参与帮忙"，因此，此类骗赔案件较难识别，这就要求车辆定损人员具有较强的专业知识和丰富的理赔经验。

案情简介：

一辆解放牌半挂车于 2007 年 5 月某日因制动失灵而翻车。查勘发现，第一，驾驶室前部及翻转机构整体变形严重。驾驶室前脸距地面 1.4 m 高度有宽度约 30 mm 的横向撞击痕迹,痕迹处有红色油漆擦痕。第二,右前制动气室缺少一支固定螺栓,左前制动气室软管折死。第三,水泵小循环出水管及暖风水管有陈旧性断裂痕迹。第四,发电机仅存断裂的支架及未装螺栓帽的下固定螺栓,调节器与发电机有两根连接线未接。第五,曲轴及风扇皮带轮槽锈迹较多,仅存的一根风扇皮带其侧面无运转摩擦痕迹。第六,发动机铝制水管前部断裂,排气歧管与排气管接口处断裂,飞轮壳与发动机后支架连接处断裂。空气滤清器上盖及空气滤清器芯缺失。第七,车辆碰撞后水箱与风扇的摩擦痕迹不符,且水箱的变形情况与实车碰撞不符。第八,湿储气筒与气泵连接管未连接。第九,手制动手柄及连接杆件缺失。第十,挂车左后角侧栏板向车厢内变形。

另外,该车事故现场为东西方向道路,且东高西低,有轻微向左转弯。翻车地点左侧为深度约 80 mm 的沟,翻车时该车向左逆行翻入沟内,车头比车尾离路面较远,前风窗玻璃完好立于车头前部左侧的小树上。

案情分析:

第一,根据发电机缺失、水泵水管有陈旧性断裂痕迹、水箱陈旧且与风扇的摩擦痕迹不符、曲轴及风扇皮带轮槽锈迹较多、仅存的一根风扇三角皮带其侧面无运转摩擦痕迹等,说明事故发生前发动机并未处于运转状态。第二,制动气室缺少固定螺栓,制动气室软管折死,湿储气筒与气泵连接管未连接,手制动手柄及连接杆件缺失,挂车制动凸轮轴、制动气室推杆无运动痕迹等,进一步说明发动机未运转,且制动系统未工作,车辆不具备基本的运行条件。

### 七、酒后驾驶,出险索赔

指驾驶员喝酒后驾驶标的,造成标的损失,向保险公司索赔的行为(新的交强险司法解释中说明,酒后驾驶标的出险,造成第三方损失的保险公司负责赔偿)。这里特指车损险。

案情简介:

2010 年 10 月 11 日,刘某向保险公司报案称,2010 年 10 月 10 日驾驶标的车在辽宁省跛鱼圈何家沟转弯时掉进沟里,造成标的严重受损,车上一人受伤,已报交警处理。

由于报案时标的已经拖至汽修厂,查勘员到汽修厂进行拍照查勘,发现标的车前部受损严重。查勘员对驾驶员吴某做询问笔录时了解到,事发当天被保险人单位在何家沟滑雪场聚会,晚上聚会结束后,驾驶员驾驶标的回家,由于路上没有路灯,视线不好,驶入沟中。查勘员问其为何没在事故现场报保险公司,驾驶员回答吞吞吐吐,明显有临时编造的迹象。

根据以上疑点,查勘员对该案展开了细致调查。经调查,被保险人在营口市有一定的社会背景,并与当地交警队关系密切。如果不能找到强有力的证据,等事故认定书出具后,保险公司不得不陪。

查勘员马上赶赴事发当地,连夜找到吴某,对其进行突击询问,对当天的出险情况又做了进一步了解,做了详细的调查笔录。然后又询问了滑雪场工作人员,发现部分情况与驾驶员吴某所述不符。查勘员调取了录像,原来在滑雪场期间,吴某曾中途陪领导离开滑雪场到KTV,并喝了不少酒。了解到这条重要信息后,查勘员对吴某进行了第二次询问。在强大的思想攻势和确凿证据面前,吴某交代了酒后驾驶的事实。

对于饮酒醉酒驾驶的案件,一方面要借助交警、医院的证明,另一方面,保险公司自己要多方展开调查,取得驾驶员饮酒驾驶的证据。

## 八、故意造案，骗取赔款

指故意出险，造成损失，骗取赔款。此类案件常见的有两种类型。

一类是汽车趋于报废，价值较低而车辆损失保险的保额又较高的情况。此时，在被保险人期望获取高额赔款的欲望驱动下，故意造成汽车出险。如价值三万元的旧车装饰后以十万元投保，然后在偏僻地区将车推下山坡等。这类案件往往具有出险时间、地点精心选择的特点，所以查处的难度较大，有时尽管你怀疑它可能是骗案，但很难找到证据。

另一类是由于汽车保险条款将一些特殊情况的汽车损坏规定为责任免除，被保险人为获取赔款故意造成保险责任范围内的事故，把不应赔偿的变成应赔偿的。如停放家属院中的汽车左侧大灯罩出现不明原因损坏，保险公司对此不予赔偿，车辆驾驶员于是故意撞墙，导致保险杠左侧、大灯、角灯等损坏，报案谎称自己不小心撞上的，保险公司如不能识别其诈骗企图，则很容易从车损险中给予赔偿。

## 九、移花接木，混淆视听

所谓移花接木，顾名思义就是把一种花木的枝条或嫩芽嫁接在另一种花木上，比喻暗中用手段更换人或事物来欺骗别人。在保险欺诈中，"移"的可能是人，可能是车，可能是事故发生的"责任"。"花"可能是车上某些零部件，可能是整辆车。故把移花接木、混淆视听分为以下几个方面。

（一）无证驾驶或酒后驾驶发生事故后，找具有正常驾驶资格的人顶替真实驾驶员承担责任；受伤人员本是车上乘员，假装受伤三者。

（二）正常维修的车辆被换上损坏了的旧件，然后假冒原车损坏件向保险公司索赔。

（三）一辆已经定损、索赔了的车，被换上另外一辆车的牌照后，再次索赔。

（四）故意混淆事故责任比率，改变保险公司承担事故责任的比率。

案情简介：

2008年12月23日16时30分，保险公司接某修理厂报案，称12月22日凌晨5时50分，在保险公司承保的某环卫汽车队运送垃圾的车辆在行驶时垃圾箱突然升起，撞到桥上横梁，造成驾驶室前风窗玻璃破碎，飞出的玻璃碎片将正在桥下作业的装卸工眼睛扎伤。目前受损车辆正在其修理厂等待保险公司定损。

查核该车投保情况：仅承保第三者责任保险15万元，事故发生在保险期限内。

查勘定损员立即赶到修理厂予以查勘。由于该车未承保汽车损失保险，故主要目的系通过查勘确认事故经过。通过查勘和分析，车辆受损情况与客户所报的出险经过相吻合，驾驶室前风窗玻璃已被修理工清理。

与此同时，医疗核损员及时赶到医院进行人伤调查，伤者刘某面部弥漫性多处挫伤，左眼被扎伤失明，右眼周围多处皮肤挫伤，可能因左眼原因引起交叉感染，导致视力严重下降。由于该车未承保车上人员责任险，所以伤者受伤时的位置系是否构成保险责任的关键因素。伤者承认是环卫队的装卸工，但对于出险时的情况以不能清楚回忆为由不予回答。询问驾驶员陈某，为何发生事故后未报交警，他回答车队调度员让他把车开回车队。

另外，该客户于出事5天后通过派出所开具了事故证明，证明自己所说事故属实。

案情分析：本案存在以下疑点。

第一,该起事故为道路交通事故,客户却没有立即报交警,而是在事故发生后的第五天通过派出所出具证明。

第二,该车仅承保了第三者责任保险,假如车上人员受伤,这不属保险责任。因此,客户存在着想通过第三者责任保险方式报案,让保险公司承担赔偿责任的问题。

第三,事故发生的第二天,通过修理厂报案,破损的驾驶室前风窗玻璃已经清理,无法查勘受损情况。

第四,从伤者受伤情况(面部弥漫性多处挫伤)分析,不可能是驾驶室前风窗玻璃破损致车下人员受伤的,仅仅符合因车辆紧急停驶,驾驶室乘坐人员受惯性作用脱离座位,面部撞向前风窗玻璃而受伤的特征。

针对以上问题,查勘人员再次与客户沟通,重点查明第二个疑点。同时,查勘员比较诚恳地表明了自己的意见:首先,车辆在行驶时垃圾箱突然升起,说明客户没有做好车辆的维护和保养工作。根据汽车保险条款,此种情况下的事故损失,保险公司有权拒绝赔偿。其次,对伤者刘某的受伤情形有疑问,经过查勘分析,认为伤者刘某系在驾驶室受的伤,而该车没有承保车上人员责任险,故不构成保险责任;同时,车上人员不属于第三者,故亦不属于第三者责任保险的保险责任。第三,如果客户不接受保险公司的结论,可以请有关鉴定机构予以鉴定。经过权衡,客户最终放弃了。

### 十、一险多报,重复索赔

一险多赔诈骗是汽车保险理赔工作中比较常见的现象。常见的一险多赔诈骗案有三种类型。

#### (一) 一次事故向多个保险人索赔

一次事故向多个保险人索赔的情况属于重复投保。投保人向多个保险公司购买了汽车保险,且并不将该情况通知各保险公司,待汽车发生事故后,持各公司的保险单分别索赔,以获取多重保险赔款。以前这种现象很疯狂,但是最近两年这种现象比较少了,因为这几年保险公司之间加强了信息交流,在保监会的组织下建立起了信息沟通平台,这在一定程度上,消灭了此类骗保的藏身之处。

#### (二) 一次事故多次索赔

这是最常见的形式。保户出险后向保险公司报案并获得赔偿后,并没有及时修车,这种现象多发生在小案件,因为保险公司为了方便用户提出了一定额度下不要发票的便民措施,中华联合的规定是在汽修厂修理的5 000元以下不要发票,在4s店修理的1 000元以下不要发票。这就使得保户在出险后即使不提供修车发票也可以获得赔偿。个别保户出险获得赔偿后,隔一段时间再报案,有的查勘员没有查询历史出险记录,误把旧伤当成新伤,这就让骗保案件得逞。

#### (三) 一次事故先由事故责任者给予赔偿,然后再向保险公司索赔

一次事故先由事故责任者给予赔偿,后再向保险公司索赔,这样的骗案数额一般不大,但在日常生活中很常见。出险的原因一般都是投保人被别人追尾或被别人所撞后第三方负事故责任,第三方已给予赔偿,然后投保人再到保险公司谎称事故是倒车造成的,并以此进行骗赔。对单方事故,尤其是对车辆尾部损坏的单方事故进行现场查勘时如果尽到了注意义务,可有效防止此类骗赔案件。

### 十一、顶替他人，冒充索赔

是指汽车出险后，造成了财产损失或人身伤亡。但由于某些原因，被保险人根本没有资格向保险公司索赔。但他在索赔时，却隐瞒了这些真实的原因，而是改换成了有资格索取赔款的"理由"，以骗取保险公司的赔付。

汽车出险后因某些原因被保险人根本没有资格向保险公司索赔，但却隐瞒这些原因，改换成有资格的理由骗取保险公司赔款。比如，有的无照驾驶肇事，而叫原驾驶员报案索赔；有的酒后驾车出险，却开具虚假证明谎称当时是别的驾驶员开车，自己只是乘员；另外，一些单位投保时未将全部车辆参加保险，遇到未保险车辆发生事故时，为了减少损失，则将已保险但未出事故的同型号车辆牌照与未保险但发生事故的车辆牌照掉换，将未保险的车辆顶替已保险的车辆向保险公司索赔，企图骗取赔款。

有这样一个案件，乍一看只是普通的单方碰撞事故。标的是一辆雅阁，前部受损，撞到树上，没感觉有什么问题，车牌、车架号和被保险车辆吻合，碰撞痕迹清晰，高度一致，树旁还有碎屑，看不出什么破绽，为客户自拍的照片。客户当时出险时说有事，不能在现场等查勘员的到来，说自己拍了现场照片。细看现场照片中的两张，发现这是一起冒充保险车辆骗取保险的假案子。车确实是撞到树上了，这辆车和标的同一型号，该车主通过和标的换车牌的形式拍碰撞现场，在拍车架号的时候用的是标的的车架号。可惜，百密一疏，两张照片上的交强险标志和检验合格标志一个是上下贴的，一个是左右贴的。最后，公司做出了拒赔的决定。

### 十二、内外勾结，狼狈为奸

是指保险公司内部的相关工作人员与汽车修理厂相互勾结，利用保户因为发生小事故造成轻微损伤的标的车，通过再次碰撞的方式扩大损失；或者利用车主虽然投保了车损险，但只是前来进行例行维护的汽车进行故意碰撞，以此相互勾结，骗取保险公司的高额赔偿。

内外勾结现象在各大保险公司均或多或少的存在，这也是很让保险公司头疼的一件事。通常的作案手法是：一辆汽车发生轻微的事故，由于事故轻微，在保险公司只会索赔到少量的保险费。修理厂赚不到修理费，保险公司定损员也拿不到提成。而当车辆发生交通事故后，为了省事图方便，有些事主经常将轻微的交通事故车辆交由修理厂处理，事主一般会将身份证、驾驶证、保单、银行卡等理赔必需的材料一并交给修理厂。有了这些资料和事故车之后，车辆损坏程度、向保险公司理赔多少钱，基本上都由修理厂和保险公司定损员说了算。本来只需要几百块的修理费用，再加重撞一下，就有可能变成几万块的修理费。正是在这种利益驱使下，双方勾结起来，把多起轻微的事故变成较大的车辆损失事故。拿到巨额修理费之后，修理厂和定损员按比例分成，最后这些费用均由保险公司买单。

案情介绍：

某保险公司员工张某、列某两名犯罪嫌疑人向市公安局刑事侦查局投案自首。2006年至2007年期间，两人涉嫌制造虚假交通事故12起，骗取保险金50余万元。

2008年1月2日，某财产保险股份有限公司向市刑侦局报案称，该公司深圳分公司员工张某、列某伙同他人伪造虚假交通事故，骗保50余万元人民币。2008年4月，刑侦局立案侦查。

原来,张某、列某为该财产保险股份有限公司深圳分公司查勘、定损员。2007年6月,张某一朋友发现小车前保险杠有轻微划痕,张某、列某将该车开至红树林路段,伪造了该车与另一小车相撞的交通事故现场。之后,张某冒充车主王某向保险公司报案,该事故由张某和列某二人查勘和定损。出险后,保险公司支付赔偿金39 565元,该笔钱被张某、列某以及某修车厂老板林某等人瓜分。

据警方调查,张某和列某多次使用一辆粤B牌的皮卡车或其他套牌车作为作案工具,多次制造虚假的交通事故,并伙同汽车修理厂骗取保险金。经初步核实,二人共参与实施诈骗12次,涉嫌诈骗保险金50余万元(来源:深圳晚报)。

对于此类情况,保险公司要加强管理与核赔力度,发现一起开除一起,不能让这种毒瘤在公司蔓延。还应在保险行业建立查勘员信用评价系统,让这种内外勾结的人无法在保险行业立足。

### 十三、多车共用一险

是指多辆同一型号的车辆购买保险时只买一份保险,车辆出险时共用这份保险的保险诈骗行为。

案情简介:

(1) 承保情况。被保险人:永登县某石英砂场。车牌号码:甘AXXXXX。厂牌型号:豪运重型厢式汽车。投保险种:车辆损失险、第三者责任险、不计免赔率特约条款及交强险。保险期限:2010年8月15日零时至2011年8月14日二十四时。

(2) 出险情况。2010年10月15日20时15分,桑某向保险公司报案,称其驾驶车辆甘AXXXXX于当日行驶至永登县富强堡时,车辆不慎侧翻,造成车辆损失。

(3) 查勘情况。接到报案后,保险公司查勘人员连夜赶往事故现场进行查勘。查勘过程中发现,车辆的车架号、发动机号模糊不清,有明显的改动痕迹,车牌号颜色也有深有浅,在核对行驶证时,发现该车的登记日期与发证日期不同,不属于新车登记时发放的行驶证。在对驾驶员桑某做笔录询问车辆是否有过变更时,驾驶员桑某称车辆一直由他们单位使用,应该没有发生过变更,问其车辆架号、发动机号是否有过改动时,驾驶员也无法做出合理的解释。

(4) 焦点问题。查勘时发现车辆的车架号、发动机号码模糊不清,有明显的改动痕迹,行驶证属补发证件,车辆又没有做过变更,综合考虑该车存在套牌的嫌疑。

(5) 解决问题的思路和方法。针对以上疑点,保险公司查勘人员调阅了该车的历史出险记录,结果令查勘人员大吃一惊。该车在近三年已出险20次,出险频率非常高,在对每次出险的案件进行比对分析中发现,车辆的车架号、发动机号虽然号码一致,但是字形和字符间距有很多不同的地方,可以确定不是在同一辆车上拍下来的。

查勘人员将此情况向公司领导做了详细汇报,经研究确定该案有套牌骗赔的重大嫌疑,被保人单位应该还有一辆车牌号相同的车辆,保险公司决定派出专业调查人员对该案进行有针对性的深入调查。

调查人员决定先采取暗查的方式,在不惊动被保险人的情况下,对被保险人单位的车辆出入情况进行排查。调查人员在门前蹲守一段时间后,终于发现与出险车辆同一车牌、同一车型的"孪生"车辆,调查人员迅速拍照取证。调查人员又到车管所根据照片进行核实,同时核对验车照片,确定未出险车辆为真实的标的车。随后调查人员对被保险人单位的负责人刘某进行询问,在证据面前,刘某承认了套牌骗赔的事实。

通过以上案例的分析,我们发现只要善于总结,总能找到假案子的突破口,从突破口出发,顺藤摸瓜找到证据,让骗保者在证据面前亲口承认自己的诈骗行为,对骗保行为进行严惩,还保险市场正常的秩序。

### 4.2.2 汽车保险欺诈骗赔的预防

面对汽车保险欺诈骗赔日益增多的实际情况,保险公司要针对汽车保险欺诈骗赔的不同特点,在实践中认真总结经验教训,采取有针对性的措施预防汽车保险欺诈骗赔现象的蔓延。中华联合制订了一系列措施,预防或降低保险诈骗造成的危害,比如采用双人查勘制度,减少一个查勘员查勘的弊端。大案上报制度,减少巨额假案件。现场照片,必须拍车辆车架号、双证(驾驶证,行驶证)以及人车合影(预防照片非查勘员所拍),设定拒赔奖励标准(拒赔金额的10%)。另外公司还设定黑名单,欺诈客户不再续保等一系列措施,起到了很好的效果。总结保险欺诈的预防措施,可以归结成以下四个方面。

#### 一、加强保险知识和法律知识的宣传普及

防止保险欺诈的决定因素是公众意识,因此,保险公司应该加大保险知识和相关法律法规的宣传,增强公民的保险意识和法制意识,让广大公民充分认识到保险业不是福利事业,减少对保险认识的误区,为保险业营造良好的经营环境;让公民明白,故意制造交通事故、摆现场等手段获得保险赔偿的行为属于诈骗,情节严重的会追究当事人刑事责任。通过法律的强制性起到威慑作案者的目的。

发现修理厂恶意撞车骗保要举报

#### 二、加强与有关部门合作

加强同公安、医院、汽修厂等机构的联系。设立这些机构既能为保户提供更快、更好、更优的服务,又能制止开假单据、小病大养、小损大修、伤残程度鉴定不准等问题,变被动为主动。首先,加强与政法部门合作。一旦发现汽车保险的欺诈骗赔案件,保险公司应严格依法处理,绝不姑息迁就,充分发挥法律法规的作用。对应负行政责任的,应配合有关行政部门予以查办;对构成犯罪的,要积极配合政法部门将犯罪分子绳之以法。其次,加强与司法鉴定部门合作。保险公司应该加强与司法鉴定部门的联系,发挥各自的特长,以期从科学证据上充分揭露汽车保险欺诈犯罪。第三,加强与警方合作。一些可疑的索赔案件可借助警方的刑事侦查优势,达到有效识别汽车保险欺诈案的目的。第四,加强行业合作。各保险公司应在不泄漏商业秘密的前提下,进行反欺诈合作。通过建立全行业的数据库,实现信息共享,利用技术手段防止重复保险和多次索赔现象的发生。

黄山警方破获系列汽车保险诈骗案

### 三、发挥公众监督作用

俗话说,"要想人不知,除非己莫为。"尽管汽车保险欺诈骗赔行为具有隐蔽性,但是,如果广泛的发挥社会力量,注重收集相关信息,刻意的欺诈骗赔行为也是不难识破的。为此,应建立和完善相关的制度,发挥社会公众的监督作用,如建立汽车保险欺诈举报制度,对揭发、检举欺诈行为的单位和个人,按挽回保险损失数额的一定比例给予奖励。在社会公众的广泛监督下,使保险欺诈行为成为众矢之的。

通过加强宣传,和相关部门加强合作,号召公众监督,加强保险公司自身制度建设这几个措施,可以达到降低骗保案件发生率、降低损失的目的。但是必须长期施行这些措施,不能见好就收。当这个社会形成了以骗保为耻的观念时,就是预防骗保工作成功之时。

机动车商业险保险理赔纠纷

保险不能做冤大头

### 四、加强内部制度建设

1. 加大预防汽车保险欺诈骗赔工作的投入。保险公司要提高对反保险欺诈骗赔工作的认识,加大对反保险欺诈骗赔工作的投入,为反保险欺诈骗赔工作配备必要的人力,注意对反保险欺诈骗赔专门人才的培养。从国外保险业的经验看,对反欺诈的初始投入最终可得到3~6倍的回报。

2. 加强风险评估,提高承保质量。风险防范须从承保抓起,在验标与核保工作上,当投保人提出投保申请后,保险公司应严格审查申请书中所填写的各项内容和与汽车有关的各种证明材料。必要时,应对汽车进行详细的调查,以避免保险欺诈的发生。在实务操作上,应严格按照承保业务操作规程,对投保车辆进行风险评估。

3. 建立高水平的理赔队伍。高素质的从业人员,是做好理赔工作、识别保险欺诈的基本保障。目前,汽车工业发展迅猛,新技术、新材料随着新款车型的不断推出而日新月异,这就要求理赔人员必须及时了解信息和掌握新技术、新工艺,加快新知识的学习与更新。对此,保险公司可以招聘一些车辆保险与理赔专业的高校毕业生从事车险理赔工作,同时,对员工进行经常性的新知识培训,从而保证拥有一支高水平的理赔队伍。

4. 要建立规范的理赔制度,实行接报案人、查勘人、定损人、核损人、核赔人、理算人分离制度和现场查勘双人制,人人把关、各司其职、互相监督、严格防范,以确保理赔质量。对以赔谋私或内外勾结实施欺诈骗赔者,必须依法严惩。

5. 加强查勘定损工作。主要是加强第一现场查勘率，加快对索赔案件的反应速度。事故现场会遗留各种痕迹的物证，它们记载着大量能够真实反映事故发生、发展过程的信息，但这些痕迹和物证极易受到自然或人为的破坏。经验表明，很多汽车保险欺诈骗赔案件事先被保险人并未作特别充分的骗赔准备，保险公司理赔人员的迅速反应可以制止和揭穿一些欺诈案件。其次要认真调查事故经过，一方面，应围绕事故向投保人、被保险人、受益人及目击者进行调查，对事故发生的经过、原因、损失情况及保户经营状况、个人品行、近期异常表现、保险标的状况等与事故有关的情况进行详细询问，并作好调查记录。另一方面，与负责事故处理或鉴定的有关部门密切配合，及时了解事故处理情况，提出涉嫌诈骗的疑点，争取公安部门的支持，配合调查取证。

6. 完善内部监控机制。首先，要对员工加强思想教育，增强风险意识，把防范和化解风险作为公司生存和发展的根本所在。其次，保险公司内部要建立承保核审制度，对所要承揽的业务要按程序对风险进行多次识别、评估和筛选，以便有效控制责任，确保承保质量。

7. 如果条件成熟，建议提早实行公估制度，不但建立保险企业内部的公估办法和制度，最好提早与保险监管部门批准的公估公司建立其业务联系，暂对一些损失较大或疑难案件或有异议的案件协助调查和评估，逐步走向公估代理的路子，如此，能够比较公正地鉴定损失情况等。在建立评估机构代理业务的条件尚未成熟之前，聘任一些在当地有声望的专业技术人员作为常年技术顾问，进行技术鉴定。

8. 反保险欺诈是保险的职能之一，要加强反保险欺诈的执法力度，切实采取一些可行的措施，加大打击力度。在目前反欺诈手段滞后的情况下，必须在保险人之间采取联合的行动，共同制定统一措施、共同防范手段、科学地沟通信息，只有保险人联起手来，不搞"各自为政"，拧成一个拳头，才能做到打击有力。从保险单的设计到保险理赔的防范，从内部的稽核制度的建立到联合社会力量的配合，从保险公司自己的力量到形成保险公司一个拳头，共同打击保险欺诈活动，逐步建立起反欺诈的组织，科学地、有力度地将保险反欺诈的斗争进行到底。

维修厂骗保类型

一条龙服务猫腻

### 4.2.3 汽车保险欺诈的调查与标识

**一、机动车辆保险欺诈调查**

1. 及时查勘现场

事故现场会遗留各种痕迹的物证，记载着大量能够真实反映事故发生、发展过程的信息，但这些痕迹和物证极易受到自然或人为的破坏。

2. 认真调查事故经过

一方面，应围绕事故向投保人、被保险人、受益人及目击者进行调查，对事故发生的经过、原因、损失情况及保户经营状况、个人品行、近期异常表现、保险标的状况等与事故有关的情况进行详细询问,并作为调查记录。另一方面,与负责事故处理或鉴定的有关部门密切配合,及时了解事故处理情况,提出涉嫌诈骗的疑点,争取公安部门的支持,配合调查取证。

**3. 综合分析案情,寻找揭露诈骗的突破口**

(1) 分析投保动机。

(2) 将有关时间联系起来分析。

(3) 将现场痕迹物证及有关证据结合起来分析。

**4. 委托专业机构,从事索赔调查**

商务调查机构和信息咨询公司的人员在社会事务及案件调查上有着丰富的阅历和经验,可以通过这些机构的业务帮助、支持,有效识别保险欺诈。

**5. 汽车火灾事故询问笔录**

汽车火灾事故是造成损失较大的汽车保险事故。为了有效甄别案件真假,需要认真做好现场调查工作,同时需做好询问笔录。

## 二、机动车辆保险欺诈标志识别

1. 投保时间与出险时间非常接近。
2. 对投保单证前后相连号码在时间上进行比较,推断是否为先出险后投保。
3. 多次动员投保未能奏效,却又突然上门投保的。
4. 提供单证多处涂改,许多证明材料签署的时间比较集中。
5. 旧车超额投保。
6. 债务沉重,财务困难。
7. 所有权情况不清,多层转手。
8. 极其迫切地要求尽快处理赔案。
9. 索赔时间接近保期届满。
10. 原配车钥匙有加配痕迹。
11. 历史上是否索赔频次较高,事故类型是否相似。
12. 事故车辆损失严重,变形较大或外壳基本报废,而驾驶员或乘客却事先跳车或安然无恙。
13. 单方的火灾事故且损失严重,几近报废。
14. 车身大面积损坏。
15. 小车追尾大货车,损失严重而大货车无损,且大货车自行离开现场。
16. 单证异常齐全或罕见的大量证据或拖沓交证,很不齐全或资料含糊不清。
17. 各种单证笔迹雷同或使用术语不标准、不规范。
18. 各类印章模糊,相关发票号码联号或号码相近或有涂改,笔迹有轻有重等。
19. 多年未出险的单车或少量车保户突然发生重大事故却只有车损险损失。
20. 有关当事人或知情人突然去向不明或外出。
21. 拒绝形成文字记录,选择口头或电话与保险人联系。
22. 分期付款购车的全损、全车盗抢或重大事故。
23. 被保险人在赔偿金额上极易达成妥协。

24. 被保险人假托不计较赔多赔少的现象。
25. 具有不寻常的保险知识。
26. 事故发生在夜晚、假日等旁证较少的时段。
27. 事故的旁证与被保险人或驾驶人员关系密切。
28. 车辆偷盗现场有否痕迹(玻璃碎片、汽车零件或碎片、漆痕、汽车被拖拉痕迹等)。
29. 被盗地点是否是经常停放的地方,当事人当时在何处干什么。
30. 事故照片曝光。
31. 保险合同成立后迟迟不按约定缴费,而突然以现金方式主动上门缴费,不久报案索赔。
32. 将保费交业务人员,而业务人员却未及时解款和开具收据,其时间段又往往在假日或周末下班前不久标的出险,报案索赔。
33. 监制保单要注意审查有否中国保监会指定的防伪标识(正本加印有浅褐色防伪底纹)。
34. 电脑出单与手工出单并行的,要注意前后(如各5份)保单号码、印刷流水号及保险期限的顺序情况,如有疑点,应及时查阅保费是否收讫及进账日期。

复习思考题

一、简述题

1. 汽车保险欺诈的表现形式有哪些?
2. 如何预防汽车保险欺诈?
3. 保险欺诈都有哪些标志?

二、案例分析

2010年12月17日6时50分,刘某驾驶一本田雅阁轿车沿菏泽东站小区站牌片时将横穿马路的孙某撞倒,抢救无效孙某于当日死亡,肇事后,刘某驾车逃逸。交警部门认定刘某承担该事故的全部责任,孙某无责任。事后,刘某提出索赔。

(1) 此案中到的情况属于汽车保险欺诈中的哪一种表现形式?请再举出其他的5种表现。

(2) 请问交强险是否对刘某的肇事进行赔付?

(3) 该如何对汽车保险欺诈进行调查、防范呢?

## 学习单元三　汽车保险欺诈防范实务

一辆挂北京牌照长期在济南市使用的奔驰轿车,于冬季某天上午 6 点在济南外环路上撞到了快速路中央的金属隔离栏,造成左前照灯、左前侧小灯、前保险杠、左前翼子板、发动机盖、发动机格栅等不同程度受损,初步估损金额为 3 万元以上。

查勘人员现场询问事故发生时的行车速度,驾驶员声称有 40~50 km/h,但现场查勘结果证实碰撞痕迹并不严重,很像是汽车在不足 5 km/h 的情况下发生的碰撞。

再仔细查看车辆的状况,分析汽车左侧的前照灯玻璃发黄、而右侧则是新换的,同时,左侧翼子板有细微划痕,而右侧则是新的。

据此,查勘人员怀疑该起事故可能是驾驶员故意所为。在数次询问无效的情况下,保险公司选择了报警。最后,在公安人员询问下,驾驶员承认是故意开车撞的隔离栏。

经过现场勘查分析,这是一起典型的汽车碰撞欺诈骗保案件。

通过本单元的学习,讲解汽车保险欺诈实务,汽车保险欺诈预防措施及技术手段,汽车保险欺诈风险控制流程,汽车盗抢欺诈的概念和特征,汽车撞损欺诈的概念和特征,汽车焚烧欺诈的概念,汽车引起自燃的原因。通过学习,可以提高保险查勘员准确应对保险欺诈现场的能力,提高防范意识,有效地提高打击保险欺诈行为的意识。

### 4.3.1　防范汽车保险欺诈的方法

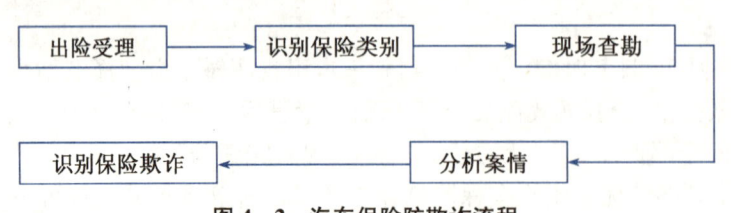

图 4-2　汽车保险防欺诈流程

**一、关键指标法**

关键指标法是发达国家保险公司广为采用的以某些重要指标作为判定和识别保险欺诈案件依据的一种方法。该方法主要是依托理赔人员的日常经验积累,具有很强的经验性特征,也很方便、实用,准确性比较高。常见的方式是编制一些关键指标,如表 4-1 所示。一旦理赔人员发现一起赔案出现表中所列特征的表现,就应当引起高度重视,并结合案件的其他一些具体情况,做出是否存在异常或是否需要展开进一步调查的判断。关键指标法在业务中的应用大致可分为总结——应用——修订这样一个反复的过程。

课题四　汽车保险欺诈风险控制

表 4-1　汽车保险防欺诈关键指标

| 序号 | 关键指标内容 |
| --- | --- |
| 1 | 年出险次数 4 次以上(最近一次距该次出险相隔 60 天) |
| 2 | 事故发生日为监控保单到期日 |
| 3 | 单车事故,且事故发生在偏远地区、夜间,没有目击证人 |
| 4 | 车撞损失严重,且投保人无法说出被撞车辆的车主、车号 |
| 5 | 驾驶人对事故的描述与现场查勘的记录不相符 |
| 6 | 老车型、足额投保,出险次数频繁,报案却相当及时,且损失金额不大 |
| 7 | 车辆伤痕的新旧程度不同 |
| 8 | 车辆受撞不足以导致气囊破裂,但气囊实际已经破裂 |
| 9 | 投保人坚持气囊属于正常弹出,但现场存在明显的气囊被人为切开的情形 |
| 10 | 被撞车辆缺乏动力,油箱中没有油,关键部位有生锈现象 |

**案　例:**

广州市胡氏兄弟车队集团诈骗案中,在保险公司承保的三台汽车的出险时间分别是 1996 年 10 月、11 月和 1997 年 1 月的四个月内连续出现 3 次事故,足以引起对关键指标敏感的理赔人员的高度关注,但事实并非如此,胡氏兄弟还是继续行骗到当年的 8 月份。

### 二、实地调查法

实地调查法是保险公司用来防范保险欺诈的一种很重要的日常性工作方法。从理论上讲,如果保险公司有能力对每一起保险事故进行实地调查的话,那么保险欺诈就可以被消灭。在实践中保险经营的经济合理原则要求保险公司只能将有限的资源投入到十分有限的赔案调查中去。实地调查法首先要解决的问题就是什么案件才可以采用这种方法。其次是需要解决调查的内容。由于不同险种赔案所涉及的内容不同,因而不同险种的实地调查的重点是不同的。以车险为例,该险种的实地调查内容大致可分为:保险车辆的身份;被保险人、投保人调查;医疗费用调查;物损调查;证人调查;特殊事项调查等。就不同的调查内容又可以进一步细分为不同的调查点,只有完全依照事先设计好的工作流程逐一对每一个调查点进行调查之后,这项调查才可以告一段落。实地调查最终取得的结果就是各类证明,有来自当事人的笔录、证人的事故证明、事故处理部门的处理意见、保险公司的调查记录和事故鉴定部门的鉴定结论等。在收集到这些证据材料之后,保险公司的调查就可以从最初的怀疑点开始,逐一梳理这些证据,以确定这些证据是否能够形成完整的证据链。

如果证据之间不能"自圆其说",出现破绽,就有可能印证了调查人员最初的怀疑或者出现了新的疑点,需要调查人员再次补充调查。在美国,调查人员往往首先对前来索赔的当事人进行调查,要求其对事故进行如实、细致的描述,并承诺所作的描述是正确的,如有与事实不符之,愿意放弃索赔。取得了当事人这样的承诺之后,调查人员就可以重点就其怀疑的事项进行调查,一旦发现当事人的描述存在不实之处,就可以据此对当事人做出拒赔的决定。

### 三、内部数据查询法

内部数据查询法是保险公司常用的一种方法，主要是依托公司的业务查询系统进行数据配对查询，以识别和发现保险欺诈。具有反欺诈功能的公司业务查询系统可以设计成公司综合业务处理系统的一部分或者单独设立。该查询系统需要公司综合业务处理系统的支持，这种支持主要是数据方面的，要保证可能与欺诈有关的各类业务信息能够及时地(最好是同步地)向业务查询系统集中，只有满足这样的技术要求，业务查询系统才能真正发挥识别和发现保险欺诈的作用。

通过内部数据查询发现保险欺诈的过程实质上是充分利用公司现有的数据资料分析某个赔案的疑点，看其是否构成欺诈。其工作原理是：首先必须依托公司的综合业务处理系统产生相应的数据库，其次业务查询系统应当具备基本的数据分类功能，能够自动将数据按不同的标志进行分类，如按被保险人的姓名、事故类型、事故发生地、事故发生时间、索赔时间、事故处理负责人、赔偿金额等进行分类。业务人员能够利用业务查询系统在多个终端进行不同级别的查询和输出。

**案 例：**

业务查询系统的数据显示，一年内张先生的车连续两次事故都是单车事故，且没有警察的检查报告，据此可以推定张先生有涉嫌欺诈的骗赔的可能。张先生是否真的实施了骗保行为这要视进一步的调查而定。现在国内有些保险公司已经开始通过设立"黑名单"、"灰名单"的制度来遏制保险欺诈，这其中就包括了内部数据查询的思想。

### 四、外部数据查询法

外部数据查询法是一种利用行业性的数据查询系统防范保险欺诈的方法。保险公司在业务经营中对每一笔投保、每一笔交通事故、每一个病人的住院材料、每一起赔案的最终处理等都是可利用的重要资源，当这些信息分散在多个主体掌控之下，没有实现电子化的时候，就难以发挥保险信息所具有的防范和遏制欺诈的潜在优势。如果有些人经常变化投保的公司，又在不同的保险公司实施不同的欺诈，内部数据查询通常是难以识别这类欺诈的，但借助于行业性的数据查询却是很容易发现这类保险欺诈的。外部数据查询是发达国家保险公司联手打击保险欺诈的一个非常重要的方法。

### 五、设置警示语法

欺诈警示语指那些告知保险欺诈是违法犯罪行为，应当受到惩罚的具有一定警示作用的语句。警示语可印制在保单或者理赔单证的某个显著位置，一方面可以起到提示客户不要采取欺诈或欺骗性的手段以骗取保险金的作用；另一方面也对那些蓄意进行保险欺诈的客户有一定的威慑作用。根据保单语言通俗化的要求，在保单上可以考虑的欺诈警示语有：根据《保险法》的有关规定，您对我们的询问有任何故意不配合、不真实的回答的，都是违法行为，我们有权解除本合同，且不退还您已缴纳的保费；本保单是以您对我们询问所作回答为基础订立的合同，在您的车辆出现危险程度增加的情况下，您仍然需要通知我们；您的任何不真实的回答以及在出现危险程度增加的情况下的不通知我们的行为，都是违法的；请您对您自己的行为负责，在发生上述情况时，我们不承担赔付责任，并保留对由于您的违法行为所造成的损害的追偿权。

### 六、巧用免赔额法

从理论上讲,保险人和投保人总是处于欺诈和反欺诈的博弈之中,欺诈有收益也有成本,反欺诈需要成本,也能获得收益。保险人和被保险人在不完全信息的动态博弈中会达到一个均衡,在这个均衡点上双方的策略处于最优,这时的保险合同也是最优保险合同。基于保险人和投保人双方最优博弈策略的保险合同形式不可能是足额保险,而只能是部分保险,其原理在于使得投保人和保险人共同承担保险标的风险损失,以此来减少和遏制投保人的欺诈行为。一般而言,投保人承担的部分越大,其实施保险欺诈的动因和可能性就越小。

### 七、验标承保法

验标承保是在投保人提出承保申请时,保险人对保险标的的具体情况进行必要的事先检查,然后再决定是否承保,以什么条件承保的一项制度。除一些简易险种如人身意外伤害保险外,绝大多数的产险业务的承保都需要事先对保险标的进行严格的查验和核实。

严格执行验标承保制度,可以有效地防范空标承保、事(故)后承保、带"病"投保等事件的发生,同时还可以达到正确评估风险、合理确定承保费率、提高风险管理水平等的目的。

## 4.3.2 主要汽车保险欺诈的风险控制

### 一、汽车盗抢险欺诈及其防范

#### (一) 汽车盗抢险欺诈的形式

汽车盗抢险欺诈一般采取如下形式。

(1) 由车主向保险公司报告发生盗抢事故,实际上被盗抢车辆已经被转卖给他人,或经过改造、伪装再行转卖,甚至出口到境外。

(2) 车主将汽车拆卸,所得的零配件向国内的二手零配件市场销售。有些车主甚至采用纵火烧毁、深埋等方式,彻底销毁车辆。

#### (二) 汽车盗抢险欺诈的特征

汽车盗抢险欺诈具有以下特征。

(1) 具有一定的团伙性。盗抢险欺诈涉及的保险车辆最终都要经过转卖、改造、拆卸等手段"消失",仅凭车主一人的力量往往难以实现,需要与汽修厂、二手车贩卖团伙,甚至汽车走私商等进行合作,这使得盗抢险欺诈在一定程度上可能与犯罪集团有关。

(2) 单个车主实施的盗抢险欺诈往往与其经济承受能力有关。对消费者来说,拥有一辆汽车既可以为其带来很多的便利,也要付出诸如贷款本息、保险、养护、维修、停放等车辆保有费用。一旦车辆保有费用超过车主的经济承受能力,车主就有可能铤而走险,实施盗抢险欺诈。

车辆保有费用超过车主经济承受能力的情形大体包括两类。

① 保有新车的费用太高。有的车主是贷款购车,可能因失去工作等原因导致收入锐减,难以承受新车的每月按揭,于是采用转卖、改造等手段将新车处理掉,再向保险公司索赔。

②旧车的维修费用太高。旧车出现故障,车主难以修理,或者用于修理、维护车辆所付的费用要大于汽车本身的价值时,车主往往选择抛弃车辆,向保险公司索赔的办法实施欺诈。

(3) 具有一定的国际性。盗抢险欺诈往往涉及非法出口和走私,这使得这类欺诈带有一定的国际性色彩。如美国的盗抢车大多流向墨西哥等南美国家,日本的盗抢车则流向英国、南非、澳大利亚等方向盘靠右的国家。随着我国汽车工业的发展,未来我国的盗抢车辆将会进一步流向周边的落后国家,保险公司和有关部门对此应当予以足够的重视。

### (三) 汽车盗抢险欺诈的防范措施

可以针对汽车盗抢险欺诈采取如下防范措施。

(1) 提高保险公司员工的素质,增强反欺诈的识别能力。如接到被盗车险案件后,要从当事人的证言、有关证人的证言、现场勘察的情况等方面认真审查,看是否存在自相矛盾的地方。如果有矛盾,要注意分析,找寻突破点,排除矛盾以使案件早日真相大白。

(2) 加强内部管理,建立和健全各项规章制度。保险公司要强化内控机制,措施严密,从投保做起,提高承保质量,实行专人审核和领导审批制度,强化责任,对错案进行责任追究。在理赔环节实行相应的制约机制,分散理赔权限,防止个别人滥用职权。

(3) 加强同政法部门的合作,发挥法律的威慑作用。借助公安机关的调查取证的侦察技术手段,通过法律手段来为经济保驾护航,对犯罪活动进行遏制和严惩。

(4) 加大保险宣传力度。保险公司根据目前保险诈骗发案率高、涉及金额大、参与人员广、内外勾结等特点,利用典型案件进行多渠道宣传。政法部门不仅要严厉打击犯罪分子,同时要在经济上严惩,以警戒企图犯罪的人员。

## 二、汽车损失险欺诈的形式及其防范

### (一) 汽车损失险欺诈的形式

汽车损失险是典型的财产保险,财产险中惯用的欺诈方式在汽车损失险中也广为存在,这些方式包括虚构保险标的、冒充保险标的(如两车一牌的套牌骗保现象)、重复保险或超额保险、受损后保险、编造保险事故、制造保险事故、编造虚假的事故原因、故意扩大财产损失程度、故意夸大财产损失程度等。

现阶段我国汽车损失保险欺诈出现了一些新的形式,主要的形式如下。

#### 1. 利用虚假材料(信息)实施的欺诈

由于汽车消费的日益社会化,车险欺诈的实施方可以从多种渠道获得虚假材料,同时投保人还可以采用向保险人提供虚假信息的形式实施欺诈,这使得利用虚假材料(信息)成为我国当前车损险欺诈的主要形式。进行车损险欺诈在承保、理赔环节所需的材料(信息)是不同的。

就承保环节来说,车辆购置发票是确定保险价值的最重要依据,也是最主要的承保资料;有关车辆使用性质(营运、非营运)、驾驶人的驾驶记录、性别、汽车品牌和有无气囊,电子防盗设备等(与盗抢有关)以及行驶里程等方面的信息是保险人决定是否承保或以什么条件承保的重要依据。

理赔环节所需的材料包括《道路交通事故责任认定书》、《道路交通事故损害赔偿调解书》、汽车维修发票、证人证言、有关车辆损害的照片资料、车辆 VIN 拓片、驾驶人员的驾驶证、车辆行驶证等。投保人往往通过提供虚假的车辆购置发票,有关车辆、驾驶人方面的虚假信息实施骗保。

出险后,索赔方往往通过购买假发票、虚开发票、伪造、编造、篡改索赔材料等方式实施骗赔。

### 2. 单方事故中的欺诈

单方事故发生时,只有驾驶人一方在汽车交通事故现场,因为缺乏目击证人,特别具有隐蔽性,这类事故往往成为投保人实施车险欺诈的较为理想的形式。

(1) 投保人利用单方事故实施欺诈的手法主要有如下几种。

① 出险后投保。在发生单方事故后,车主往往将事故车隐藏起来,再设法投保,骗取保险金。有的人甚至在事故现场不顾生命危险打电话投保。

② 谎报案情。单方事故的发生有可能是驾驶人没有合法驾驶证件,或驾驶人属保单除外人员,或车辆在非保险区域行驶等,如果车主如实向保险人报告案情,可能得不到赔偿,因而采取谎报案情的方法实施保险欺诈。在某些情况下,有些人还采取伪造情节,如人为损害车辆的某些部件、故意制造一些伤害等办法,以使谎报的案情更为"真实"。

③ 编造损失。单方事故的车主往往与汽车修理厂、交通警察,甚至保险公司内部人员相互结,通过人为夸大、虚构损失等办法来实施保险欺诈。在某些极端的情况下,甚至整个事故都是编造的,这种情况也就是发达国家常说的编造损失。

(2) 汽车维修厂实施的车损险欺诈。

随着汽车消费社会化的发展,汽车维修厂不仅为车主提供优质、快速、高效的汽车维修服务,而且还兼有代客办理索赔的职能,甚至有些地方的汽车修理厂还代理保险公司进行受损车辆的定损工作。汽车修理厂在汽车维修方面所具有的信息优势和集修理、索赔为一身的特殊功能使得汽车维修厂成为车损险欺诈的一个重要因素。汽车维修厂采取的骗保方法主要有以下几种。

① 欺瞒车主,"偷梁换柱"。为图省事,委托维修厂代为向保险公司索赔修理费用,维修厂接到客户的受损车辆后,用较低档的材料为客户修理,以高档材料的价格向保险公司索赔,这样不同档次的材料费用差价被维修厂"吃掉"。

② 子虚乌有,"瞒天过海"。某人的车到修理厂进行正常保养,修理厂将汽车换上旧配件后,故意损坏向保险公司索赔。更有修理厂"移花接木",更换牌照后,用某人的身份证向保险公司索赔。

③ 二次撞击,"暗度陈仓"。张先生的车门不小心撞凹,他把车送到汽车修理厂,张先生签好索赔委托书后离去。第二天,张先生出外办事回单位时正好经过该厂,却发现他的车的车前盖已被人砸得破烂不堪。后来他向保险公司查询,原来该修理厂向保险公司索赔了高达数千元的保险赔款。

④ 重复索赔,"以一当十"。李先生的车出险后,代理人分别多次将李先生的车开到保险公司不同支公司进行定损理赔。最终李先生拿走了赔款,但代理人利用李先生的车赚取的更多。

⑤ 与客户勾结,联手进行车损险欺诈。汽车维修厂与客户的合作主要是在提供虚假的维修发票、修理和制造虚假事故三个方面。为客户提供虚假的维修发票是一种最为简单的合作,一般在一些中小型汽车维修厂时有发生。在修理方面的合作,通常是客户车辆受损程

度较轻，可能处于绝对免赔额以下，在这种情况下汽车修理厂通常可以帮助客户先将有关的零配件卸下来，换个旧零配件，再进行人为碰撞，再将原零配件换回去，这样下来汽车修理费就可以大幅提升，在帮客户获得巨额保险赔付后，汽车修理厂也可以获得一笔不小的好处费。汽车修理厂可以通过派人、派车、自编自导等多种方式帮助客户制造事故。

### （二）汽车撞损险欺诈的防范措施

应对机动车辆撞损欺诈骗赔应从以下几方面着手。

（1）加强防腐力度，维护保险秩序。关键是要做到司法公正，使保险活动法制化。

（2）强化防范意识，提高自控能力。注重各个环节的质量，使保险活动健康有序。

（3）全面收集信息，严格细致地查勘现场。有效运用多种手段，为理赔查勘提供有效资料。

（4）讲究调查艺术，策略获取证据。调查时大智若愚，寻找突破点正面交锋，突破伪证。

（5）周密审查单证，科学鉴别案情。

## 三、汽车焚烧欺诈的形式及其防范

焚车骗赔是车险骗赔的一种常见方式，也是长期困扰车险经营的一个棘手问题，亟待业者研究解决。那么，如何识别正常火灾与焚车骗赔，切实维护车险双方当事人的正当利益呢？

### （一）汽车焚烧欺诈的形式

#### 1. 掌握焚车骗赔特点，提高鉴别力

焚车骗赔通常是车主或其雇佣者人为放纵或蓄意放火烧车，目的是骗取超额赔款，获取额外利益。这是一种损人利己、危害社会安危的非法行为，应予以严厉打击。根据实践观察，焚车骗赔具有以下特点。

（1）焚毁的车辆多为个体运输车辆，获得保险利益者多为个人。

（2）保险车辆焚毁前多已破旧不堪，却低值高保。

（3）焚车时间特殊，多选在不利于保险人查勘的夜晚或节假日。

（4）焚车地点较偏僻，多安排在不易被人发现或不易扑救的旷野、郊外等。

（5）焚车时车上多无货物，以防骗赔不成反而承担巨额损失。

（6）焚车时避开他人耳目，知情者少，且车辆损毁度极高或报废。

（7）被保险人近期购车不具备运营条件，或无明确使用指向，或经营不善、债务缠身。

（8）被保险人在索赔中大献殷勤，甚至请客送礼等。

掌握上述特点后，若在实践中发现与此相同或相近的机动车火灾案，就应深入调查、仔细审核，及时识破骗赔，避免不必要的损失。

#### 2. 放火致汽车焚烧的欺诈方式

（1）从车厢内放火。多数放火者以车厢内作为主要放火目标，因为车厢内可燃物较多，常将易燃液体汽油泼洒在座位上或驾驶台的仪表盘上。

（2）在车头发动机部分放火。将易燃液体（如汽油）泼洒在蓄电池、空气滤清器、气缸、分电器盒等易燃的部位上，容易被认为这些部位自燃形成，因此具有误导性、蒙蔽性、欺骗性。

（3）在汽车轮胎部位放火。轮胎由于走山路摩擦生热或刹车片部分过热等原因会引起

轮胎局部受热炭化或局部着火。如果放火嫌疑人在轮胎上泼洒汽油放火就截然不同了,轮胎烧损严重,几乎全部烧损或烧蚀,甚至于将金属轮毂局部烧熔,直接与地面接触部位的轮胎也不复存在,而汽车的其他部位烧损并不严重。

(4) 在汽车油箱部位放火。在汽车放火案件中,油箱部位放火较少,多数在车厢内、车头发动机、轮胎等部位放火。如果针对油箱放火,可能会出现下面几种情况。

① 油箱盖子被打开。这种情况一般油箱不会发生爆炸,但油箱内汽油会烧光。同时会听到轻微的爆鸣声,同时还会将靠近油箱可燃物如汽车、货垛等引燃。

② 油箱盖子被拧松动,但未拿开。这种情况有可能发生因受高温燃烧的作用,油箱内压加大,产生较大冲击力,将油箱盖子冲出很远,在勘查现场时,可在不太远处找汽油箱盖子。提取油箱口内壁附着烟尘时可检出汽油及汽油烧残物成分。

③ 油箱盖子紧锁时。油箱因火烧高温作用,油箱内汽油膨胀会发生很大爆鸣声,会将油箱盖子炸飞或油箱局部出现裂口。

### 3. 以车辆撞损事故导致汽车焚烧的欺诈方式

为了达到烧毁汽车获得理赔款的目的,有的车主故意制造汽车撞损的表象,之后点燃汽车。用这种撞损导致的汽车燃烧假象,来骗取汽车自燃保险理赔款。

### (二) 焚烧机动车辆欺诈的防范策略

预防和揭露焚车骗赔案件,应从承保、出险、查勘、鉴定、审核等环节入手,查明情况、理清思路,发现、提取、固定证据,揭穿保险欺诈骗局。要从以下方面着手:严格实行验车承保,正确合理设计保险单;详细查询出险经过,及时掌握案情的来龙去脉;认真进行现场查勘,及时获取痕迹证物;全面审查理赔卷宗,及时发现骗赔线索;灵活运用各种技术,及时鉴别案情真伪。

焚车诈骗者手段再高明,在其伪造现场也会留下一些蛛丝马迹。只要我们善于观察和推理,就会发现纰漏,进而揭穿其阴谋。下面介绍焚车现场查勘中,应特别留意的几个方面。

(1) 留意车主及相关人员前后陈述中的矛盾点。常言道,做贼心虚,由于心理因素、阅历差异等,骗赔者在讲述火灾过程时往往会欲盖弥彰,以至于漏洞百出或前后矛盾等。只要抓住一些破绽,即可紧追不舍,直到揭穿真相。

(2) 仔细观察车辆停放的位置和姿势,这反映了车辆行驶的最后状态。若是在行驶中突然起火,则应呈现出"慌不择路"的随意停车状态,并可能伴有较重的刹车痕迹。若车辆避开了可能被火损坏的建筑设施等,稳妥停在路边且无刹车痕迹,则可考虑作为诈骗案深入调查。

(3) 留意车辆燃烧情况是否正常。首先应从起火三要素判定火因是否合理,并分析燃烧速度及扑救的可能性。车上若无助燃物,且备有高能灭火器的话,则可完全扑灭一般火灾,而不应发展为毁灭性大火。再则,火势常以火源为中心向四周扩散,若有风,则不可能逆风或从四周向起火点燃烧。另外,起火后应在地面留下近似车底轮廓的烧焦图样,而不应与该形状相差悬殊。由于车辆设计时已考虑到了预防火灾的多种可能性,因而不会无主次地全部燃烧。现场查勘中若发现燃烧的轻重程度、烧焦面积、火势蔓延方向等存在问题,应考察是否为伪造现场。

(4) 留意火灾痕迹的形式有无反常。鉴别是否伪造现场,应根据有关痕迹物证是否出现,出现的次序是否合理等加以判定。如在疾驶中焚毁的车辆残骸中,一般应有点火钥匙;

车门的开启与关闭状态会被大火固定而不易改变等。通常可以利用这些客观存在的特性来判断车主证词的真伪。

(5) 留意现场遗留物的出现是否合理。一般来说，现场应留下而未留下的痕迹物证，以及不应出现但却留在现场的物品，都是反常的、不合理的，应引起警惕。例如，原封未动的灭火器说明未采取灭火措施；现场周围找到完好的、盛过汽油的塑料桶，则可能是纵火工具等。现场遗留物同痕迹一样，可揭穿阴谋，识别真伪。

### 4.3.3 车险反欺诈与保险公司内部控制

#### (一) 验标承保

在投保人提出承保申请时，要求对车辆的具体情况进行必要的事先检查，然后再决定是否承保，以什么条件承保。该项制度的目的是遏制一些虚假承保的情况发生，如事(故)后承保、空车承保等。现阶段我国不少保险公司都对验标承保有所要求，但大多要求不太具体、明确。

#### (二) 理赔质量管理

发达国家的保险公司已经在理赔质量管理方面形成了一整套的理论和实践。在这些公司看来，理赔质量控制有助于防范理赔人员实施的欺诈，同时也有助于防范和减少错误的赔付；理赔质量控制有助于提高保险公司的服务水平，进而强化保险公司的竞争优势。

理赔质量评价是理赔质量管理控制的核心内容，其做法是由理赔部门的负责人或保险公司的内审人员对近期内处理过的所有赔案进行仔细的评价，每件赔案都要从赔付的准确性、程序差错率、赔付金额的差错率和审查周期四个方面进行审核，以发现差距逐步加以改进。

#### (三) 相互牵制

只有建立以职能部门、职权分离为基本内容的相互牵制、内部控制制度，才能在遏制和防范保险欺诈中发挥更为有效的作用。单就车险理赔来看，就存在着现场查勘—定损理赔—欺诈调查—复查监督等方面的相互牵制，每一个环节出现问题，都会给下一个环节带来严重的影响。因此在理赔业务中贯彻上一个环节对下一个环节负责，下一个环节对上一个环节监督的思想，才能在理赔业务中形成真正实在有效的内部控制。

#### (四) 专业调查

近年来，车险欺诈呈现出越来越专业化、高级化和集团化的发展趋势。为了有效地防范车险欺诈，发达国家大型保险公司普遍设立专业的特别调查机构对车险欺诈的形态进行跟踪研究，专门负责对重大疑难案件的调查。特别调查机构的主要职责是对理赔业务中发现的疑难车险案件进行调查，配置的人员主要是具有丰富的汽车保险查勘、定损经验的专业人士和一些具有丰富的案件调查取证经验的专业人士，他们负责对所提交的疑难案件进行专业化的调查，并向理赔部门负责人提交最终的调查报告，由理赔部门负责人最后决定该起赔案的最终处理结果。

#### (五) 信息交流

信息交流可以实现信息在同一岗位、不同部门之间的传递，通过对同一渠道间取得的信息进行汇聚、配对和印证，可以有效地发现各类隐藏的车险欺诈。在保险公司内部，车险查勘定损系统可以自动地将一年内出险六次的投保人编入黑名单，将一年内出险三次的投保人编入灰名单,这些信息可以通过多界面共享技术与承保部门共享,从而有利于承保部门把好风险关。

### (六) 审查监督

从防范车险欺诈角度看,审查监督的内容是多方面的。首先,保险公司的内部审计部门负责对车险理赔、承保制度进行审计监督。车险理赔、承保部门制定的理赔、承保制度只有经过内部审计部门不断的压力测试,才可能变得更为有效和完善。其次,要加强对业务质量的监督,对承保、理赔和调查等工作的业务质量要进行经常性的监督检查,检查方式可以是多样化的,如自查、交叉检查、上级对下级的抽查、监察部门的检查等。最后,还要有对业务人员的监督检查,要通过对业务人员业绩的定期、不定期考核和举报等方式,及时发现业务人员中可能存在的违法、违纪行为,尽早采取措施加以防范。

### (七) 人员激励

发现和识别车险欺诈,不能只靠调查机构,必须发动和调动保险公司所有员工的积极性。有些员工所从事的工作与承保、理赔关系不大,如果思想上有防范车险欺诈的意识,也会多留意有关汽车修理厂、医疗机构、交通部门、新近发生的道路交通事故等方面的信息,这些信息也可能会对调查人员识破车险欺诈有一定帮助。对承保、理赔第一线的员工来讲,对其所采取的任何有关提高业务质量方面的激励措施,都会对车险欺诈的防范起到直接作用。

## 4.3.4 保险欺诈案例分析

**案例一:以报废汽车投保出险的理赔**

#### 1. 案情简介

某企业一辆货车因年久且设备老化,经批准予以报废,但该企业并未按规定将该车作为废车处理,而是以数千元的价格卖给王某。王某将该车重新加以拼装整修,并通过关系经当地车管部门年审合格后,以1.5万元的价格卖给运输个体户赵某。赵某明知该车有"乾坤",但也抵不住价格的诱惑将车买下,并向某保险公司投保了机动车辆基本险,保险金额为6万元。几月后,该车翻在路沟,损毁较重。保险公司派人勘查后,决定以8 000元将其修复,但赵某不同意,而是要求保险公司全额赔付。

#### 2. 案情分析

本案中的赵某明知该货车有问题,但仍以低价买入,投保时他不仅超额投保了机动车辆基本险,还隐瞒了该货车的真实情况,违反了被保险人的义务。由此,根据我国《保险法》第十七条第二款和第三款的规定,"投保人故意隐瞒事实,不履行如实告知义务的,或者因过失未履行如实告知义务,足以影响保险人决定是否同意承保或者提高保险费率的,保险人有权解除保险合同。投保人故意不履行如实告知义务的,保险人对于保险合同解除前发生的保险事故,不承担赔偿或者给付保险金的责任,并不退还保险费"。保险公司有权解除该保险合同,并不负赔偿责任。

据当时适用的《机动车辆保险条款》第二十二条第一款的规定,"被保险人及其驾驶员应当做好机动车辆的维护、保养工作,保险车辆装载必须符合规定,使其保持安全行驶技术状态"。因此,该车虽然通过了车检部门年审,但实际上并不符合投保车辆的技术、质量标准,且赵某投保金额远远高于其购入车价,出险后又拒绝保险人修复受损车辆的建议,其意图在于骗取高额保险赔款,根据我国《民法通则》第五十八条的有关规定,"一方以欺诈、胁迫或者乘人之危,使对方在违背真实意思的情况下所为的民事行为无效,以合法形式掩盖非法目的的民事行为无效"。因此,该保险合同是无效合同,从开始订立起就没有法律效力。

3. 结论

本案中赵某通过欺诈手段订立保险合同,出险后索要高额赔付,严重违反了有关法律、法规的规定,保险公司可以拒绝赔偿,并不退还保险费。

**案例二:恶意重复保险构成骗保骗赔的典型案例**

1. 案情简介

1998年5月,王某将其私有富康牌汽车向某市多家保险公司投保了足额车辆损失险和第三者责任险,车辆损失险保险金额为13万元,保险期为1年。同年8月,王某伙同几名保险公司内部工作人员,策划制造该车停车时被其他汽车撞毁、肇事车辆逃逸的伪造现场,分别从各保险公司骗取高额保险赔偿金30多万元,事后王某与其他几人私分该款。不久,此事败露,被公安机关立案侦破。

2. 案情分析

第一,根据《保险法》的规定,重复保险的保险金额总和超过保险标的价值,由各保险公司共同分摊赔偿金,总额不得超过保险标的价值。一般说来,各保险公司按照保险金额总和比例承担赔偿责任。

第二,王某违反了如实告之的义务,保险公司有权解除合同,并不退还保费。

第三,王某等人获得的保险赔偿金30多万元属于非法所得,构成保险诈骗,已触犯了刑律,应追究其及其同伙的法律责任。

3. 结论

绝大多数车辆所有者参加保险的目的是预防风险,防患于未然,但也有个别人心术不正、道德败坏,为了骗取保险赔款,不择手段地制造假案。我国刑法和保险法中明确规定,"投保人、被保险人或受益人变造、伪造与保险事故有关的证明资料,或收买、指使他人提供虚假证明,编造虚假的事故原因,骗取保险金的,以保险诈骗论处",这种行为不但违背了《机动车辆保险条款》的规定和保险合同双方诚实信用的原则,而且多名保险公司业务人员共同参与蓄意骗赔,属于严重的金融犯罪行为,须承担相应的刑事责任。

**案例三:机动车肇事逃逸保险公司拒赔**

1. 案情简介

2007年2月3日晚上,李某驾驶一辆微型客车行驶至沈阳市铁西区某街时,将同方向骑自行车的方某撞倒,致其当场死亡。李某为逃避刑事责任,选择了驾车逃逸,公安部门作出交通事故认定书,认定李某承担此次事故全部责任。法院以交通肇事罪判处李某有期徒刑三年,缓刑三年。死者家属起诉李某承担民事赔偿责任25万元,经法院判决李某赔偿被害人经济损失23万元。由于李某已在某保险公司投保了该车车损保险7万元的同时,投保了交强险5万元和三者责任险10万元,因此向保险公司提出索赔申请。保险公司以"肇事逃逸"属免责条款,拒绝赔偿三者责任保险。李某向法院起诉。

2. 案情分析

李某认为,他与保险公司签订的保险合同为格式条款,在投保时,保险公司未作详细说明,对免责条款部分,保险公司未作特别告知,存在着明显的隐瞒行为。

课题四 汽车保险欺诈风险控制

保险公司认为,保险合同中明确规定"保险事故发生后,被保险人或其允许的驾驶人在未依法采取措施的情况下,驾驶被保险机动车辆或者遗弃被保险机动车逃离事故现场,或故意破坏、伪造现场、毁灭证据的情况下,不论任何原因造成的对第三者损害赔偿责任,保险人均不负责赔偿"是现行有效的条款,并在保险合同中李某签字即生效,保险公司拒绝赔偿是有法可依的。

法院认为,保险公司的免责条款是依据国际惯例和行业惯例,为了平衡保险人和被保险人的利益,减少保险人的经营风险,预防被保险人行为风险。所以免责条款是合理的。

3. 结论

法院判决,李某与保险公司签订的机动车保险单及第三者责任保险的合同合法有效,其肇事逃逸的行为属于保险合同中的免责条款,保险人对于该损失不负责赔偿。

(1) 被保险人和投保人在签订保险合同时必须仔细阅读合同内容,在确定保险项目和金额时应考虑自身抗风险能力等因素。在作出决定签字后,自身的利益即受到法律的保护,同时保险的责任已转移给保险人,但是作为道德风险不作为可保的标的范围。

(2) 保险人对免责条款须做明确说明。《保险法》中明确要求保险人在订立保险合同时须尽告知义务。对免责条款除了在保险单上提示投保人注意外,还应当对免责条款的概念、内容及法律后果等以书面或口头形式,向投保人作出解释,使投保人明了免责条款的真实含义和法律后果。

(3) 本案保险人已履行了如实告知义务,特别是交通肇事发生后,李某应及时通知保险人,并及时协助保险人进行现场查勘和事故调查,以避免损失扩大。而李某仍选择肇事逃逸,只能自食其果。

**案例四:事故后投保骗取保险赔偿应拒绝**

1. 案情简介

2007年4月19日,被保险人丁某,向某保险公司投保辽AUXXXX桑塔纳2000型轿车,保险车辆损失险,保险金额14万元;第三者责任险,保险限额10万元;车上人员责任险每人保额1万元;不计免赔附加险等,保险生效期限为2007年4月20日零时。

2007年4月21日11时27分,丁某向保险公司报案,2007年4月20日13时30分,辽AUXXXX车辆由丁某本人驾驶,从沈阳市开往朝阳市,在朝阳市101国道路段,因避让车辆操作不当,驶入公路左侧路沟边,撞到树上,造成车辆损失,丁某本人受伤。该事故经当地交警处理,认定丁某负全部责任。经委托当地保险公司对受损车辆定损,车辆损失31 626元。受伤司机在当地医院简单处理后回到沈阳继续治疗。

保险公司在收到被保险人提交的索赔单证后,对于被保险车辆保险生效当日在外地出险产生疑问,经查询该车辆上期保险记录时发现,该车已经脱保半年之久了。经委托调查公司查实,第一,事故发生后当地的保险公司没有查勘该车辆事故第一现场,该车辆定损是在车主将车辆送到当地的修理厂家后进行的,时间已经是报案后的第二天了。第二,当地交警勘察了事故第一现场,但是,处理事故现场的交警对事故发生的准确时间不能确认,并说事故发生在一两天内的现场,无法确认准确时间。第三,了解访问事故发生地群众,反映该处发生过车辆肇事,事故车辆曾经停放在现场两天时间。第四,了解当地几家医疗单位时,在当地的一家医院中发现受伤司机在2007年4月19日16时在该医院进行治疗拍照的X光片,但是由于是门诊处理,没有保留病人材料。第五,询问肇事受伤司机,受伤司机还是咬定发生事故的时间是2007年4月20日。

2. 案情分析

本案车辆发生事故的准确时间是能否保险赔偿的关键条件,尽管发生交通事故当地的交警队已经出具了责任认定书,但是,交警队也不能说明事故发生的准确时间,因而需要对整个案情调查分析。

首先,从时间上分析,被保险人丁某于2007年4月19日16时在事故发生地医院进行治疗拍照X光片,已经表明人员受伤了,一般情况下,不可能第二天又再次开车。

其次,从地点上分析,车辆是在2007年4月19日在沈阳办理保险的,从沈阳市到朝阳市事故地点相距四百多公里,如果车辆一直是由被保险人丁某驾驶,一般情况下,4月19日丁某已经到了朝阳市,不可能在4月20日又从沈阳市再回到朝阳市。

第三,从了解事故发生地群众反映上看,在肇事地点,事故车辆曾经停留两天的,既然当地交警在4月20日勘查了事故现场,推定这台车辆在4月19日已经停留在现场了。

综合分析,认为有两种可能,一是被保险车在2007年4月19日发生肇事后,被保险人委托他人在沈阳市办理保险,然后保留现场,第二天报案。二是被保险车在2007年4月19日投保后,当日发生肇事,因为保险没有生效,于第二日报案,谎称保险生效后发生事故。

3. 结论

根据案件的调查和分析,保险公司决定对此案做拒赔处理,在通知被保险人拒赔意见后,被保险人没有继续索赔。

保险法第一百三十一条规定,"投保人、被保险人或者受益人有下列行为之一,进行保险欺诈活动,构成犯罪的,依法追究刑事责任。"此案认定事故发生的时间不在保险期限之内,被保险人有欺诈行为。

**案例五:虚构事故骗取保险赔偿案应拒赔**

1. 案情简介

2006年8月11日,被保险人沈阳某建材有限公司向保险公司投保金杯厢式货车,保险交强险、车辆损失险,保险金额5.8万元;第三者责任险,保险限额10万元;车上人员责任险及不计免赔附加险。

2007年6月7日,被保险车司机裴某向保险公司报案说,自己驾驶的金杯厢式货车在皇姑区某地倒车不慎,碰撞一台停放的车辆,被撞车辆是帕萨特轿车,已经报告交警队处理,经交警队处理,认定由裴某负事故的全部责任。

2. 案情分析

保险公司经过查勘现场发现,被保险车辆金杯厢式货车后部无任何损坏,被撞的帕萨特轿车从前保险杠部位一直到发动机缸盖、前风挡玻璃等部位都有损坏,初步估计损失达到7万余元。此事故存在较多疑问,在保险查勘中询问被保险车车主和肇事司机及被撞的第三者车司机,都说报案真实。针对这起案件,无法确定保险责任,保险公司决定进行调查。

经委托调查公司查实,并委托辽宁某物证司法鉴定,鉴定意见:根据对帕萨特轿车和金杯厢式货车的检验痕迹的测量,帕萨特轿车多处严重撞痕造成的破坏程度和金杯厢式货车后头的状况是完全不相符的,故帕萨特轿车上的痕迹不是金杯厢式货车所撞形成。

3. 结论

保险公司对这起经调查鉴定证明的骗赔案件做出拒赔处理,并将本案情况报告给公安机关经侦部门处理。

此案是一起典型的被保险人与第三者合伙进行保险欺诈的案件,根据保险法第一百三十一条规定,"投保人、被保险人或者受益人有下列行为之一,进行保险欺诈活动,构成犯罪的,依法追究刑事责任:(一)投保人故意虚构保险标的,骗取保险金的;(二)未发生保险事故而谎称发送保险事故,骗取保险金的"。被保险人虚构保险事故,骗取保险赔款,将自食后果。

### 案例六:车辆发生碰撞事故自燃后又将车辆点燃烧毁应拒赔

#### 1. 案情简介

2007年3月10日,张某向保险公司投保奔驰S500轿车,车牌照号码辽AXXXXX,该车辆初次登记时间是1995年7月,保险公司按家庭自用性质保险了交强险、车辆损失险,保险金额130万元;商业三者险,保险金额15万元;车上人员责任险,5人每人1万元;附加盗抢险,保险金额26万元;附加车辆自燃损失险,保险金额26万元。

2007年8月5日2时30分,驾驶员李某向保险公司报案,驾驶辽AXXXXX奔驰轿车在于洪区马三家公路,因躲避不明物体车辆碰撞石头后起火自燃,造成车辆烧毁。

保险公司接到报案后立即派出查勘人员查勘第一现场。在现场通过询问驾驶员李某了解到,该驾驶员一个亲属因病于前一天去世,白天没有时间去,所以要半夜开车到亲属家去。当车辆行驶到于洪区马三家公路时,看到公路上横穿过一个小动物,估计是一个黄鼠狼,便向右打轮,车辆就撞到路边农田灌溉用的水泥槽上,下车后发现车辆前部冒烟,后部起火,然后向消防队报案,同时向保险公司报案,待消防车来后,车辆已经烧毁。

#### 2. 案情分析

保险公司查勘人员对烧毁的车辆查勘发现此事故可疑。第一,驾驶员叙述的出车情况与常理不符,一般来说,亲属去世,看望家属或者帮忙料理后事,都应该在白天进行,哪有半夜去的道理。第二,驾驶员行车在公路上,对横穿过公路的小动物,一般来说不必刻意躲避,对移动的动物不容易撞到,即便撞到小的动物对车辆也没有多大损失。第三,查勘烧毁的车辆,车辆碰撞到水泥槽造成的损失很小,车辆前部被火烧损的损失小于车辆后部被火烧损的损失,车辆后部没有与外界物体碰撞,汽车油箱又没有发生爆炸,直观感觉好像车辆后部损失更像外来火源造成的。

根据保险公司查勘人员的分析,结合进一步检查车辆相关情况,发现该车辆初次登记时间为1995年7月,在发生事故时,车辆已经使用12年,正在逐步接近报废年限,目前市场上同类车型的市场价值大约十几万元,而该车的车辆损失保险金额为130万元,车辆附加自燃损失保险金额为26万元,车辆行车证登记年审有效时间到2007年7月31日,发生事故时,车辆属于未年审合格状况。因此,保险公司决定对此事故进行调查,对车辆事故原因进行鉴定。

在被保险人不配合调查的情况下,保险公司将案件报公安经侦部门侦查。

经过公安经侦部门调查,该车辆已经由被保险人在事故发生之前转卖给该车事故中的驾驶员李某,该驾驶员夜间驾驶车辆发生轻微碰撞事故后,车辆前部线短路冒烟,将线束等车辆前部零部件烧坏,李某觉得车辆是花十几万元买的,如果全部烧毁,保险公司至少可以赔偿二十几万元,所以又将车辆后部点燃,然后报案。

### 3. 结论

保险公司根据公安机关的鉴定结果,予以拒赔。

保险公司拒赔的理由有以下几点。第一,该车辆发生碰撞后自燃事故,车主故意扩大损失,造成车辆全损,根据保险条款责任免除中规定,被保险人或驾驶人的故意行为造成的损失,保险人不负责赔偿。第二,在此案事故调查中发现,该车辆已经转卖,根据保险条款规定,在保险期间内,被保险车辆转让他人的,被保险人应当书面通知保险人并办理批改手续。未办理批改手续的,保险人不承担赔偿责任。第三,对该车辆行车证的查勘中发现,该车辆在发生事故时,车辆没有年审。根据保险条款责任免除中规定,驾驶员李某买车时不知到保险公司做过户手续,车辆出险后自作聪明制造假肇事现场,铸成大错,悔之晚矣。

**案例七:财产保险合同中的重复保险案**

#### 1. 案情简介

张先生收购了一台二手丰田轿车并为此购买了商业保险,车辆损失险25万元,第三者责任险15万元,并投保了盗抢险、车上人员险和不计免赔率特约条款等几项附加险。但是事后得知本车已在另一家保险公司投保了车辆损失险和第三者责任险且并未过期,于是办理了车辆保险的过户变更手续,恰在此时该车辆发生单方事故造成车辆损失3500元。对此,张先生认为该车具有两份商业保险而应得到双份赔偿,遂向两家承保公司分别提出了索赔申请。

#### 2. 案情分析

本出险车辆分别以不同的时间在两家财险公司投保了车辆保险,并且也及时足额的缴付了保险费,应该说已经订立了合法的保险合同。被保险人认为既然自己付出了双倍的保险费,就应得到相应的双倍赔偿。比如在寿险中就可以对同一个投保标的选择重复多份保险,如果按一份赔付的话车主的权益得不到相应的赔偿,投入和补偿不对称。车主张某在第二家财险公司投保时,该公司并没有拒绝其投保申请,因此就车主本身在这起事件中并没有主观过错,因此不应受到经济损失。

#### 3. 结论

保险公司经过对案件的审理,告之被保险人本次事故其投保的两家保险公司只能分别按照其保险金额与保险金额总和的比例承担赔偿责任。财产保险的原则是补偿损失原则,就是被保险人出险后在保险责任范围内由保险公司对其损失的补偿或者对所受损财产恢复到出险前的价值或状态,而不允许体现收益。在本赔案中如果按双倍赔付则违背了这个原则,所以只能按比例赔偿。

**案例八:车主将车辆自燃谎报为肇事后起火被拒赔**

#### 1. 案情简介

2005年8月23日,车主陈某向某保险公司报案称其投保的捷达轿车在开发区郊外碰撞路边建筑用石块后起火出险,造成全车损毁严重。承保公司在接到报案后迅速前往现场查勘并协助施救,因为出险地远离市区,所以在消防车赶到时全车已完全报废,没有任何修复价值了。根据车辆自身情况无法判断起火原因,车主说是由于避让其他车辆时不慎撞到了路边的石块后造成起火出险的。根据该案的具体情况,调阅了该车的承保情况,该车于2005年3月6日投保,该车车损险保额8万元,第三者责任险保额10万元,车上人员附加险每人一万元共计保5人，并投保了不计免赔险，但是未保车辆自燃险。

2. 案情分析

保险公司对此案的分析认为，起火原因和部位是这起赔案的关键。因此，保险公司聘请调查公司在对现场做了细致的勘察后，发现虽然出险车辆与石块存在撞痕，但是非常轻微，其损失程度和部位都不足以成为车辆起火的直接原因。当时气候非常炎热，具备因天气原因造成车辆自燃的常见外因。车辆的撞击点为右前部，其内部构件不易因撞击而产生起火因素。

面对专业的查验报告，车主由原来自述车辆撞物后起火的一些矛盾现象又不能自圆其说，面对承担法律责任的后果，车主承认了车辆是在行驶过程中突然发现因天气炎热加之车辆线路老化造成了自燃，在前机器盖下面冒出火苗，于是在慌乱状态下靠边停车时将右前轮及右前叶子板撞到了石块上。因为损失车辆烧毁严重，自己又没保车辆自燃险，当时怀着一丝侥幸的心理报了假案。

3. 结论

保险公司对此案做了拒赔处理，并对车主陈某进行了严肃的批评教育。《中华人民共和国保险法》第一百三十一条第五款明确规定：伪造、变造与保险事故有关的证明、资料和其他证据，或者指使、唆使、收买他人提供虚假证明、资料或者其他证据，编造虚假的事故或者夸大损失程度，骗取保险金的，如构成犯罪的，依法追究刑事责任。被保险人在车辆出险后一定要实事求是的向保险公司出具证明材料。

## 一、简述题

1. 防范汽车保险欺诈的方法有哪些？
2. 如何防范盗抢险欺诈？
3. 如何防范焚车骗保？
4. 如何对汽车修理厂进行保险欺诈防范？

## 二、案例分析

**案例一**

案情介绍：

被保险人王某给自己的轿车购买了车辆损失保险，保险期限为2004年1月11日零时至2005年1月10日二十四时。2005年1月9日上午8:30保险公司接到王某的报案，称1月8日王驾驶轿车夜间11:30在市区环城路行驶时前部与一大型箱式货车追尾，货车已趁夜色逃逸，目前被保车辆已在郊区某修理厂。1月9日上午10时，受保险公司委派，查勘定损人员随即赶到修理厂，发现该轿车前部受损，需更换保险杠、左右大灯、左右转向灯、左右雾灯、散热器、冷凝器等部件，预计费用1万元；经修理厂对该车做进一步拆检后发现，发动机因过热已严重损坏，需更换活塞、缸体、曲轴、连杆等部件，这部分修理费用为4.2万元。

思考题：

1. 本案有哪些疑点？
2. 作为保险公司的查勘定损人员，应如何处理该事故？

**案例二**

案情介绍：

一辆装用柴油发动机的东风牌自卸汽车，在行驶途中发现发动机冒烟，停车查看时起火，将整个驾驶室、变速箱、方向机等铝合金制成的部件全部烧毁。车主拨打119火警电话求救，大火被消防警察扑灭。

查勘得知，该车有九成新，白天起火，驾驶员首先拨打119求救。由于是新车，电路老化问题可以基本排除，排查重点放在油路方面。询问车主在行车途中有无发动机动力不足的现象，得到了"不存在"的明确答案。据此，排除了供油管漏油的可能，重点在回油管查找。进一步检查发现，回油管有一处不明原因之折痕，且位置恰好对准发动机的排气管，估计是该处发生的漏油漏在了排气管上，引起车辆自燃(柴油自燃温度为335℃，而排气管温度高达700℃～800℃)，该处起火后，引燃了电缆，将火引入了驾驶室，烧掉了整个驾驶室。

思考：

(1) 该车是否符合自燃特征？
(2) 为什么变速箱、方向机等铝合金制成的部件会被烧毁？

# 参考文献

[1] 任静.汽车保险与理赔[M].北京:化学工业出版社,2010.
[2] 张彤.汽车保险与理赔[M].北京:清华大学出版社,2008.
[3] 贺展开,张岸杨.机动车保险与理赔实务[M].北京:机械工业出版社,2009.
[4] 张红英.汽车保险与理赔[M].北京:化学工业出版社,2010.
[5] 罗向明,岑敏华.机动车辆保险实验教程[M].北京:中国金融出版社,2009.
[6] 陈雪梅.汽车保险与理赔[M].北京:北京航空航天大学出版社,2008.
[7] 王永盛.车险理赔查勘与定损[M].北京:机械工业出版社,2006.
[8] 骆剑亮.汽车保险与理赔[M].北京:清华大学出版社,2010.
[9] 费洁.汽车保险[M].北京:中国金融出版社,2009.
[10] 李景芝,赵长利.汽车保险典型案例分析[M].北京:国防工业出版社,2010.
[11] 王守辉,王俊喜,马骊歌.汽车保险与理赔[M].北京:北京理工大学出版社,2010.